方　向

寶鼎出版

THE FUND
暗黑原則

那些瑞・達利歐
沒告訴你的
橋水公司和《原則》
真實故事

RAY DALIO,
BRIDGEWATER ASSOCIATES, AND
THE UNRAVELING OF
A WALL STREET LEGEND

ROB COPELAND
羅伯・柯普蘭
林步昇 譯

「一旦你有錢，大家就以為你什麼都知道。」

——摘自百老匯音樂劇《屋頂上的提琴手》

（*If I Were a Rich Man*）

曲目〈如果我是有錢人〉

目次

第三部

Contents

第四部

引言

瑞・達利歐（Ray Dalio）不希望你讀這本書。

他自己跟我說的。在這個計畫開始時，我寫了封電子郵件給他，想徵詢他的觀點。他回覆的態度似乎覺得我別有居心。信件一來一往好一陣子後，他決定不接受採訪，這當然是他的權利。

我非常感謝橋水公司（Bridgewater Associates）內部員工與相關人士，願意把時間和經驗都交給我。我也大量仰賴當時的筆記、電子郵件、錄音、法庭記錄、無數的公司內部和外部文件，以及已發表的專訪和文章。本書裡出現的所有名字幾乎都是真名，只有使用一個化名，以保護一名指控不當性行為的前員工。

本書收錄的對話部分是直接取自當事人，部分則取自現場的其他人、事後聆聽簡報的人或聽過錄音檔的人。請勿認為引述對象是在對我說話。正如普立茲獎得主詹姆斯・史都華（James B. Stewart）所寫：「由於人類的記憶變幻莫測，回憶中的對話鮮少符合實際錄音檔和逐字稿。同時，準確度跟其他的回憶差不多。[1]」

至於達利歐自己的回憶，社會大眾沒機會聽到了。他寫了一本暢銷自傳暨勵志書《原則：生活和工作》（*Principles: Life and Work*）。過去十年來，他接受了數百次媒體專訪，福音傳遍五大洲。

他出現在各大廣播電台和有線電視、當紅podcast和雜誌封面上，就連知名影星葛妮絲・派特洛（Gwyneth Paltrow）也訪問過他。截至本書付梓出版為止，他的LinkedIn頁面追蹤人數將近二百五十萬、TED Talk影片觀看次數累積將近七百萬次，人氣最高一支YouTube影片觀看次數更是突破三千四百萬次。

雖然達利歐稱不上是第一位享受鎂光燈的金融家，卻可能是第一位宣稱自己獨力找到他眼中人類兩大難題的解方，難題之一是我們對於反對意見的抗拒，難題之二是我們對人生意義的追尋。多年來，達利歐一直堅稱，橋水公司所有員工都是在平等的競爭環境中接受考核，任何階段或權威的差異，都只是以嚴格的制度來選賢與能。但實情其實更像是歐威爾式的極權。在橋水公司，有些人比其他人更平等。

這是瑞・達利歐的故事，即橋水公司裡「最平等」的人。

——羅伯・科普蘭

序章

保羅・麥克道爾（Paul McDowell）掛斷電話幾分鐘後，小心翼翼地壓平襯衫，然後跪在雪地裡乾嘔。

麥克道爾其實不是心煩，比較像是壓力爆棚。這位頭頂漸禿的加拿大人，往往會迴避重大風險，但剛才卻做了這輩子最大的豪賭，與世界上數一數二的富豪談判，並且還贏了，或說看起來贏了。他再度回想起剛剛到底發生了什麼事。

那天中午過後，麥克道爾的手機響了，當時他坐在一間小辦公室內，那裡算是畢博管理諮詢公司（BearingPoint consulting）加拿大總部；同樣是企業顧問公司，但畢博只能撿知名的麥肯錫（McKinsey & Company）不碰的專案。麥克道爾接起電話，另一頭傳來瑞・達利歐低沉沙啞的聲音。

「保羅，」達利歐省略任何閒聊，「你這種人才真的太難找了。」

麥克道爾感到胸口一陣熱血沸騰，有人打電話來這件事本身就是驚喜，更不用說恭維了。麥克道爾在公司其他同事眼中不過是「加拿大來的」，而與許多顧問不同的是，他痛恨顧問圈常見的華麗剪報，或需要熱情招呼客戶。但當時離婚又負債累累的他，需要待遇優渥的工作。他把自己的人設打造成科技基礎建設、人力資源和薪酬管理的專家——全部都是無趣的話題，但只要努力工作、忍受得了各種試算表，就有機會打造企業人生。雖然麥克道爾經常覺得自己遭到忽視，但他也看重自己身為專家的地位，設法替畢博的客戶找到新穎方式，只要做推動微小的改變，就能大幅影響營運。

瑞．達利歐這樣的大人物居然會找上他，實在讓人百思不解、也深感榮幸。達利歐不僅僅是商業巨擘，更是世界上數一數二大的對沖基金橋水基金的創辦人，也是金融界嶄露頭角的名人。

那是二〇〇八年十二月，華爾街金融圈遭受重創，達利歐的職涯卻是如日中天。眾所周知的是，他提早一年就對房地產泡沫發出警告，公開指出房貸市場似乎瀕臨崩盤。他看起來活像先知，所以美國聯準會主席伯南克（Ben Bernake）這位全球最重要的銀行家❶，還向達利歐請益如何拯救美國混亂的經濟。在麥克道爾接到電話的一星期後❷，《紐約郵報》（*New York Post*）寫道：「達利歐對於經濟狀況極具先見之明，閱讀他的每日觀察宛如閱讀兩週後的金融報紙。」

達利歐居然需要麥克道爾幫忙，想來毫無道理。麥克道爾只是橋水延攬的眾多顧問之一，而他協助達利歐的事務並不是賺大錢的投資，而是負責沒那麼響噹噹的工作，即簡化後台各項流程。但達利歐說起當時的情況時，麥克道爾開始明白自己可以提供的協助。達利歐表示，隨著橋水公司的成長速度快到咋舌，他需要有人幫忙監督公司日常管理。他大部分時間都在當空中飛人，與許多富豪和有錢機構會面，提供他們理財的建議。達利歐說，麥克道爾很可能就是打理橋水公司康乃狄克州總部的合適人選。

畢博曾擔任過橋水公司的顧問，協助橋水設計了一個分析人才的系統以節省資金。麥克道爾認為他的團隊表現相當不錯，因為單單二〇〇八年，橋水就招聘二百一十一名新員工，等於短短一年內，公司人員就成長超過三分之一。麥克道爾先前跟達利歐並沒有多少直接的互動，但二人互動增加後，麥克道爾便立刻注意到橋水員工似乎對這位創辦人充滿敬畏。在每次會議上，達利歐都會一直分享他從過去經驗得到的收穫，周圍所有人都拚命地寫著筆記。無論他是否在場，別人都會一再引用他所說的話。

有天下午暴雨不斷，麥克道爾在橋水總部一間會議室裡工作，他看到橋水基層員工端著外燴午餐托盤進來時，達利歐這位身價億萬的橋水創辦人提醒他們躲避水坑。麥克道爾便在心裡記著，即使沒有人在看，這位大人物也願意幫忙。

麥克道爾知道，達利歐素來只聘用一流的人才，履歷不是重點。達利歐經常說，他更看重價值觀和個性，而不是確切的能力。他指示橋水的招聘部門要重視邏輯思維、容忍所有員工的坦誠回饋，上至最高管理階層、下至橋水的清潔員工都無例外。達利歐常會說，不要只僱用適合特定工作的人，而是要僱用你希望分享生活的人。達利歐當時跟他說，麥克道爾是他遇到少數符合條件的人選。

「我覺得你會做得很棒，」達利歐告訴麥克道爾，「你完全了解我們的文化，你可以在這裡做任何你想做的事情，甚至有可能加入公司經營團隊。」

麥克道爾目瞪口呆，一時說不出話來。但這也不太重要，因為達利歐滔滔不絕地闡述了自己的想法，詳細說明麥克道爾未來在橋水公司包山包海的職責，其中包括想辦法按照達利歐的獨特價值觀，重組整間公司的員工。達利歐正在尋覓一位新的執行長，可以在他退休後接班。他告訴麥克道爾，他是少數可以勝任的人選之一。

「保羅，我非常期待我們未來的合作唷，」達利歐終於要收尾了，「你覺得呢？」

「瑞，我唯一擔心的是，我發現很多人都很怕你。我不希望我們的關係也變成那樣，而是希望彼此能夠坦誠相待，就不必擔心有類似的事情了。」

達利歐沉默了許久才做出回應：「保羅，我認為這些人的問題在於分不清楚『目標』和『任務』兩者的差別。你絕對了解『目標』層級的事情。」麥克道爾心想，終於有人把他當作領導者來看了。

麥克道爾詢問了敘薪事宜，達利歐開出優渥的條件，光是第一年就超過一百萬美元，其中還包括分紅。達利歐說：「你會賺錢賺到手軟，要不了多久就會有好**幾百萬美元**的收入。」

達利歐接著問麥克道爾目前的收入，基於二人才剛剛承諾要坦誠相待，麥克道爾如實回答：橋水公司的基本年薪就比他現在賺的高出十萬美元。

「好，那我就付這麼多。你目前賺多少，我就付多少。」達利歐輕鬆地說。

麥克道爾的心揪了一下。他剛被突如其來的高薪沖昏了頭，如今又要一瞬間失去這筆財富。

「等一下，你才剛剛說了我的身價。那我怎麼可能會願意接受少於這個身價的薪水呢？」

「我不相信每年差十萬美元會對你加入公司有差別，別被這些錢影響你的選擇。」

他們兩人開始設法說服彼此，直到達利歐明顯對於談話的耐心耗盡。「好啦，保羅，我真的從來沒有妥協過，真的沒有。不過好吧，薪水就你說了算，就這樣吧。」

這位億萬富翁祝他耶誕快樂，然後就掛斷電話。

⥂

接下來的幾天、幾星期，對麥克道爾來說簡直是翻天覆地的變化。他一刻也不認為這是理所當然的機會。他當時四十八歲了，認為自己早就該好好休息了。

麥克道爾家族世世代代都是英格蘭北部煤礦工人後裔，他的出身可以稱得上清寒。他家最接近光榮的時刻是在二戰期間，他的父親身穿傳統紅色制服、頭戴熊皮帽，在白金漢宮外短暫擔任警衛。麥克道爾的父母在他出生前三年就搬到了加拿大，定居在多倫多郊區的一個貧困社區。

雖然他們住在美國北邊，但家人在許多方面都體現了美國的傳統工作倫理。麥克道爾的父親騎腳踏車去煉油廠上班，辛苦一天、全身髒兮兮回到家後，卻直接去地下室拉單槓、伏地挺身和仰臥起坐等一連串耗費體力的運動。他勸全家人不要看當年的熱門電視影集《霍根英雄》（*Hogan's Heroes*），因為這部情境喜劇常挖苦德國士兵。麥克道爾的父親依然保有對非盟國的戒心與尊重，也灌輸兒子對於潛在的危險要常保一絲警惕。

從小到大，麥克道爾面臨過許多危險。他的身材永遠都比同學矮小，加上他四年級那年幾乎都沒上學，這個差異變得更加明顯。他免費在課後教同學微積分，以避免引起高中那些惡霸的注意。

到了大學時，他還沒有變聲，空閒時間多半都泡在圖書館裡，讀著一本本有關業餘無線電、蘇聯勞改營和水門事件的書籍。

為了尋找支撐職涯的深層意義，麥克道爾開始著迷於研究如何透過所謂「必要組織」（requisite organization）這個有爭議的制度，有效管理職場。該制度的理論主張，應該按照解決問題的整體能力（稱作「層級」）來對員工進行測試與排名，而且管理者絕對要比部屬更有能力進行複雜又廣泛的思考。但必要組織的一大缺點，就是鼓勵了高度結構化的公司階級，幾乎宛如種姓制度，同時合理化高層主管和基層員工之間的極端薪資落差。該理論主張，基層員工不僅是工作內容不同於主管，而是在本質上就跟主管不同；工作分配端視每個人與生俱來的能力。

麥克道爾在橋水公司替個人興趣找到完美的培養皿。他於二〇〇九年三月上任，立即參與接連數星期的緊急會議。每個人似乎都很驚慌失措，急著捍衛自己的職位，麥克道爾後來才發現，這是達利歐定期實施的組織重整。麥克道爾得知，目前的重整源自於達利歐對景氣的整體看法。達利歐當時確信，全球金融蕭條仍是早期階段，他在橋水公司內部推動一連串他口中的「追減」（beat-downs）。大多數部門的預算無論大小，都必須削減二五％。

麥克道爾覺得最值得玩味的是，達利歐願意在人事方面採取同樣的作法。在麥克道爾到職頭幾天，達利歐就提醒他，正如橋水公司的對沖基金本質上是一台機器❸，每名員工也如同一台機器。關鍵是要釐清哪些人（達利歐稱作「設備」）適合共事，好達成理想中的產值，並汰除任何多餘的部分。

雖然麥克道爾覺得這項方法有點不近人情，但他也看到了其中的優點。管理階級如同機器、重視公司中不同角色之間的從屬關係，都只是必要組織的精簡版。有件事似乎十分確定：達利歐實施的「追減」等措施非常成功。麥克道爾到職一個月後，產業研究機構Alpha雜誌宣布，橋水公司已超越❹藍籌股公司摩根大通（JPMorgan & Co.），成為全球最大對沖基金的營運者。

達利歐信守諾言，立即開始採納麥克道爾的建議。達利歐任命他為公司管理委員會顧問，這讓他立即取得跟公司高層主管平起平坐、論辯決策的席位。達利歐經常向麥克道爾徵詢意見。到了該年年底，他指派麥克道爾協助決定橋水公司哪些人應該調派到其他部門或直接被裁員。麥克道爾建議，也許可以按照員工層級進行評估。達利歐十分欣賞這個構想，便說：「**我們現在就評估吧。**」

麥克道爾亟欲給老闆留下好印象，於是請來了一位研究層級的專家。他們三人圍坐在一張小桌子，專家表示，層級排名的目的是協助實現適才適所的目標，讓工作不太簡單也不太複雜。每個人都接受了心理面談，然後按照他們獨立處理複雜任務的能力，層級從一分到八分進行排名。例如，工廠工人可能是一分，而理想中的公司執行長至少應該是五分。

達利歐指著麥克道爾。「那他呢？」

該位專家表示，麥克道爾大概是六分左右，並強調這衡量了認知判斷與性情，也可能會因為時間產生變化。

達利歐哼了一聲，轉頭對麥克道爾說：「如果你的層級那麼高，怎麼還沒成為億萬富翁啊？」

麥克道爾大力吞了一口口水，才想出了一個答案。他告訴達利歐，層級只是衡量一個人的指標之一。單一模型不可能反映一個人的年齡、經年累月的智慧、價值觀或出身背景，更不用說單純的運氣了。

麥克道爾說，即使是層級很高的人，最後也可能一貧如洗，反之亦然。

不久之後，達利歐把麥克道爾拉到一邊說，雖然他喜歡層級的概念，但他認為這個概念可以進一步修改和拓展。他的構想是，按照他多年來想出的不同特質，對員工進行評分和排名。這些特質總共有七十七個，例如「決心」和「捍衛正義」。評分會列在後來所謂的「棒球卡」上面當紀錄，就像美國職棒大聯盟球員的輸贏紀錄等統計資料。棒球卡可以讓橋水公司裡每個人都了解彼此的優缺點。每個人都會給彼此分數、每個人都有一票、每個人在相同類別都要接受評估。更棒的是，每張棒球卡上的每項資訊都公開給所有人，因此會有即時的當責制、無法隱瞞真相。

達利歐向麥克道爾提議，也許他會想擔任這個計畫的主要推手。

麥克道爾雀躍不已，這與他研究了多年的專案不謀而合，還可以讓他在橋水公司內部聲名大噪。

但這項任務很快變成一件令人頭痛的事。麥克道爾打造了一個又一個測試原型，只是為了讓達利歐隨心所欲地增減新類別。許多原型似乎不太符合科學原則，有個稱作「實用」原型，又有一個稱作「實用思維」原型。雖然衡量職業球員的好球率和壞球率很容易，但達利歐的指標包括「視覺化」等模糊類別。這究竟是什麼意思？這類指標或創造力等主觀指標，有辦法用數值來排名嗎？

在草創時期的混亂中，一大優點是麥克道爾隨時都找得到老闆。身為橋水公司創辦人，達利歐經常請麥克道爾進他辦公室。他通常會往後靠在椅子上、咬著透明膠帶，膠帶用完就由助理補充，他則查看卡片的進度。達利歐會說，所有評分的目的都是運用單一尺度把橋水公司內每個人進行分類。他經常提出新的構想，有次還叫公司內部團隊去想像如何把每個人都訓練成忍者，讓每個人披上不同顏色的斗篷，而不是腰帶，以標示出最優秀的戰士。在橋水公司，最重要又最全面的評估稱作可信度。

計畫開始數個月後，達利歐在一次跟麥克道爾的私下談話中，拿出了一張索引卡，草草地在上方寫著「**可信度**」這個詞，然後圈了幾圈、往下畫了些彎曲的線條。可信度會是每個類別的綜合評分，會以粗體字列在棒球卡最上方。橋水公司的員工假如在特定類別的可信度高，他們針對別人的評分就會加權。達利歐稱之為「可信度加權」。畢竟工友的話和公司創辦人的話擺在一起排名，根本說不通吧？

麥克道爾理解綜合評分具有吸引力，但他認為達利歐錯過了一項關鍵的變因。「你不可以這麼做啦，」麥克道爾告訴他的老闆，「你根本沒辦法平均這些數字，這就好比把你的鞋子尺寸、加上體溫、再加上幾點幾分，然後除以三，取到小數點後第三位，就以為自己有了新發現。」

這個類比似乎沒能讓達利歐理解，所以麥克道爾嘗試了另一個類比：「這些評分不像驗血一樣可以驗出白血球的數量，而是大概的估值，單純是大家對彼此的看法。」

達利歐看了麥克道爾一眼，又指了指索引卡，彎曲的線條由上往下。「可信度會一層一層往下走，這本來是你的工作，我剛才幫你完成了。」

達利歐走了出去。

目前為止，麥克道爾已明白，當達利歐說找到問題的解方時，最好不要跟他爭論。麥克道爾答應，嘗試落實員工可信度。

他花了數個月的時間研擬並測試這個構想，先給予高層主管特定主題，請他們從高層開始排名，判斷誰是最值得信任的決策者。於是，這個系統開始稍微動態運作。如果橋水公司許多主管對於某部屬的可信度給予整體正面的評分，該部屬的個人意見就會開始變得更有分量。麥克道爾開始明白，可信度有機會成為該對沖基金中辨識人才的方式之一。公司內員工似乎也接納這個構想，認為這是證明自己值得升遷的方式。麥克道爾在公司內部推出了一個運作原型，讓員工可以看到彼此的可信度評分，評分範圍為一到十分。

不久之後，麥克道爾的電話響起，來電顯示是達利歐。

這是他在加拿大得到工作機會後，橋水創辦人第一次打電話來一對一談話。麥克道爾原本希望聽到老闆的讚美，但達利歐的聲音卻充滿憤怒：「可信度怎麼會沒有往下走啊？」

麥克道爾說明，可信度其實有層層往下，棒球卡原型處理了數萬個資料點。

達利歐似乎並不這麼認為。他有名部屬剛剛向他報告一個可疑的發現：橋水內部二名員工，分別負責投資研究和簡單ＩＴ業務，但可信度得分都高於達利歐本人，這件事讓公司內部開始竊竊私語。

麥克道爾向達利歐說明，這正是系統在發揮作用的跡象，代表橋水公司正在從員工中篩選出人才，完全按照達利歐當初的要求。

達利歐的聲音毫不掩飾自己的惱怒：「為什麼可信度不是**從我**開始擴散啊？」

麥克道爾回想起達利歐在索引卡上的塗鴉，這才發覺達利歐並不是單純地把可信度的概念畫在上頭，而是直接把自己畫在最上面，由他把可信度擴散給下面的部屬。

想要解決這個問題，答案很明顯了。麥克道爾派了一名部屬去研究軟體，制定了一條新規則。達利歐本人會是幾乎所有重要類別可信度的新基準。身為橋水公司內最可信的人❺，達利歐在帳面上的評分完全不受負面回饋影響。無論公司內部員工給予他的評價為何，這個系統都會讓他保持第一名。

後來又花了兩年多的時間，才完善可信度系統的人為操控。該系統隨後推廣到iPad上使用，因此橋水的員工可以即時輸入彼此的分數，也可以看到自己分數的升降。達利歐自己的評分則是系統內建，依然穩居第一。

而當初幫助瑞．達利歐成為可信度典範的人，即將獲得這輩子最大的拔擢。二〇一一年底，麥克道爾與達利歐坐下來開會，這位橋水創辦人遞給他一張紙，上面寫著麥克道爾當年的分紅。

達利歐表示，麥克道爾即將進入橋水公司的權力核心，即相對較小的圈子，裡頭的員工都會收到所謂的「影子股票」，即公司本身的所有權股份。每一季度，麥克道爾都會收到一張支票，上頭是橋水公司從客戶身上賺來費用的分潤。

達利歐抓起一張紙，劃掉了他先前寫好的數字，改成比剛才高出三十萬美元的數字。麥克道爾十分詫異，這麼大一筆錢居然這麼隨便就易手。達利歐把那張紙遞給麥克道爾，並朝門揮了揮手，示意他拿著新寫下的那筆金額離開。「跟他們說我給你更多錢就好。」

麥克道爾走到門口時，達利歐再度開口：「意思就是，你是這個大家庭一分子囉。」

第一部

第一章 鬼地方

保羅・麥克道爾接到改變人生的那通電話後過了九個月。某天，一名橋水員工癱坐在地上大哭起來，而且不是一般的啜泣，而是情緒完全崩潰、胸口起伏劇烈、喘不過氣，發出野獸般的哀號聲。

三十多歲的卡蒂娜・史特凡諾娃（Katina Stefanova）一頭及肩的金髮垂下，毫無生氣，她十分不習慣陷入這個窘境。她是公司內部公認瑞・達利歐數一數二喜歡的部屬，也往往是她會把別人弄哭，同事都稱她是「冰雪女王」。

史特凡諾娃簡單地環視了一下桌子，一群男男女女面無表情地盯著她。夏末陽光從窗戶射進來，照亮了一塵不染的白牆、褪色的地毯和工業燈，讓整個場面格外醒目。如果史特凡諾娃伸長脖子，就能瞥見一條混濁的河流——其實更像是一條小溪——漫無目的地蜿蜒繞著這座中世紀風格石頭大樓的停車場。她後來回憶說，以中世紀來比喻公司內發生的一切太恰當了。

時值二〇〇九年，地點是康乃狄克州西港鎮（Westport）這座黃金海岸上的奢華濱海小鎮，大約距離紐約市東北方九十分鐘左右的車程。鎮中心以北幾英里就是荒郊野外，只有密集的都鐸式豪宅與警衛室。而在一所教拉丁語和古希臘語的私立小學附近，一條車道從主要大街分了出來，一個隱約可見的立牌上簡單寫著：「格蘭登尼宅。」

有些人後來取了另一個綽號：鬼地方。

史特凡諾娃被叫作冰雪女王自然有其原因。她的經驗豐富，抗壓性強，長得又高又漂亮，有一頭金色長髮與棕色的雙眼。史特凡諾娃在小時候就被迫自立自強，她在共產黨統治的保加利亞長大，父親是機械工程師，母親是化學家。一九八九年，也就是她十二歲時，柏林圍牆倒塌，一併害她父親也垮了，不僅失去工作、頭髮掉光、還一度罹患精神病。他後來創辦了自己的冶金公司，成爲百萬富翁，但在一九九七年的惡性通貨膨脹中再度賠光一切，便第三度重起爐灶。

那時，史特凡諾娃已離開家鄉。她在保加利亞認識的一群摩門教傳教士鼓勵她申請楊百翰大學（Brigham Young University）。她瞞著父母提出申請，還說服祖父幫忙出單程機票的錢。最終，她申請上楊百翰大學附屬院校，位於愛達荷州的兩年制學院。她當時口袋裡只有二百美元現金，濃厚的口音讓她交不到當地朋友。她打著各式各樣的零工，像是維護校地、在圖書館兼差、擔任家教等等。畢業後不久，她就結婚了。

在經歷了幾份毫無挑戰性的企業工作後，她進入哈佛商學院（Harvard Business School）就讀，把目光投向了巨額的金融交易。儘管投資銀行家與交易員仍然主導著影視產業，但在二〇〇〇年代中期春天，劍橋一群具雄心壯志的學生鎖定對沖基金，這個用詞幾乎包山包海。部分對沖基金宣稱只挑選一流的股票，藉由融資來加倍砸錢投資他們眼中會爆紅或垮台的公司；部分對沖基金則利用市場上漏洞，在價格波動中尋找競爭對手笨到或懶到沒發現的規律；部分基金則聘請科學家寫電腦程式，自動決定買賣的時機。

橋水公司是世界上規模數一數二的對沖基金，對史特凡諾娃來說，幸運的是該基金負責人正是哈佛商學院畢業校友瑞·達利歐。當時已成立二十多年的橋水公司，儘管規模日漸龐大卻保持低調，在全球投資超過一千億美元。據說，達利歐極度擅長洞悉全球經濟或政治變局，進而大賺一筆，例如某個國家何時會調高利率或減稅。這乍聽很有道理，卻又毫無道理，達利歐和橋水公司憑什麼比世界上其他人預測得神準許多呢？競爭對手之間謠言四起，指出這跟達利歐聘用了前公職人員有關。

無論眞正的原因爲何，史特凡諾娃都見證了效果確實很好。到了二〇〇五年，達利歐身價已超過億萬富翁好幾倍，成爲哈佛商學院史上財富名列前茅的畢業校友。這足以激起移民的興趣，再也不想返回老家了。

二〇〇五年春天，史特凡諾娃走進校園參加一場招募活動，再前往橋水公司舉辦的一場簡報會。達利歐本人沒有露面，而是派了一名資深副手葛雷格·詹森（Greg Jensen）去發表。

如果說對沖基金主管長相常常有稜有角——擁有寬闊肩膀和方形下巴，動輒高談闊論長曲棍球——那詹森似乎跑錯棚了。他自稱是橋水公司的研究總監，十分崇高的頭銜，但他看起來卻像是大學剛畢業，還有一頭灰褐色的頭髮、雙眼下是黑眼圈、眉毛雜亂，還有感覺老是刮不乾淨的鬍渣，以及再年輕也藏不住的肚腩。

詹森不符合對沖基金形象的不僅僅是外貌。在史特凡諾娃看來，詹森對於橋水職場生活的描述，也不像一家雄心勃勃的投資公司。對於買賣股票、債券或其他資產，詹森沒有透露太多。他表示，橋水公司重視的是有意義的生活和有意義的關係，藉由反思的方式來促成自我發現。這聽起來更像是嗑到茫了，而不是在搞金融。

詹森強調，橋水公司的員工化解每天的意見分歧，找到最終的眞理、解答迄今爲止解決不了的問題。這個過程十分艱難，並不適合每個人，他邊說邊用食指敲打空氣來強調。

冰雪女王不怕衝突，尤其是衝突可以賺大錢時更是勇往直前。她寄出了自己的簡歷，但很快就被拒絕了，因爲錯別字太多。

後來，她把握到一個機會。橋水公司有項非比尋常的做法，即隨機抽出求職者來安排面試。那天，史特凡諾娃幸運中籤。這家對沖基金只有幾百名員工，達利歐親自在西港鎮面試大部分的求職者。史特凡諾娃得知自己要先完成MBTI人格測驗，也受邀去參觀橋水公司。

她抵達康乃狄克州，很快就在人員引領下，見到當年五十五歲的達利歐。她發覺，達利歐也不符合一般對沖基金經理人的形象。他的白髮旁分得太多、不太美觀，還露出一條逐漸後退的髮線，要是他再稍微用點心，就可以把髮線遮住了。他的雙下巴和鼓鼓的臉頰顯示，他不是個喜歡規律健身的人，外衣穿搭也許可以形容爲伐木工風格——格紋、丹寧和燈芯絨。他看起來家裡沒有熨斗。《紐約客》（*The New Yorker*）雜誌後來還溫柔地把他形容爲「英國前衛搖滾團體的長青成員」❶。

面談才一開始，打扮得太過隆重的史特凡諾娃當場愣住了。達利歐不問史特凡諾娃她的背景或洞察力，反而關注她的內心狀態。達利歐仔細看過她在MBTI人格測驗中的答案，不斷追問其中的原因，例如她有個答案說自己經常讓理性支配感性。在史特凡諾娃看來，達利歐似乎想知道她是否容易被激怒。達利歐說，自己感興趣的不是她做了哪些決定才來到這裡，而是這些決定背後的理由。

「我的缺點是我特別愛知識分子，」她後來說，「比起個性，我更看重腦袋的價值，而我覺得瑞太聰明了。」

幾分鐘後，達利歐冷不防地直接結束談話。

「好，沒關係，你錄取了。」

⥂

史特凡諾娃最初在橋水擔任資深投資專員，不久便發現自己常與公司客戶（包括大型退休基金和大學捐贈基金）合作，協助他們確定哪幾個大型投資類別符合他們的目標。她還不到三十歲，卻覺得自己好老。橋水通常聘用剛出社會的大學畢業生，幾乎清一色是男性，部分員工才會開玩笑說，自助餐廳的場面看起來活像美國知名時尚品牌J.Crew的商品目錄。其中達特茅斯學院（Dartmouth）的畢業生特別多，而詹森曾擔任兄弟會會長。

工作很辛苦，她的新同事是群關係緊密的怪咖，他們似乎把大部分私人時間都花在彼此身上。

有些人甚至與達利歐看同一位醫生，那位醫生會親自來辦公室，找個空房間、拉上窗簾再替達利歐等患者看病。但史特凡諾娃早已習慣自己到了新環境會格格不入，倒是很樂意花時間研究市場。先前，她畢恭畢敬地參與了一系列內部講座，聆聽達利歐探討概念式總體經濟學，他滔滔不絕地講了數個小時史上投資周期之間的關聯，內容很有吸引力。達利歐給了她這門課最高分：A^-。幾乎沒有人拿到A，因爲達利歐說這個分數他通常只會留給自己。

二人關係愈來愈友好。他們喜歡一起吃晚餐，達利歐常不停地追問她有關在共產社會下長大的生活，她也會邀請他去家裡做客。史特凡諾娃還沒有完全改掉保加利亞口音，看到這位高貴出身的億萬富翁如此認眞對待她，感到不可思議。他們聊天內容的深度和廣度，都超過她過去在職場上的經驗。他們會討論哲學、政治、商業和爵士樂，常常一路聊到深夜。達利歐鼓勵她質疑自己的價值體系、質疑對與錯之間是否有明確的界線。他也稱得上是博物學家，老是在談論海洋。他給予美國國家魚類暨野生動物基金會（National Fish and Wildlife Foundation）大量捐款，該基金會還以他的名字爲新珊瑚命名❷：**Eknomisis dalioi**。

史特凡諾娃覺得達利歐最具吸引力之處，是對社會規範的蔑視。他常說一個有關一群貪婪鬣狗❸殺死一頭小牛羚的寓言。過程中牛羚也許會受苦，但它的死亡是促進演化的必要條件。達利歐把自己比喻成鬣狗，他對史特凡諾娃說：「最好出於自己的利益行事。」

達利歐似乎實現了個人理想。史特凡諾娃和身邊同事經常看到他在大大小小的事上，對下屬大發雷霆，感覺鮮少有人能長期獲得他的賞識。員工在他背後都會公開討論，接下來又要換誰在成爲他的好哥兒們後、又狠狠被痛罵一頓。

然而，史特凡諾娃對這樣的行爲卻感到安心，畢竟她是達利歐的徒弟和朋友。她直接替他執行專案，每天工作十二個小時以上。達利歐老是喜歡告訴別人：「卡蒂娜是我的人。」這句都會讓她開心得快要臉紅。她在公司裡平步青雲，薪水每年都會翻倍，也有同事獲派直接向她彙報工作。橋水公司部分員工甚至開始竊竊私語，說她有一天可能會成爲達利歐的接班人選。

⥂

史特凡諾娃加入橋水三年後，達利歐交給她一項重要任務：監督當時蓬勃發展的橋水公司全新交易廳的設計。史特凡諾娃心想，達利歐是給她證明自我價值的機會。

橋水公司當時正處於高速擴張時期。光是二〇〇三年到二〇〇四年之間，剛好是史特凡諾娃加入前，橋水資產就幾乎倍增，從五百四十億美元上升至一千零一十億美元。數年後，這個金額增加到驚人的一千六百九十億美元。每個月都有數十名新員工加入，達利歐的年薪將飆升至十億美元以上，躋身世界上頂尖富豪的行列。

史特凡諾娃泰然自若地接受了自己的新任務。她以必須學會如何設計理想的交易廳爲由，花了好數個小時跟達利歐和詹森開會，詢問他們橋水成功的祕訣。雖然她未獲准觀看橋水即時交易的細節，但得以瞥見橋水公司製作的長篇報告，預測金融市場的漲跌或持平。

史特凡諾娃的職責擴大後，很快就發現她在面對團隊中一名技術人員時，陷入了兩難。該名男子的妻子也是橋水公司的員工——伴侶關係在這家公司十分常見——也許是上班心不在焉，他經常遲交工作。史特凡諾娃懷疑他妻子其實不屬於核心團隊的成員，而且感覺達利歐可能在測試她，畢竟這位橋水創辦人經常說要高標準檢視每個人，經常掛在嘴邊的一句話是：「不要容忍壞事」。

如果這是一場考試，那她很快就有機會證明自己有用功。史特凡諾娃得知，這名技術人員延攬了一名新顧問來幫忙，卻沒有事先知會她一聲。她當面與他對質時，他承認自己一直隱瞞此事。

這就是史特凡諾娃需要聽到的實話。「你承認自己犯了錯，不過現在我開始懷疑你的個性和人格了。」她痛罵他半個多小時，然後說她要把他開除了。

有鑑於這名男子的家族背景與橋水公司有淵源，這件事傳到了達利歐和詹森的耳裡，他們便要史特凡諾娃說明一下。

「我只是在做瑞會做的事情。」她說。

詹森立刻表示同意，說擺脫過去的壞習慣是橋水的核心信念。

詹森說：「妳只要看看這件事情有多讓妳覺得噁心和震驚，噁心程度要大過對這個人的感情。」

達利歐面露贊同地看著。他經常說，說謊是橋水公司內數一數二嚴重的違規行為。他同意開除該名技術人員，還在發給該名員工的電子郵件中打上同意字樣，把副本寄送給橋水的大部分員工。

該名男子的妻子也同步收到了郵件和解僱的消息。不久之後，她就再也沒有來上班了。

二

在二〇〇九年初秋的某日，多變的氣溫讓人不曉得夏天是否結束，達利歐的情緒也忽好忽壞。金融危機對橋水公司來說是個福音，它的旗艦基金Pure Alpha在二〇〇八年金融危機最嚴重時逆勢飆漲，而同期大約七〇%的對沖基金都出現了虧損。消息傳開後，他的名氣愈來愈大。在此前數個月，他曾接受《財富》（*Fortune*）雜誌專訪[4]，內文多是讚美之詞，描述他是「身高六英尺、身強體健」、「平時工作的辦公室毫不起眼，裡頭擺滿了他妻子和四個孩子的照片」。一位曾在橋水公司兼任顧問、現已退休的心理學家說：「如果你找來五位組織心理學家，把他們關在同一個房間裡，叫他們替企業文化打造完美的藍圖，他們建構出的樣貌會跟橋水公司差不多。」

達利歐表示，他已發現「投資的聖杯」，即一定會賺錢的交易公式，「我的意思是，如果你找到了這個東西，你投資就會賺錢、大爲成功。」

「假如這件事情很簡單，」作者假設，「每個人一定都會照做。」

問題是，聖杯當時看起來黯淡無光了。橋水公司難以再次料事如神。

其中原因與交易公式無關。達利歐當時確信，金融危機即將會再度上演[5]。他甚至發明了「**D流程**」（**D-process**）這個用詞，即多管齊下的去槓桿化。達利歐的書桌被二十多本探討史上經驗蕭條的厚重書籍壓到下陷，其中一本是《一九二九年大蕭條與大崩盤隨筆》（*Essays on the Great Depression and The Great Crash*）。這位橋水創辦人在每本書上都做了密密麻麻的筆記、貼滿了便利貼，還在空白處草草寫下註解，指出了與現今市場的相似之處。

達利歐相信自己會預見另一場金融危機而再次大發利市，於是把橋水公司推向了全面擴張。他不需要任何有關投資的協助，畢竟哪裡會需要第二個聖杯呢？他需要的是經理人才。他當時六十歲了，已屆合理的退休年齡，儘管他早就告訴大家，他可能在掛掉前都不會離開橋水，但也逐漸開始透露，自己可能需要把部分經營責任下放給詹森或史特凡諾娃。他告訴員工，雖然無法指望有人能取代自己，但有鑑於公司發展快速，橋水也許可以設計一個制度，把不同責任交給不同團隊。

史特凡諾娃的任務是招募二〇〇九年的新人，他們職稱全部都是**儲備幹部**（**而不是投資專員**），也會成爲橋水公司下一階段的白老鼠。橋水創辦人交接任務無比艱鉅，因此他經常說還需要聘請幾百人。

史特凡諾娃努力效法達利歐的方式找新人，盡量親自參與招募過程，但現在要求的招募規模大到難以落實。她實在跟不上快速的節奏，達利歐一直要求找更多新員工，她錄取進來的人數卻老是不足。

最後，達利歐受不了了，他想知道爲何儲備幹部還沒有補齊。他告訴史特凡諾娃，他希望釐清問題的核心，而且還要在一群人面前釐清。

史特凡諾娃走進會議室，即將針對表現接受審問。她坐了下來，看著周圍座位都是橋水公司的十來位高層主管，包括詹森、保羅·麥克道爾與艾琳·穆雷（Eileen Murray）這位新進的前華爾街銀行家，幾乎每個人的職級都高於史特凡諾娃。

達利歐坐在她正對面，開始大聲咆哮，她現在已知道老闆習慣如此。達利歐說，史特凡諾娃的招聘進度比原定計畫晚了數個月，同步拖累了達利歐自己引退的計畫，再這樣下去不是辦法。

「**這下子終於輪到我了啊**。」她心想。

達利歐向與會人員宣布，他會先「調查」再給出他所謂的「診斷」。在調查過程中，他要史特凡諾娃承認沒有如實完成他交辦的工作，而診斷結果就是她很笨，並且反覆強調這點。

「**妳真的笨死了！**」瑞·達利歐厲聲說，「妳就連自己不懂什麼都搞不清楚耶。」

所有人都默不作聲。詹森坐在達利歐旁邊，面無表情地整理文件，偶爾朝窗外看。麥克道爾拚命地把目光放在天花板的一個斑點上，在場的對手、同事和公司未來主管們都沒站出來幫史特凡諾娃說句話。

史特凡諾娃想到了達利歐自己寫的橋水公司內部手冊，裡面提到：「橋水重視理性，犯錯並不是壞事，而是學習的機會。如果你不去面對錯誤，就無法從中汲取教訓。」

她決定端出這個邏輯，於是告訴達利歐，招聘進度其實達利歐早已掌握，他們也經常爲此進行討論。史特凡諾娃認爲，她一直在按照達利歐的期望，維持高標準。

「我眞的拚命工作了，」她勉強擠出這句話，「我盡力了，換作是你會怎麼做呢？」

達利歐顯然懶得教她，只回答說，如果當初他同意了招聘的進度，那史特凡諾娃就錯在沒有指出這個錯誤。他再度覆述自己的診斷，一邊罵她太笨，一邊抓住桌子強調。在場眾人都記得他大吼大叫，等著她的嘴唇顫抖，然後再度朝她咆哮，怪她被罵時控制不住自己的情緒。

史特凡諾娃覺得這眞是夠了。當時她才剛從商學院畢業四年，就得面對擁有上百億美元財產的富豪。這是她第一次、也是最後一次讓自己在他面前哭出來，而她也沒浪費這個機會。眼淚起初是慢慢泛出，然後是大量湧現，睫毛膏混雜著溫熱的淚水，順著她的臉頰流了下來。會議室裡有些人逼迫自己把目光移開，深怕自己不小心也會潰堤。

史特凡諾娃把椅子往後推離會議桌，一邊哭一邊跑出了會議室。

散會。

⥂

史特凡諾娃的情緒崩潰太過戲劇化。達利歐肯定知道自己狠狠教訓的是公司左右手，還是他培養出來的人。現在，他要確保每個人銘記在心。

這件事比想像中容易許多。

那天，會議桌中央擺了一個黑盒子，大約像一台錄影機的尺寸。那其實是錄音設備，記錄下了達利歐咆哮、史特凡諾娃崩潰當下的每次悶哼聲、咕噥聲和嗚咽聲。日後，達利歐數名心腹會一遍又一遍地重覆聆聽，還標記出他們最喜歡的片段。

史特凡諾娃離開會議室後不久，達利歐告訴他的領導團隊，他很滿意自己剛才所做一切。這正是他不計一切代價追求卓越的理想典範，也如同詹森先前向史特凡諾娃所預告，無所不用其極地追求眞理。

達利歐明確表示，他希望全公司的人都聽到。這個音檔成爲他珍藏的作品之一，收入橋水公司的「透明圖書館」（Transparency Library），即容納數萬小時內部會議紀錄的電子資料庫❻，包括了音檔和影片，內容從高層主管會議的激烈辯論、到菜鳥員工之間針對經濟的乏味閒聊無所不包。

雖然影音檔案多到有些從來沒有再播過，但這次的音檔肯定會一播再播。達利歐後來還規定大家必須聽過。他命令自己的編輯團隊爲此剪出精華片段，他在裡頭被塑造成英雄的形象。而在對於整起事件的說明中，史特凡諾娃的痛苦哀號被刻意放大，達利歐則成了一名善良又堅定的提問者。他的調查診斷被縮短到剩沒幾分鐘，史特凡諾娃的情緒反應顯得極端又失態。

達利歐向來就是會張揚的人，他還寫下一個標題：「痛苦＋反省＝進步」。他下令把這段錄音發送給橋水全公司大約一千名員工後，還要求人資播放片段給求職者聽，這段錄音便成爲他們對於橋水的第一印象。

橋水公司把史特凡諾娃當天的傷痛，大剌剌播給求職者聽，當作開放式對話暨人格測驗的起點：你認爲她受到公平的對待嗎？你覺得她很可憐嗎？想拿到高分只有一條路。在達利歐和他左右手的指示下，急於表達對史特凡諾娃的同情、甚至對她的遭遇感到詫異的求職者，分數就會很低，被當成不適合的人選。至於聽完之後承認覺得難受的人，履歷很快就會進碎紙機了❼。

但還有一個祕密，達利歐絕對不會在錄音播出時透露。達利歐後來自稱是人類行為的專家，但即使他知道史特凡諾娃的崩潰其實情有可原，卻依然不為所動。明明前一天，史特凡諾娃才親口❽跟他說了那件事。

她之所以失去鎮定，不僅僅是因為身價億萬的老闆近距離對她咆哮、在眾人面前演好演滿。她的情緒失控也不僅僅是因為她工作上犯了錯，也不是因為她和老闆正面衝突。她不只是在擔心自己的工作。

她懷孕了。

第2章 美女與維京人

一九七〇年的感恩節，喬治・萊伯（George Leib）和伊莎貝爾・萊伯（Isabel Leib）夫婦在公園大道（Park Avenue）一戶樓中樓內，舉辦了一場豐盛的餐會❶。在百年歷史的玻璃吊燈下❷，這天先是飲用了血腥瑪麗（Bloody Marys），再來是波本威士忌。愛爾蘭管家安娜四處發送糖漬薑片和薄荷糖時，萊伯家族的男人們早已喝到醉醺醺了。

公園大道七百四十號這棟建築是知名奢華合作公寓，藝術裝潢風格，後來公認是美國最多億萬富翁的社區。但即使按照這裡鄰居們非富即貴的高標準，萊伯家族仍稱得上是名門望族❸。喬治是德國移民的後代，後來在路易維爾（Louisville）做肉類包裝商，當時是投資銀行布萊思公司（Blyth & Co.）的榮譽主席❹，因為他帶領該公司度過經濟大蕭條。喬治身高一百九十五公分，當兵後便養成虎背熊腰的體格，孫兒輩都稱他「維京人」。他的妻子伊莎貝爾，綽號「美女」，比他矮三十公分，個性陽光爽朗、說話有肯塔基州拖長母音的習慣，十分悅耳。她是路易維爾知名出版商的孫女，為人健談大方、平易近人，無論是鄰居約翰・洛克斐勒二世，或是賓客前英國國王愛德華八世和華麗絲・辛普森（當時已是溫莎公爵和公爵夫人）都能聊得很愉快。

感恩節晚上，12A號公寓內只有少數人跟美女和維京人沒有親戚關係，其中大多數是員工。安娜在餐廳裡忙個不停；芬蘭籍廚師海倫獨自在廚房裡快速吃著晚餐；瑞典管家艾絲翠（Astrid）則在打理樓上六間臥室。剩下唯一不是家族成員的人是瘦長的瑞．達洛利歐（瑞．達利歐舊名）。二十一歲的他身穿外套、打領帶，與萊伯家族坐在餐桌前，彷彿是家中一分子。

乍看之下，達洛利歐出現於此似乎毫無道理。他既不是鄰居、也不是同輩，更不是同年代的人。他和父親馬里諾（Marino）、母親安（Ann）一起住在紐約郊區曼哈塞特（Manhasset）。達洛利歐居住的藍領階級長島小村與紐約上東區距離僅二十英里，卻潛藏了巨大的身分地位差異。萊伯家族假如正在實現美國夢的最後衝刺，而馬里諾．達洛利歐就是選擇了一條更爲迂迴的道路。他出生於紐澤西州南部一座農場[5]，前往大城市發展並非爲了財富，而是爲了藝術。他在曼哈頓音樂學院（Manhattan School of Music）學習單簧管、長笛、短笛和薩克斯風，隨後開始到各地演出，在二十世紀初大樂團時代演奏爵士樂，偶爾會使用莫．達利（Mo Dale）這個藝名上台[6]。雖然馬里諾的確讓家人與名人有所接觸——他曾與班尼．古德曼（Benny Goodman）和法蘭克．辛納屈（Frank Sinatra）等傳奇樂手同台表演——但他在自家的三房公寓卻沒什麼存在感。馬里諾因爲接下科帕卡巴納（Copacabana）和沃爾多夫-阿斯托利亞（Waldorf-Astoria）帝國廳等俱樂部的演出，經常到凌晨三點才回家，然後一路睡到中午才起床。

「我們的父子關係很好，但是他非常強勢[7]，」瑞．達利歐後來回憶說。「而我幾乎完全相反，我不在乎任何事，也不在學校唸書，我都會跑出去玩得很開心；從小到大，我的生活都沒什麼條理可言。我和他就像是陰和陽的對比。」

瑞・達洛利歐是獨生子，後來說他希望成長過程中有兄弟姐妹陪伴。他與寵愛他的母親關係十分親密。每週六晚上，母親都會烤巧克力餅乾，母子會一起看恐怖電影。除了母親以外，他認識的人大多都是成年人。由於他缺乏父親的耐心❽，無法好好學習樂器或者其他技能，況且瑞還把乏善可陳的成績歸咎於硬背能力不佳，所以他主要都從事需要體力活的零工，包括送報紙❾、鏟雪、清理桌子、上架貨品等等。他十二歲時，直接走到「林克斯高爾夫俱樂部」（Links Golf Club），毛遂自薦當桿弟❿。

⥂

「林克斯」可不是普通的俱樂部，以前曾是一片農場⓫，後來由查爾斯・麥唐諾（Charles B. Macdonald）改造成十八洞的高爾夫球場。麥唐諾獲譽為美國高爾夫球場設計之父。這樣不凡的歷史吸引一類特殊的遊客，即白天跑來東邊打球的華爾街人士。他們是政商界呼風喚雨的精英，無論達洛利歐當時是否有意識，他都逐漸學會了與富商權貴打交道。

他以每袋六美元⓬的價格在俱樂部停車場出售球袋，替那個年代的金融精英運送球桿。他們跟達洛利歐聊著金融市場、提供選股建議，讓他見識到與過去截然不同的世界。一位經常打高爾夫球的人名叫唐・斯托得（Don Stott）⓭，他是紐約證券交易所第二代經紀商，收藏稀有法國勃根地紅酒⓮。其他成員包括萊伯一家人。

達洛利歐偶爾會擔任喬治・萊伯的桿弟，而喬治對於高爾夫球同樣具有好勝心，但眞正喜歡上這個年輕人的其實是伊莎貝爾。伊莎貝爾可以說是業餘高爾夫球手。她跟自己的先生打球時，制定了一項特殊規則，讓自己在球道上每停一次，就能重新把球放在球座上。喬治同意了，認爲這個做法只會加快比賽速度（大多數桿弟都會刻意避開⓯這對夫婦，深怕在球場上不知不覺地待上好數個小時）。

伊莎貝爾和達洛利歐在林克斯俱樂部時，聊天的話題不僅僅是高爾夫球和金融圈而已。達洛利歐運用父親傳授的音樂知識，讓她留下了深刻印象。雖然他當時未出過國，卻從其他球員身上學到了粗淺的歐洲藝術和文化知識，可以輕鬆自如地拿來說嘴。伊莎貝爾和喬治就是她在巴黎旅行時初次相識，此後她一直醉心於⓰歐洲，也因此著迷於眼前年輕人對歐洲的見識。

伊莎貝爾和喬治欣賞年輕的達洛利歐，還有其他原因。他們兩個兒子剛被寄宿學校開除，被迫進入軍校就讀。萊伯的老大在普林斯頓大學讀到大二時就輟學了（他後來加入了家族股票經紀事業）。如今，這個頹勢似乎要延續到下一代了。伊莎貝爾的長孫（即與祖父同名字的高登）留著長髮，一心只想玩電吉他，三年內已換到第三所寄宿學校，前兩所都因爲未成年飲酒和吸食大麻而被開除。伊莎貝爾眼睜睜地看著顯赫家族的子孫踏上墮落之途。

達洛利歐比高登大三歲。這位桿弟乾乾淨淨、談吐文雅，也爲家族工作多年。伊莎貝爾後來回憶，當時她靈光一閃，覺得達洛利歐可能會對高登產生正面影響。她就問達洛利歐，是否願意花點時間陪陪她的孫子？

而爲了增加誘因，她提議送達洛利歐和高登去倫敦、巴黎和羅馬，展開爲期六週的旅行，費用全部由她支付。達洛利歐會陪著高登參觀博物館、聽音樂會和享用美食，基本上就是確保高登不會闖禍。這是個提議很容易接受，達洛利歐也同意了。

「他比任何人都更早地明白人際關係的意義，然後善用關係來爲自己謀利。」同樣是桿弟的瑞克・科爾特拉（Rick Coltrera）回憶說。

不曉得是達洛利歐樹立了好榜樣，還是感染到歐洲的氛圍，或單純是必經了青少年的階段，高登從這次旅行中回來後，變成了截然不同的年輕人。他剪短了頭髮、把吉他換成古典樂，開始認眞地準備申請大學。他的祖母開心極了，達洛利歐就此獲得每年佳節期間坐在她旁邊的權利。

隨著瑞・達洛利歐與萊伯一家愈來愈親近，他的家庭生活突然發生了翻天覆地的變化。有天晚上，達洛利歐的母親心臟病發作，儘管他設法進行口對口人工呼吸，仍回天乏術，母親在他的面前過世了。達洛利歐後來說，當時他以爲[17]自己再也笑不出來了。

母親去世時，達洛利歐只有十九歲，仍然住在家裡。儘管對萊伯一家來說，他已是良好習慣的最佳榜樣，但他太常翹課去衝浪，導致在校平均成績只有C[18]，上大學沒有多少選擇。在高中畢業紀念冊上，他選擇了亨利・大衛・梭羅（Henry David Thoreau）的一句話：「如果一個人跟不上同伴的步伐，或許是因爲他聽到了不同的鼓聲。讓他跟隨自己聽到的音樂節奏，無論它多麼緩慢或遙遠。」達洛利歐最終錄取自家附近的紐約長島大學波斯特學院（C.W. Post）。

對於該學院大部分的藍領學生來說，波斯特學院是「一所非常優秀的社區大學」[19]，授予四年制學位。該校的名聲也許看似保守不張揚，但整體環境則超乎預期。波斯特學院的校園精心修剪、占地約三百英畝，學院名稱取自波斯特穀物麥片公司創辦人[20]，腹地還包括該家族的仿都鐸風格豪宅，這座豪宅經常拿來與傑伊・蓋茲比（Jay Gatsby）位於西卵（West Egg）的豪宅相提並論。達洛利歐是金融系，大一時開始練習冥想，後來他說冥想有助於他開闊心胸、提升成績，進而獲得每科皆拿A的優異成績[21]。

達洛利歐還開始運用他在林克斯俱樂部擔任桿弟所學知識。在高爾夫球友人的鼓勵下，他開始在各式各樣的市場進行小額交易，而且這些市場連那個年代業餘投資人都覺得陌生，更不用說大學生了。他在黃金[22]、玉米、黃豆、豬和一般舊股上都賺到了錢。他的首批投資包括了東北航空公司（Northeast Airlines）股票，因爲價格不到五美元，而且是辨識度高的公司。該股票不久之後被收購，價值翻了三倍。這類交易（有些是聽從高爾夫球友的建議）很快累積起來，成爲價值數千萬美元的投資組合。他後來說，這根本是「很簡單的遊戲」[23]。

大學入學數個月後，他得到一個全新的身分[24]。他像許多移民的後代一樣，前往納蘇郡（Nassau County）戶政事務所，申請了更好發音的姓氏。

瑞・達利歐正式誕生，他很快進一步利用了他與萊伯的關係。

伊莎貝爾從高爾夫球場上的聊天中得知，自己的桿弟已成爲一名對金融市場深感興趣的優等生。她看到了大好機會，可以報答這名年輕人導正自家孫子。孫子巴克雷（Barclay）說，伊莎貝爾不停地催家人給達利歐一個機會。她的兒子高登・萊伯便給了達利歐一份暑期工作，在紐約證券交易所那層樓的貝頓暨科科倫暨萊伯公司（Benton, Corcoran, Leib & Co.）擔任他底下的初階職員。

一九七一年夏天，在十八號百老街（Broad Street）上漫步，就等於置身於金融世界的中心。這是許多人夢寐以求職涯的入場券，不僅僅是特權，還是《華爾街日報》（*Wall Street Journal*）所說的「資本主義的天命」[25]。達利歐的工作非常辛苦，當時股票交易還是人工操作，透過交易單進行，疲憊不堪的專員整天在不同樓層間奔波，在嘈雜的環境中傳遞交易單；但達利歐卻樂此不疲[26]。那年八月，美國前總統尼克森讓美元脫離了金本位制，中止了以固定價格兌換黃金的交易，達利歐認爲這是股市下跌的訊號，因爲這象徵著[27]美國霸權的狂熱時代即將結束。沒想到股市卻逆勢大漲，因爲金本位制的結束讓決策者有了更大的彈性，經濟得以維持平穩運作。那年夏天結束前，達利歐花了大量時間深切地反思，想知道如何讓直覺更貼近現實[28]。

繼自己的兒子和母親之後，高登成了萊伯家族中第三個與瑞・達利歐當朋友的人。高登不僅僅是紐約證交所交易廳的狂熱賭徒，還是業餘的運動博奕商。他會邀請達利歐來家裡喝酒、吃飯、玩雙陸棋（backgammon）。高登玩雙陸棋的天賦異稟，曾贏得[29]歐洲錦標賽冠軍，二人常常連續玩十到十五局，過程中他會向達利歐傳授基本玩棋策略，達利歐也學得很快。

高登後來說，達利歐在證交所的同事對他的評價褒貶不一。「他反應不夠快，」高登告訴兒子巴克雷，「做人也不太有幽默感，難以融入團隊，有時候還會因爲散發些許傲氣而惹人不爽。」

而達利歐當時即將前往的地方，自帶些許傲氣幾乎是必要條件。他攜帶著優異的大學成績，以及一疊推薦信（身爲默默無名的巡迴樂手兒子，這點實在非比尋常），要去就讀波士頓郊外的一間研究所。

一九七〇年代初期在哈佛商學院讀書，等於是體驗周遭世界不斷變化，卻置身於刻意在停滯狀態的學術機構之中。哈佛商學院的男學生比例鮮少[30]低於九〇%。錄取率低到約四分之一，但日後只會[31]愈來愈競爭。大部分學生年齡都比達利歐大許多[32]，許多學生都有實際工作經驗或已退伍（達利歐因爲醫生診斷證明自己患有低血糖症，得以免受徵召[33]派往越南）。

達利歐很快就脫穎而出。哈佛商學院的學生通常以所謂價值投資人爲榜樣[34]。價值投資人會研究個別公司，尋找基本面強或具成長潛力的公司，步調緩慢、穩健又理性。根據當時認識達利歐的人回憶，達利歐當時剛從紐約證交所離開，就像一陣閃電般加入，還把自己塑造成「技術分析師」，而不是憑直覺交易的投資人，標榜自己的方法大膽創新。他在自己位於紅磚加勒廷（Gallatin）宿舍（以美國前財政部長命名）的單人房內，高談闊論著股票圖表趨勢、賣空與找出看似無關市場之間矛盾的獲利方法。他還在牆上掛起了股票圖表。

「從單方面來說[35]，他是缺乏經驗的學生中最有經驗的人。」同屆好友喬爾．彼得森（Joel Peterson）回憶說。他們二人一起做過小組報告，彼得森樂於讓達利歐來負責主要的口頭發表，因為達利歐說自己從十來歲就開始研究市場。

「我完全沒有嫉妒他，確實有很多競爭，哈佛大學也鼓勵競爭，但我從來不覺得在跟瑞競爭。」彼得森說。

達利歐在哈佛商學院就讀的兩年間冒了一次險。其他MBA學生可以選擇在知名公司的管理職暑期實習，但達利歐則是回到了交易市場，這次是在美林證券（Merrill Lynch）。他選擇了華爾街當時最乏人問津的冷門大宗商品團隊，因為黃金和石油等資產價格數十年來停滯不前。達利歐認為，這些大宗商品的冷門，反而讓這個資產類別成為好賺錢的領域。結果他大錯特錯[36]，在大宗商品研究主管指導下暑期實習結束（晚上就睡在一間公寓套房的行軍床上），達利歐根本沒賺到半毛錢。

但他仍然認為暑期實習十分成功。達利歐發覺[37]，自己喜歡分析大宗商品市場，雖然非常機械化，但很有滿足感。股市的本質就是一群人瘋狂地交換一張張單子，有時每張單子的價格高低並沒有特別的理由；而大宗商品的價格更容易界定，例如牛肉的價格，就是民眾在肉鋪買一磅牛肉願意支付的成本。

在哈佛商學院的第二年，達利歐開始鑽研該校著名的案例教學法，即要求學生閱讀十頁至二十頁的眞實案例研究[38]，每個案例都好像一道謎題[39]，需要剖析複雜的商業或領導議題，往往沒有明顯的答案。案例研究既有趣又乏味，達利歐有時也不太喜歡。在第二學年某個平常的夜晚，大部分同學都在讀書時，達利歐突然闖入[40]位於宿舍走廊另一頭的同學麥可・庫賓（Mike Kubin）的房間。

「我在讀書。」庫賓瞄了達利歐一眼後說。

達利歐拿起庫賓桌上的案例，直接扔進了垃圾桶。「你不會想一直做功課啦，應該回去跟我下棋。」

達利歐帶庫賓回到自己的房間，他已事先在桌子上擺好了棋盤，準備玩雙陸棋。這兩名哈佛商學院學生一玩就是好幾個小時。

哈佛商學院每屆都分成不同班級，每班大約有一百名學生一起上核心課程，彼此情誼會變得非常緊密，把同班同學視爲自己的家人。

對於哈佛商學院一九七三年H班學生來說，畢業後頭六個月最爲刺激[41]。鮑勃・庫克（Bob Cook）買了一輛BMW摩托車，準備環遊全美；羅伊・巴伯（Roy Barber）和馬克・塔馬斯（Marc Tumas）一起去蒙特婁（Montreal）附近露營；喬爾・彼得森在法國找到一份工作。

正如哈佛商學院H班同學賴瑞・施沃里（Larry Schwoeri）在給同學們的班級電子報中所說，達利歐選擇了一條不同的道路：

「瑞・達利歐在第一份工作就擁有了不起的頭銜——多明尼克暨多明尼克大宗商品公司（Dominick & Dominick Commodities）總裁。你們現在都可以查查《華爾街日報》，確認兩件事：一、多明尼克暨多明尼克公司是否還在營運中；二、在過去數個月內，大宗商品市場有何變化。瑞，祝你好運。[42]」

多明尼克暨多明尼克大宗商品公司當時仍在營運，但岌岌可危。這家股票經紀商成立於一八七○年左右，即正值湯瑪斯・愛迪生設計出第一台現代股票報價器之際，當時已篳路藍縷地走過了第一個百年，其中包括大宗商品部門。達利歐雖然有個響亮的頭銜、年薪[43]有二萬五千美元（相當於現今的六位數年薪），但僅止於此，因爲公司營運陷入困境。

達利歐加入時，公司正在打入平價市場，拓展[44]到了零售領域，目的是成爲更知名品牌的競爭對手。隨後股市崩盤，多明尼克暨多明尼克的主要零售基金就爆了。爲了維持營運，公司被迫出售在紐約證交所四個席位（原本五個席位）和美國證交所一個席位（原本兩個席位）。達利歐在那個年代做出許多失敗的交易[45]，後來[46]曾對一群商學院學生說：「他們會聘用我眞是有夠笨，但他們還是聘用了。」

沒有人能把經紀商困境怪到達利歐頭上，加上擁有哈佛商學院的學位，所以他接下來[47]找到大型股票經紀商希爾森・海登・斯通（Shearson Hayden Stone）的工作。達利歐在希爾森的工作把他從嘈雜的股市交易廳，一下子帶進更廣大的財富世界，他的角色既像是教師、又像是推銷員。他一副跟紐約金融精英共進晚餐的姿態，向牧場主、穀物生產商和其他仰賴大宗商品的企業人士提供建議，告訴他們如何透過複雜的交易（即對沖）來穩定自家業務。對沖就是在市場下跌時，交易會帶來報酬；市場上漲時，交易就會虧錢。對沖基金與其說是需要賺錢，不如說是不能賠錢。希爾森的客戶們很喜歡達利歐。一群牧場主還送他長角公牛的角 ㊽。

接下來發生的事存在部分爭議，甚至事件的順序也不清楚。達利歐後來針對事件，出現不同版本的說法，有時會改變先後順序。

可以確定的是，一九七四年除夕夜，達利歐與老闆發生了激烈的爭執。怒氣沖沖又喝醉酒的達利歐因爲與老闆一時意見不合，朝老闆的臉揍了一拳（一名金融同事後來聽說，這次衝突大家稱「陰勾拳」）㊾。達利歐回到辦公室時，以爲自己會被立即解僱 ㊿，卻獲得第二次的機會。

數個月後，身爲希爾森主管之一，達利歐出席了加州穀物與飼料協會（California Grain & Feed Association）年會，他決定把場面變得更好玩。有個版本是說，他在私人客戶簡報上帶了一名脫衣舞者 51。另一個版本說得更加誇張，直指脫衣舞者是拿錢在衆人面前裸體 52。還有一個版本是前兩種說法的結合：達利歐在年會上做了一場毫無新意的掛圖簡報，但指定舞者負責來翻頁。

無論具體細節如何，結論都一樣：達利歐任憑情緒左右又偏好浮誇效果，整個人被沖昏頭了。後來的下場只有一個版本：他被希爾森解僱，相當難堪。當時他已二十六歲了 53，兩年內二度失業，十分需要協助，而伸出援手的是他的「代理家人」。

高登・萊伯從在哈佛商學院與達利歐同窗時光以來，沒有多大的改變。萊伯依然在紐約證交所工作，也還是經紀商同事們之間最信賴的博奕商。證交所每天收盤後，萊伯都會到[54]紐約球拍俱樂部（New York Racquet Club）做蒸汽浴、游泳，再玩幾局雙陸棋。

瑞・達利歐主動約萊伯要喝一杯敘敘舊，萊伯覺得達利歐這些年過得蠻辛苦的，他不曉得在希爾森發生了什麼事，只知道達利歐目前跟哈佛同學鮑勃・庫克在曼哈頓一戶兩房公寓當室友[55]，其餘沒什麼事可以忙。二人互相給對方出餿主意、喝酒毫無節制、舉辦派對[56]、瘋狂出門旅行等等。他們的同學施沃里在哈佛商學院校友電子報[57]中提到二人近況，說這對哥倆好剛剛從巴西里約熱內盧回來，「進行了透澈的市場滲透研究。」

高登很快就明白這次會面背後的動機了，達利歐需要用錢。高登兒子巴克雷・萊伯後來得知，達利歐向高登提出了一項雄心勃勃的計畫，即成立一家大宗商品進出口公司，把實體大宗商品從美國運送給別國買家[58]，公司就稱作「橋水」，名字聽起來十分順耳，很適合[59]運送大豆油等實體資產的跨國運輸公司。

「我需要十萬美元來支付一年的營運成本。」達利歐對萊伯與其他潛在投資人說[60]。他希望從每個人身上籌措一〇%的資金。

萊伯向來就是賭徒性格，權衡了這個母親過去的桿弟創辦一家知名華爾街企業的機率，得出的結論是可能性微乎其微。儘管他拒絕了眼前的「家人」，但他還是提供了其他協助：他把達利歐介紹給貝頓暨科科倫暨萊伯公司其他合夥人，他們後來都出資贊助。達利歐成功跨出創業第一步。

大約一年後，達利歐又回來要更多資金，說之前的錢花光了，新公司只完成了兩筆交易。「這比較像是單純的構想[61]，還不是現實，而且我想好名字了。」達利歐後來說。

達利歐這次有了全新的計畫，不過比起之前較為保守。達利歐打算開設一家精品顧問公司，提供類似於他在希爾森公司所做的諮詢工作[62]。這個時機選擇得很巧妙，當時大宗商品市場正在復甦，吸引了一般投資人的關注。達利歐自信地推銷自己，主張他是華爾街少數能自在地談論牲畜、肉類、穀物[63]和油籽市場現狀的人。

萊伯對此十分感興趣[64]，但他仍然認為把錢投入乳臭未乾的小夥子想出的全新商業模式，實在是不智之舉。萊伯依舊不想進一步把他舒適的生活與達利歐的生活太過掛鉤。萊伯公司的其他人也退出了。

但達利歐也不再需要他們了。一九七五年，達利歐室友的女朋友替他安排與她朋友芭芭拉・加巴爾多尼（Barbara Gabaldoni）會面。加巴爾多尼在一家美術館工作[65]，幾乎不會說英語[66]。但這不打緊，因為正如他後來在自傳中所述：「我們以不同的方式溝通。」

加巴爾多尼的背景複雜，有段時間在西班牙長大，因為祕魯籍父親是派駐西班牙的外交官。她曾告訴橋水一名員工，她小時候曾被綁架過，這可能不僅僅是她父親工作的關係，也可能與她的母系背景有關。雖然她有祕魯姓氏，但名字則是取自外婆芭芭拉・惠特尼（Barbara Whitney），即知名雕塑家葛楚・范德比（Gertrude Vanderbilt）和企業大亨哈利・惠特尼（Harry Whitney）的女兒。

芭芭拉・加巴爾多尼正是范德比・惠特尼（Vanderbilt Whitney）豪門一族成員，她任職的惠特尼美術館歷史悠久，也是以她家族姓氏爲名。

對她來說，要幫助達利歐剛起步的事業可說是輕而易舉。

第3章 絕對肯定

好長一段時間，達利歐覺得自己好自由❶。

雖然他在經營一家新公司，卻幾乎不會感到焦慮。生活過得很舒適，所謂通勤只是從一間臥室，稍微步行到布置爲居家辦公室的另一間臥室。他繳房租不成問題。當時二十多歲的他，活在當下就已心滿意足。他並不相信這個階段或自己的企業會持續一輩子；如果最後不成功，他大可以出門找另一份工作。

達利歐和芭芭拉·加巴爾多尼之間的關係進展迅速。由於加巴爾多尼重視個人穩私，便讓男友達利歐負責主導社交場合。認識了數個月後，他們已完全融入了彼此的生活，達利歐因此進入全新的社會階級。一九七七年二人結婚，搬進曼哈頓一棟寬敞的褐石別墅。這對新婚夫婦住在❷上面兩層，下面兩層給達利歐工作。不久之後，芭芭拉生下了❸第一個兒子（後來陸續還生了三個兒子）。

在某種程度上，達利歐藉由跟岳父岳母來往，開始接受有關財富階層細微差異的寶貴教育，進而應用到他的新事業中。萊伯家族固然富裕，但財產是近年才積攢。維京人經常告訴他孫輩，他在一九二〇年代得賣掉身邊最厚重的大衣❹，才有錢購買一家證券經紀商（後來以他為名）的第一筆股份。芭芭拉・達利歐不一樣，她的家族世世代代都享有榮華富貴。

范德比家族的財富可以追溯到一八一〇年，後世人稱「指揮官」的康內留斯・范德比（Cornelius Commodore Vanderbilt）善用跟母親借來的❺一百美元，逐步建立了船運暨鐵路的帝國。他於一八七七年去世，留下的一億美元遺產價值甚至超越美國財政部。整整一百年後，達利歐與范德比家族成為姻親前，該家族的財富都揮霍在❻派對、跑車、豪宅和馬匹上頭。達利歐加入時，范德比家族的作風保守，一心要守護祖先世代傳承下來的龐大財富。芭芭拉把自己那份交給達利歐處理。

達利歐很快發覺，繼承世代財富的家族有不同的輕重緩急。證交所的交易員們老是顧著聊接下來超讚的構想，往往著重於在市場發生大變動前洞燭先機。然而，一旦賺了大錢，一般人就不會繼續沉迷於尋找下一個目標，而是更關注於維持財富，而不是變得更有錢，策略重點轉為穩定長期的成長，以及把重大損失的風險最小化。同樣的長期願景也適用於企業和機構，例如大學和退休基金。這些機構具有龐大資金，多半希望以最低風險來穩定累積財富，投資的優先考量往往是避免破產。凡是能理解這項首要之務又知道如何達標的人，就很有機會大發利市。

因此從一九七〇年代開始，一路到一九八〇年代初期，橋水公司是較早調整投資方式的公司。

橋水和達利歐的策略可以從該公司與麥當勞的合約中看出端倪。當時麥當勞正在祕密開發麥克雞塊，擴充餐點選項。但雞肉這個主要食材的價格卻出現前所未有的波動。麥當勞無法在全球三千家❼連鎖餐廳推出一項產品後，指望每家餐廳每天去改變售價。達利歐認為，由於玉米和大豆市場頻繁震盪，導致雞肉市場隨之波動。雞隻都吃玉米和大豆，農民不得不付出更高的飼料成本時，只好抬高家禽的價格。達利歐建議麥當勞，運用「期貨」這項金融工具來固定成本。如果玉米和大豆變得更貴，麥當勞的成本則會保持不變。這等於給了麥當勞大好機會，可以用穩定的價格購買足夠的家禽來推出麥克雞塊。

另一個客戶是零食巨擘納貝斯克（Nabisco）❽。這家集團的問題與麥當勞的問題類似：納貝斯克的產品使用的原物料多到讓人眼花繚亂，這些原物料的價格可能會大幅波動，進而損及獲利。達利歐協助納貝斯克建構了類似於他替麥當勞規劃的交易模式，不過範圍更廣。他向納貝斯克高層主管們示範投資方式，既能固定大宗商品的成本，假如在貨幣貶值國家銷售奧利奧（Oreo）餅乾，又能降低美元收益低於預期的風險。面對這樣複雜的建議，納貝斯克乾脆給達利歐正式的權力，讓他即使沒有日常監督，也能管理該集團的部分儲蓄。這無疑是向前邁出一大步，讓他實質上成為該集團內部的獨立投資經理人，而不僅僅是顧問而已。在當時，這是相對新穎的安排，達利歐指導納貝斯克進行的交易獲利時，便能得到一定比例的分潤。這帶給他巨大的優勢，因為他可以從納貝斯克的獲利分一杯羹，很可能遠遠超過按照他所管理的金錢領固定報酬。

隨著達利歐成為一名全球交易員，他開始受惠於當初的自我定位，即不只是一名公司顧問。他把自己塑造成用科學方法處理工作的經濟學家，以及對過去景氣周期有深刻洞見的全球思想家。他為晦澀難懂的交易出版物撰寫文章❾，例如畜牧雜誌，主要讀者都是金融家和投資人，這讓他可以炫耀自己對小衆市場的敏銳理解。他開始在筆記本[10]寫下進行交易的理由，然後把交易結果製成表格[11]，記錄自己判斷的對錯。他也會參照歷史趨勢[12]，確保自己的構想可以一次次奏效。達利歐發現，他最好大量進行小額賭注[13]，這樣即使其中之一出錯，也不會拖累整體投資組合。

而爲了進一步鞏固大思想家的頭銜，達利歐開始販售每日市場短評通訊[14]，其中包括他對當今總體經濟迫切問題的看法。在電子報充斥電子信箱的數十年前，這個透過傳真和電報發送的通訊報一炮而紅。在達利歐底下小部分員工的協助下，橋水公司把這份通訊報廣泛地發給各大媒體與客戶，其中包括石油大亨邦克・亨特（Bunker Hunt）這名世界首富[15]。他在紐約的哈佛俱樂部舉辦會議。達利歐針對部分人士收費，是每月三千美元的市場研究方案服務。

隨著達利歐的聲譽和客戶名單不斷成長，家中成員也漸增，他們全家便搬到康乃狄克州的郊區，他在那裡又獲得了全新頭銜。儘管他不是經濟學科班出身，他也開始稱自己是橋水公司的經濟學家[16]。這位經濟學家對於即將發生的事，提出了一連串令人瞠目結舌的觀點。

在華爾街和華盛頓，只要拉響警報必然會引發關注；到了一九八一年，達利歐預見了不久之後的金融災難。

他在全美各地奔走，警告自家客戶和媒體，全球經濟正面臨嚴重的逆風，引發衆人焦慮。市場動盪[17]、金價飆升、失業率愈來愈高，而石油價格更是在短短一年內翻了一倍多。由於美國中央銀行擔心通貨膨脹，因此在一九八一年把利率提高到二一％，希望鼓勵民衆多多儲蓄、減少消費，全美經濟逐漸陷入衰退。雖然雷根政府堅稱執政團隊已上軌道，但達利歐卻有不同的看法[18]。美國正走向重大的經濟崩盤，而且是第二次世界大戰以來最嚴重的衰退，達利歐對於聽得進去的人都直言不諱。一九八二年三月，他在接受《紐約時報》（*New York Times*）專訪時提出警告：「房地產業者可能有半數會破產，另外還有泛美航空、克萊斯勒，也許福特之類的企業也保不住了。」過了數個月後他又說：「沒有希望了[19]，現實就是這麼殘酷。」

達利歐四處奔走警告各方，結果帶來了可觀的報酬，只是沒有立即轉爲獲利。一群自稱「專業悲觀人士」組成的「對立觀點論壇」（Contrary Opinion Forum）主辦單位[20]邀請達利歐在佛蒙特州尙普蘭湖（Lake Champlain）湖畔舉行的年會上發表演說。但達利歐言論的悲觀程度，即使是這群人也有點招架不住，一位與會者提問：「爲什麼金融災難不可能慢慢出現呢？[21]」

數個月後，更大的機會出現在美國首都，達利歐應邀到國會探討失業率上升的聯合委員聽證會上發言[22]。他大搖大擺地走進宏偉的雷本衆議院辦公大樓（Rayburn House Office Building），身穿黑色西裝、繫著灰色條紋領帶，一頭濃密的深棕色頭髮幾乎掩蓋他逐漸後退的髮線。三十三歲的他，看起來反而較爲年輕。

這對達利歐來說是十分重要的時刻，他知道自己要費盡心思才能在重量級的發言名單中贏得注目，因爲自己顯然不是最重要的發言人，時任美國聯準會（Federal Reserve）主席保羅・沃克

（Paul Volcker）預定在一個月後才會出席。達利歐伸手去拿麥克風時，馬里蘭州眾議員帕倫・米契爾（Parren J. Mitchell）還心不在焉地撥弄嘴裡點燃的香菸，不過達利歐很快就吸引了所有與會者的注意。

「密切留意過去幾年的經濟狀況㉓，就好像在看一部驚悚電影，你明明看見大難臨頭，很想要大聲警告裡面的人，但是你也知道不會有人聽到，」達利歐開始說，「現在面臨的危機就是大蕭條。」

「雖然已經很久沒有出現經濟大蕭條了，但是我們身為經濟學家應該要知道如何判斷相關跡象。當今的經濟學家對於大蕭條的認識，就跟當今的醫生對於長期潛伏的瘟疫一樣陌生。」

達利歐表示，自從一八〇〇年以來，美國就經歷了十四次大蕭條，每次都依循著相同的歷史模式，而第十五次大蕭條迫在眉睫。「這就是我們所說的大蕭條過程。」他說。

有位參與該場聽證會的國會議員表示，達利歐的態度「比哈姆雷特父親的鬼魂還要陰沉」㉔。這是因為經濟衰退和經濟蕭條是兩回事。鮮少有分析師㉕膽敢指出未來會出現大蕭條，達利歐憑著這個極度恐怖的預測，登上了美國黃金時段的商業電視節目《華爾街一週》（*Wall $treet Week*）。在國會作證過了三星期，達利歐整個人更加泰然自若，輕鬆地坐在鏡頭前，雙臂張開放在身體兩側，說話時雙眼連眨都沒眨。

「我可以絕對肯定地說㉖，如果你看看各大企業和整個世界的市場流動性，目前流動性已經低到不能再低，不可能回到停滯通膨的年代了。」

白話文就是：全世界的錢都不足以拯救我們。

但達利歐有再多的信心，都無法忽視種種事實。就在他上電視的那個月，經濟衰退正式告終[27]。股市先在八月份觸底，數星期後就是他在對立觀點論壇上發表演說。

⥂

經濟大蕭條並未發生，這讓達利歐付出了沉重的代價。他不但失去了手上的客戶、賠上自己的錢，還解僱了本來就爲數不多的員工，公司最後只剩下一名員工，也就是他自己。假如想要捲土重來，他不能只是當個沒人相信的預言家。

他的專長是協助企業剖析複雜的全球經濟動態，因此他一頭栽進了研究之中。他長期撰寫的市場經濟通訊報如今成爲主要的焦點，他更加努力推廣自己的通訊報，如今取名爲《每日觀察報》（*Daily Observations*）。他把通訊報寄給老客戶、素未謀面的人，以及尋找報導靈感的記者。他鮮少提前告知主題，所以每當傳真出現他的短評，就有點像在打開驚喜禮包。其中一個比較活潑的主題是〈什麼是珠寶商？〉[28]他在文中提到，握有昂貴產品待價而沽的珠寶商，本質上類似針對黃金和寶石「做多」（即押注）的華爾街交易員。

達利歐在簡報中也向麥當勞和納貝斯克提出類似的論點。這兩家大企業也希望避免在意外的市場衝擊中虧損，而如果黃金的市場價格上漲，珠寶商當然樂見其成，他們庫存的戒指和項鏈會突然更加値錢；但反之亦然，即使是再成功的珠寶商，也可能在市場低迷時宣告破產。達利歐的解決方案就是利用期貨工具。他建議珠寶商交易黃金期貨，這等於是一份讓他們以後得以購買黃金的合約，用意是在黃金價格下跌時升值。而期貨交易的獲利，正好彌補珠寶商針對玻璃陳列櫃內的黃金產品「做多」所蒙受的損失。達利歐在預測經濟崩盤上差強人意，但這類目標明確的對沖策略則完全是他的看家本領。

這項內容直截了當的研究，替橋水公司帶來曼哈頓以外的穩定生意。奧克拉荷馬州陶沙市（Tulsa）中美銀行（Banks of Mid-America）一位高層主管開始與部屬分享這項研究，說他從來沒讀過把經濟說明得這麼清楚的內容[29]。該銀行以每年一萬八千美元的價格聘請橋水當顧問，部分原因是爲了在需要時請教達利歐，針對大問題進行討論。隨著中美銀行等客戶開始要求提供更詳細的建議，達利歐在通訊報中增加了一個矩陣[30]，按照不同市場的走向，說明要買入或賣出哪些投資。

而距離達利歐幾英里的康乃狄克州史丹福市（Stamford），一份《每日觀察報》出現在一張重要桌子上。來自田納西州的保羅・都鐸・瓊斯（Paul Tudor Jones）比達利歐小五歲，同樣在華爾街圈子之外，也跟達利歐一樣從大宗商品經紀商起家。但當達利歐公司快經營不下去時，朋友瓊斯卻是順風順水。他婉拒了哈佛商學院的錄取通知，轉而創辦了一家與自己同名的投資公司，幾乎是立即大獲成功。

瓊斯知道達利歐因爲大蕭條預言到處遭人訕笑，但他認爲達利歐就像是被低估的潛力資產。瓊斯看到了契機，就邀請達利歐來聊聊。

「你有沒有想過，可以把你寫的東西拿來交易？」瓊斯問。

瓊斯擬定了計畫。達利歐可以充分使用都鐸投資公司的資源，而他們倆要共同開發日後的投資基金，目標不是在最短時間內賺到最多錢，而是設計出一個系統，能以最低風險產生穩定又永續的收益。最重要的指標是該計畫的夏普率（Sharpe ratio）[31] 這個已有數十年歷史的計算方法，專門計算投資組合報酬率與價格波動的關係，數值愈高愈好。夏普率2.0就表示穩健，不過對頂級投資人來說，夏普率達到3.0以上並非不可能。

達利歐從多年撰寫市場通訊報的經驗中，彙整出他的個人發現，進一步精煉成「若P則Q」的交易方法。舉例來說，如果甲國的利率上升，那達利歐會自動出售乙國的債券來補償。這種方法看似能眞正達到系統化，因爲達利歐的日常決策幾乎不影響投資組合。他想要改變投資組合，只能進行深入研究、按照歷史資料來改變規則本身，而不是對暫時的市場變動個別反應。

經過數個月的調整，達利歐才設計出滿意的交易系統，於是把這套系統帶回去給瓊斯，瓊斯再交給他的團隊分析，結果是：達利歐的交易方法產生的夏普率居然不到1.0。

瓊斯的南方口音也掩蓋不了語氣中的挫敗感，他問達利歐：「這個鬼東西我要怎麼用啊？[32]」瓊斯給了達利歐一個機會，設計出來的結果卻沒有符合最重要的標準。瓊斯後來告訴一位同事，他認爲達利歐毫無疑問很聰明，但不太能勝任投資經理人一職，也當然沒有達到都鐸投資公司的水準。

那剛設計出來的交易系統呢？達利歐離開前問。

瓊斯不屑地說：「你自己帶走吧。」

達利歐仍然沒有放棄，確信自己有所發現，於是去找了幾乎不會拒絕任何會議的人。

希爾達・奧喬亞-布倫柏格（Hilda Ochoa-Brillembourg）有個與現實不太相符的崇高頭銜：世界銀行退休金投資部門投資長。她的工作是保護這家撙節開支的金融機構內數千名員工的退休金[33]。這份吃力不討好的工作常常被人忽略，而且這個機構內每個員工都自認更能勝任。而她工作的環境也提醒了自己，她在世界銀行的職責並非光鮮亮麗，可以搭機到各國出差。世界銀行的主要辦公室擁有拋光精美的地板和木製辦公桌；奧喬亞-布倫柏格則是坐在金屬桌子前，腳踏亞麻地板，讀著達利歐的每日市場筆記。

奧喬亞-布倫柏格自認可以精準辨識人才。她偏好把世界銀行的資金交給渴望成名的年輕投資人，而沒有比橋水更小的公司了；根據橋水公司當年的內部文件顯示，該公司當時管理的資產連一毛錢都沒有。

但前來尋求資金的達利歐，完全不算是素昧平生。奧喬亞-布倫柏格曾在哈佛就讀研究所，所以二人很容易就聊開了。達利歐說得愈多，她愈覺得他腦袋很好。他回顧了不同國家和產業的經濟細節，表面上看似不相關，例如把最新貨幣價格與十九世紀鐵路債券價格相提並論[34]。他看得到各式各樣的連結，似乎還能預測地球某端的骨牌會推倒另一端的骨牌。對於奧喬亞－布倫柏格來說，這位訪客好像很快就能判斷出哪些資料點十分重要，哪些資料點只是單純雜訊。她當時不曉得[35]數年前達利歐大蕭條預言失準，因爲他的市場通訊報從未寫到，達利歐也沒有提起此事。

奧喬亞－布倫柏格心想，只要採取部分預防措施，姑且就試試看橋水公司的能耐。世界銀行退休基金拿出五百多萬美元的存款，只投資相對溫和的國內固定收入領域。奧喬亞－布倫柏格讓達利歐進行跨國投資，但主張對於橋水公司的評估只取決於它相對於美國債券市場的表現[36]。如果達利歐輸得精光，那就沒有藉口了。

談到服務費時，當然是奧喬亞－布倫柏格說了算。達利歐同意收取〇．二％的固定年費[37]，即每年一萬美元，來管理投資組合，甚至低於他的通訊報訂閱費用。但這是全新的開始。

第4章 超額報酬

達利歐設法舒服地坐在木凳上，靴子踩著冰凍的草皮，發出脆裂聲響。他並非刻意要選擇在康乃狄克州的寒冬夜晚待在戶外，但身爲那篇專訪文章的主角，他沒有商量的餘地。《富比士》（*Forbes*）雜誌編輯們想要符合該文章主題的視覺效果，所以達利歐穿上了藍色牛仔褲❶、馬德拉斯外套，按照攝影師的指示坐在長凳上。在印出來的最後一張照片中，他的臉部被陰影遮住了一半，其中暗示的訊息昭然若揭。

《富比士》那篇文章開頭寫著：「經濟大蕭條快來了嗎？瑞・達利歐嗤之以鼻，他說大蕭條已經到了！」

當時是一九八七年二月，達利歐又開始提出悲觀的預言。這次是美國人的生活方式爲他的觀點提供了線索。達利歐指出，美國消費者借貸太多、儲蓄太少，都把錢拿來買新電視機。儘管美國股市指數在前兩年翻倍，但美國只是拒絕面對現實，而且即將要付出代價。達利歐說：「你覺得自己很有錢的時候，就會開始揮霍財富。一般人都需要眞正破產以後，感受到經濟上的困難，才會明白儲蓄和勤奮的好處。」

達利歐也許又在老調重彈，但他的籌碼已不可同日而語。自從一九八五年把公司裁員到剩三名員工以來，橋水已成爲《富比士》文章中值得敬佩的中型公司。根據《富比士》的報導，達利歐當時在紐約、洛杉磯、倫敦和香港的辦公室共要帶領四十四名員工（這個數字並不正確，橋水的員工數或辦公室都有錯誤，只是達利歐沒有要求勘誤）。該公司管理了大約二千萬美元，等於是兩年前的四倍。花旗銀行（Citibank）和蘇聯媒體塔斯社（TASS）等全球客戶都收到了達利歐最近的研究報告，標題爲「美利堅帝國的衰落」。

距離經濟崩盤還有多久？《富比士》問。

「再一年左右。」達利歐回答。

八個月後的一九八七年十月十九日，後世稱作「黑色星期一」，三十八歲的達利歐可以說自己預測到美國股市有史以來最大的單日跌幅。股市在一天之內❷狂瀉近二三%，震驚了大大小小的投資人。《華爾街日報》報導指出，曼哈頓上西區人行道上，到處都是徘徊的年輕交易員❸，他們眼神呆滯，看起來好像剛剛逃離某種天災。

而東北方距離五十英里處，達利歐正在數著自己贏了多少錢。十年來，他第一次因爲看跌帶給自己和橋水公司報酬。他按照自己的建議，做空了黑色星期一的股票。橋水公司還持有美國國債這項傳統避險資產，在危機時期的績效良好。截至當年年底，橋水公司進帳成長❹二七%，等於股市報酬率的好多倍。

雖然原始的績效數字出色，但達利歐眞正拿到的錢相對微薄。橋水坐擁二千萬美元的客戶資金，卻沒有足夠本錢帶動預期外的收入。許多客戶都樂於閱讀達利歐的研究報告，但鮮少有人把錢託付給他。橋水提供的投資建議聽了固然有收穫，但依然非屬必要。「黑色星期一」之後，達利歐眼睜睜地看著保羅・都鐸・瓊斯一舉成名，只因為他針對市場提出了差不多的悲觀預測，二人差別在於，當股市崩盤時，瓊斯擁有二億五千萬美元的資產❺。根據估計，瓊斯那年從交易收益中獲得了一億美元的分潤❻。達利歐看到自己的朋友在美國公共電視台（PBS）紀錄片《交易員》（*Trader*）內擔任主角；這部片跟隨瓊斯開箱他的週末別墅❼，裡頭共有十八間臥房。

為了享受那樣的生活，達利歐不但需要更頻繁提出精準的市場預測，還得大幅拓展精準預測的規模。

⥂

第一站就是重新接電視通告❽。達利歐以來賓身分參加脫口秀節目錄影，主持人極具魅力、前途無量，她如此介紹達利歐：

「下一位來賓警告說，我們最好要習慣完全依賴日本市場，否則我們的生活品質會徹底縮水。他名叫瑞・達利歐，是經濟學家、基金經理人、也是橋水集團執行長。」

這集標題是「外國人接管美國」。攝影棚的觀眾包括被資遣的鋼鐵工人，對於大量日本資金哄抬美國房地產價格憤恨不平。現場觀眾不太理解達利歐，他身穿一套合身的藍色細紋西裝，主張美國的經濟實力已時日無多。

「你開始變愈來愈窮，卻依然認為自己很有錢——」

「這太慘了吧。」歐普拉・溫芙蕾插話。

「真的很慘。這就是美國的現狀。大家自己都以為開高級名車，生活水準就很高，好像在說如果我有這樣的消費能力，就一定很有錢，借了多少錢都沒關係。我要說的就是這種態度。」

「你們都同意嗎？你們同意這個理論嗎？」溫芙蕾問觀眾。

有些觀眾朋友喊：「不同意。」

達利歐不以為意：「我們現在看到的情況，幾百年來早就發生過了。我們見證了文明的興衰，這就是因為我們消費過度，我們在犧牲自由來換錄影機。」

溫芙蕾接了一通觀眾來電，來電提到其中可能有種族歧視的因素，日本人是第一批獲准在美國投資的有色人種。溫芙蕾拿來問達利歐：「瑞，電視機前的觀眾說，日本人是第一批購買一大堆美國土地的有色人種，你怎麼看？」

在此之前，達利歐在這集中幾乎在扮演陪襯的角色，但他抓緊這個吸引目光的機會。「在此要澄清一下，日本人就是種族歧視，絕對沒錯，日本人很會種族歧視。」他對溫芙蕾說。

語畢，他獲得現場如雷的掌聲。

溫芙蕾直接反擊：「這句話聽起來就像是種族歧視耶。」

「不是喔，我只是認為這是活生生的現實。我有很多日本客戶啊，我出門應酬吃吃喝喝，認識很多日本人，我告訴你，他們眞的會種族歧視人。這是眞的啦，現實就是這樣啦。」

他把雙臂舉到腦袋旁邊，即普世的投降手勢，好像在說「**我只是傳話的，不要殺我喔**」。

達利歐說了鮮少人會說的話，再次成爲眾人關注的焦點。

在節目結束後，達利歐就不需要那麼拚命了，因爲黑色星期一直接幫了他大忙，持續好一陣子，嚇壞了一整世代口袋滿滿的投資人。

達利歐把握了這個機會。在此大約兩年前，他聘請全職行銷主管克里斯·史崔瑞（Chris Streit），是橋水公司首批到職員工之一[9]。史崔瑞年紀較長，曾擔任美林證券常務董事，美林也曾考慮投資達利歐的公司。史崔瑞非常有名，這項人事消息值得公開宣布。而橋水公司在發布這則人事消息時誇大其詞：根據一份業界刊物上的聘請公告的敘述，橋水公司管理七億美元的資產。史崔瑞知道，這個令人瞠目的數字根本不準確。他認爲[10]達利歐計入了每個橋水通訊報讀者的資產，儘管大多數人沒有投資橋水。「草創時期有很多灌水的痕跡。」史崔瑞後來回憶說。

史崔瑞不久便發覺，對他的新老闆來說，外界的觀感十分重要。達利歐曾在康乃狄克州威爾頓（Wilton）改建過的龐大穀倉內生活和工作，雖然數十年後他會充滿懷念地談論田園風光，但這與他當時想要塑造的印象不太相符。他鎖定了高度重視地位的客戶：中國人。

在此不到十年之前，中共前領導人鄧小平已開始開放中國經濟，而達利歐也常常在夏天帶著太太前往中國，參訪金融圈主流以外的各家企業。他早期的客戶包括中國國際信託投資公司（簡稱中信），這是與中國共產黨關係密切的國有企業集團。根據史崔瑞的回憶，曾有一位中信高層主管因為女兒要到美國旅遊一週，便請達利歐幫忙接待。達利歐答應了，便叫頭髮花白的史崔瑞讓這個孩子寄宿在史崔瑞位於格林威治（Greenwich）的豪宅內，出門都由他開他的賓士車接送⓫。重點在於，她屆時回家後就會告訴父母，達利歐和他的同事都見多識廣，散發出成功人士的氣息。

達利歐和他新聘任的行銷長最大目標，就是所謂的機構投資人（法人）。相較於自己買賣股票的一般投資人（散戶），這些法人有專業資金經理人把關，替大型的受益族群（例如退休基金）做決策。一九九〇年代初期，法人控制著⓬美國大型企業將近四〇%的股票，以及大部分債務。他們宛如華爾街的巨鯨，規模龐大但難以接近。主導這些投資的男男女女可能既挑剔又保守、甚至心胸狹窄，他們既擔心賠錢、也擔心丟臉。

達利歐看見當前的狀態，他排斥風險的態度很適合那個時代，儘管他的方法可能很容易會被視為行銷噱頭，許多有頭有臉的競爭對手也在做類似的事，卻沒有取得相應的成果。達利歐特別想贏得退休基金的關注，設法吸引擔心市場再度崩盤的人。

拉斯帝．歐森（Rusty Olson）就是其中之一⓭。身為伊士曼柯達公司（Eastman Kodak）員工退休基金主管，他迫切需要全新的計畫。該公司半數以上⓮退休金都投資於年金保險，導致紐約羅徹斯特（Rochester）數千名退休人士的償付能力岌岌可危，只能指望複雜華爾街產品的績效，這個問題在黑色星期一之後備受矚目。歐森平均每三天與自稱找到解方的銷售人員開一次會。在世界銀行朋友奧喬亞－布倫柏格的推薦下，歐森同意與達利歐會面。

雖然自從黑色星期一以來，市場持續在穩定復甦，但沒有人從達利歐這位橋水創辦人口中聽得到好消息。達利歐每次開會都散播著恐懼，認爲更可怕的日子即將來臨（一位受訪者寫道「他衷心地相信經濟的靈魂都會腐蝕」⑮）。一九八八年，達利歐談到了經濟大蕭條即將到來⑯；一九八九年，他又說美國經濟要連三年衰退⑰；一九九〇年，他又說大蕭條快要發生⑱，直到一九九一年都不改其調⑲，他在一九九二年改口⑳呼籲大家留意「現代版的大蕭條……就好比瘋狂派對後的宿醉，只是這種宿醉永遠不會消失。」達利歐說：「美國經濟現狀基本上跟一九三〇年代一樣，這不是衰退，是大蕭條。㉑」

結果根本不是。但達利歐不只拿公開預測的準確度來說服歐森，他還帶著有違直覺的研究成果。達利歐表示，柯達應該反其道而行，加碼進場、運用槓桿或融資來降低大幅傾向股市的風險㉒。達利歐的建議在當時不僅違反直覺也十分創新，因爲槓桿通常是屬於冒險的舉動。但他對歐森表示，柯達在美國和國際債券等股市以外相對強勁的市場中，可以放心加大槓桿。單獨來看，這些賭注可能與股票報酬並不相稱，但藉由槓桿放大金額，累積的賭注就會增加。重要的是，整體效果仍然是低風險，因爲達利歐使用槓桿的市場足夠平靜，幾乎沒有太大的波動。這就是達利歐每週向歐森等人一再強調的話，設法招攬生意。

「你只要可以成功地做到這件事㉓，就會發財，等於是在彩虹的盡頭得到一罐金子。」達利歐說。

歐森買單了，便把退休基金的錢挹注達利歐的公司。歐森後來說：「這是一種全新的思維。[24]」

達利歐的羅徹斯特之旅還有別人陪同。陶沙銀行財務長鮑勃・普林斯（Bob Prince）的老闆頗欣賞橋水公司的研究，普林斯便答應搬到東北部爲這家成長中的公司賣命。普林斯比達利歐小了快十歲，一下子就成爲了這位創辦人的事業好夥伴。

普林斯是美國中西部人，長得英俊，有雙藍眼睛。他在陶沙大學是高爾夫球校隊，留下來攻讀ＭＢＡ、取得會計師（ＣＰＡ）執照。個性隨和的普林斯很容易交到朋友[25]，包括他最愛的樂團「Ushers」成員；Ushers是新浪潮的另類搖滾樂團，但僅停留在一九八〇年代。朋友們對普林斯的印象是年輕有幹勁，想必會因爲畢生替社區教堂奉獻而獲得肯定，但不見得願意資助一個教堂。

普林斯和女友剛搬到紐約、通勤到橋水上班時，還不是像是住在大城市的人。普林斯住在曼哈頓常見的小公寓裡，驚訝於當地拉美雜貨店有各式各樣的水果和新奇商品。有名奧克拉荷馬州的朋友來拜訪他的新家時，普林斯對於達利歐讚賞有加，直說新老闆對於所有員工都有很高的期望，也要求他們把他一視同仁。錯誤不可以視而不見，而是要及時發現、加以解決。普林斯先前在風氣悠哉的中西部銀行工作，但轉換職場後覺得既振奮又充滿期待。「我眞的學到很多東西，[26]」普林斯跟朋友說，「這裡的管理風格很新穎又獨特。」

在外觀上，達利歐和普林斯儼然互補。達利歐的體重穩步增加、穿得像個高中老師，只有兩件卡其褲輪流替換；普林斯則是素來都穿著乾淨的白色Polo衫出席會議，炫耀他的二頭肌。在性情上，他們也各有特色。達利歐說話容易東拉西扯，普林斯則是語氣專注平穩。

在陶沙大學，普林斯師從理查．伯吉斯（Richard Burgess）教授。這位金融學教授對於所謂的現代投資組合理論（MPT）抱持極為銳利的見解。MPT發明於一九五〇年代，用意是檢視不同資產類別歷史報酬率和波動率來建構投資組合。訣竅是把資金分散於不見得相關或連動的投資標的，避免單一市場事件導致災難。伯吉斯[27]跟學生分享了他的模型，讓他們把投資排列組合，實驗在既定風險下儘可能產生最高績效。他萬萬沒有想到，自己的課程會培養出一名億萬富翁。普林斯和達利歐功不可沒，二人自行發掘出該模型的潛力。

普林斯加入橋水公司後數個月內，橋水就搬離了達利歐的穀倉，來到往南數英里一家購物中心內的辦公室。普林斯、達利歐與一個小團隊負責管理愈來愈長的客戶名單，以及數億美元的資產。除了柯達，還有奇異公司（General Electric）、美孚（Mobil）和都彭（DuPont）等美國績優公司，以及康乃狄克州和威斯康辛州等州政府員工退休計畫。達利歐最擅長吸引更傾向保住財產、而非賺更多錢的老招牌。

達利歐密切關注的不只是自己建議的內容，也在意自己帶給別人的印象。在柯達高層主管出席某次會議之前，達利歐要求旗下員工確保參訪行程納入橋水公司的後台辦公室，這樣就可以參觀橋水新購入的昂貴柯達大型印表機。

達利歐也許咄咄逼人，卻天眞地對自己的行爲毫不在意。公司員工總喜歡提到普林斯加入公司數年後發生的一件事，當時公司只有不到二十四名員工。達利歐抱病來到辦公室，行程表上有一個會議；會議進行到一半，他伸手拿垃圾桶，直接拖到他椅子旁邊，往裡頭狂吐。「然後他把垃圾桶推到旁邊[28]，我們就繼續開會，當作剛才什麼都沒發生。」一位前員工告訴《美信》（*Maxim*）男性雜誌。

橋水公司和達利歐發現，他咄咄逼人的特質非但沒有讓人掃興，反而是一個賣點。這是早年的「崇尚忙碌」（**hustle porn**）思維，而數十年後，這個風氣席捲了矽谷，讓在辦公桌前工作、吃飯、睡覺的企業家聲名大噪。

橋水公司的交易方式在當時也十分前衛。在那個年代，更複雜的演算法還沒有成爲華爾街的標準，橋水的投資大幅仰賴人工操作。達利歐和員工會研究政府因應市場變動的歷史紀錄，然後運用微軟 Excel[29] 早期的繪圖程式，預測其中是否有相似之處能應用於當前的市場。桌子上堆著手持計算機與黃色便條紙本[30]，上頭手寫著各式筆記，基本上只是記錄每筆交易是否賺錢。

達利歐在團隊中自在地做自己。他可以獨自在辦公室裡待上數小時、頭髮凌亂、法蘭絨襯衫歪一邊、赤腳翹在桌子上[31]、抽著菸斗。他的姿勢放鬆歸放鬆，但態度絕對不隨便。有次，普林斯不得不衝進來，打斷他的獨處時光。

「呃，瑞，」普林斯說，「我忘記交易了。」

達利歐滿臉漲紅地說：「你居然會忘記？」

普林斯後來在接受專訪時，形容達利歐當時的反應活像「噴火惡龍[32]」。

對達利歐來說，錯誤從來不只是錯誤，而是提供機會去深入研究導致錯誤的個人心理狀態，尤其是達利歐本人會避免的錯誤。他經常說到，自己在剛出社會工作犯過一連串錯誤，例如跟老闆的吵架時被情緒牽著鼻子走，還有在國會作證時，太過直截了當地預測未來經濟必有災難。他相信自己成功地找出了這些錯誤的原因，也加以改正過來，因此他下定決心要把這份智慧傳授旗下員工，以防止今後重蹈覆轍。在某次與普林斯的會面中，達利歐給出的回饋毫不留情，普林斯得接納更多內部和外部的批評：「你太相信自己了[33]。你沒有好好地處理這個問題。如果你的自信收斂一點，絕對會比現在厲害好幾倍。」

由於這些回饋是達利歐私下說的，二人平時的相處又像是好同事，普林斯便把它當成老闆良性的指導。

光從純粹的資產（即橋水為客戶投資的金額）來看，橋水公司這家對沖基金在一九八〇年代末和一九九〇年代初持續快速成長。一九九三年，橋水管理的資產在一年內翻倍，達到十二億美元，第二年又幾乎翻倍。但在事業蒸蒸日上的背後，橋水公司的業務存在一個根本的問題：橋水把投資這件事做得愈成功，就愈難引人注目。

這既算是一個缺點，也算是一項特色，可以追溯到達利歐從商學院畢業後的第一份工作。他當時所說的「風險管理」在接下來十年內演變成橋水現在所謂的「對沖投資組合」㉞。舉例來說，如果客戶擁有歐洲股票投資組合，橋水可能會進行一連串交易，以盡量減少歐洲貨幣價格變化的影響。諸如此類的任務有其價值，但也有其侷限。一項工作表現優異的結果是穩定的報酬而不是大賺特賺時，很難在客戶眼中顯得厲害㉟。因此，除了對沖之外，橋水公司也開始向客戶推銷所謂的「疊加交易」（overlays），即額外交易，例如買入達利歐和橋水公司認為即將升值的貨幣，或做空其他貨幣（即判斷會下跌）。儘管這讓橋水公司跨出純粹降低風險的領域，但達利歐指出，他有充分的理由謹慎行事。橋水只有在這些額外的交易表現良好，或至少幫助避免損失的情況下，才會獲得賺到或省下金額一定比例的報酬。

這在本質上就是對沖基金。

對沖基金的歷史可以追溯到一九四九年㊱，當時正值中年的艾佛瑞・溫斯洛・瓊斯（Alfred Winslow Jones）這名前共產間諜暨社會學家，以十萬美元創立了第一檔對沖基金。瓊斯融資對股票進行加碼，再用部分額外資金做空他看跌的股票。正如一位傳記作家所說，結果非常「神奇」㊲；股市上漲時，多單會比空單漲得更多，因爲空單是績效較弱的公司。

反之亦然。市場下跌時，績效較弱的公司跌幅會超越瓊斯手上相對穩健的多頭公司，因此該基金做空的獲利會超越做多的虧損。整個做空和做多的操作都仰賴瓊斯對選股效果的準確判斷，因此他會在皮革筆記本上密切追蹤手上股票的績效與整個市場走勢。假如市場上漲一〇％，而同期他的多頭股票上漲一五％，瓊斯就把多出的五個百分點歸諸於自己的操盤能力。

這項方法直到一九七〇年才踢到鐵板，當時選股嚴重出錯[38]，導致瓊斯的基金暴跌三五％。隨著他逐漸落下神壇，他所激勵的對沖基金產業也隨之衰落。在社會民眾的認知中，投資銀行家和垃圾債券金融家取代了對沖基金經理人。經過二十年的沉寂，該產業才捲土重來，這主要歸功生於匈牙利的交易員喬治．索羅斯（George Soros）。在一九九二年的頭版新聞中，索羅斯是公認用數十億美元做空英鎊來擊潰英國央行的人。索羅斯被叫到美國國會面前為自己辯護時[39]，他最常聽到的問題是：「對沖基金到底是什麼東西？」

索羅斯回答說：「對沖基金唯一的共同點是，基金經理人的薪水高低是看績效，而不是管理資產的固定百分比。」

索羅斯繼續說：「老實說[40]，我認為對沖基金並不是你或監管機關在意的問題。」

達利歐一定知道被歸類為有勇無謀伴隨的風險。在一九八二年眾所皆知的預測失準之後，他最不需要的就是背負嘩眾取寵的惡名。達利歐的客戶都是企業界保守古板的機構。他必須放慢行動步伐。

在過去二十年裡，達利歐一直在做大量的研究。他向客戶宣布，他研究了成千上萬的投資洞見，淘汰了大約九成的觀點。如果他對某條規則預測市場走勢的能力信心不足，那條規則就不值得繼續使用。達利歐把自己精挑細選的一套金融投資原則，重新塑造成他的「前五％」[41]，公開呼籲有興趣掏錢押寶的投資人。

結果這個產品失敗了。「雖然聽起來很棒，但過了一段時間，我發覺其中大部分都是空話。」負責行銷的克里斯．史崔瑞說。

畢竟，市場上有哪家投資公司會宣傳**墊底**五%的觀點呢？

達利歐嘗試了一個更古怪的策略。他開始大談「alpha（α）值」和「beta（β）值」的概念。所謂β值，指的是一般投資人單純接觸市場後可以預期獲得的指數報酬。如果債券平均增值八%，那持有普通債券投資組合所賺取的前八%就視為β值。而β值本質上不好也不壞，只是一點也不特別。相較之下，α值就是額外的甜頭㊷，是厲害的投資經理人在β值報酬基礎上賺到的錢。假如以前面提到的情況為例，橋水的債券投資組合上漲一〇%，就等於額外增加了二個百分點。

這樣篩選投資業績並不是新奇的事。四十年前，艾佛瑞．溫斯洛．瓊斯就是如此，他用筆記本記錄了自己的選股。但達利歐不僅協助讓這個主題起死回生，還用吸睛的標籤**α值***包裝。

達利歐把α值的概念，即他口中的「α值疊加」，介紹給了他第一個客戶：世界銀行。如果他能產生眞正的超額報酬，世銀的退休基金會願意支付績效費嗎？但奧喬亞－布倫柏格拒絕了。達利歐是個聰明人，但從她的觀點來看，華爾街向來都不缺乏這類投資經理人：先是提出了讓人萬分期待的新產品，卻要收取更高的費用。她一次又一次看到相同的模式，年輕的公司愈來愈壯大，然後

*雖然達利歐不太可能是alpha這個用法的發明人，但他確實很早就開始廣為行銷這個概念。

就專注於中飽私囊。她還發覺[43]，達利歐再怎麼誇大其辭，橋水公司推薦世界銀行採取的交易，根本只是在賭利率的升降。華爾街每個交易員對於利率都有自己的看法。她不再相信[44]達利歐具有異於常人的優勢，於是就從橋水撤走了世銀的資金。

而奧喬亞－布倫柏格備感訝異的是，其他機構投資人比較沒有抱持懷疑。對他們來說，只要他們相信自己的投資經理人是頂尖聰明的人才，砸錢追求超額報酬就再合理不過了。而達利歐最先留給別人這個印象，畢竟多年來他都在發送每日通訊報，針對令人眼花繚亂的全球各地市場進行預測。柯達（**Kodak**）在內等數家大型機構投資人支持達利歐的新構想，投入總計一千一百萬美元的資金。這是一筆不小的金額，等於認同達利歐的方法。

他們投資的是達利歐的新發明，即名爲Pure Alpha的獨立基金。這個名字有雙重意涵：既清楚地傳達橋水公司專注於最佳創意，同時也把成長中的橋水定位爲同業中的佼佼者。

達利歐堅持認爲，不同於索羅斯等競爭對手的報酬，他的超額報酬並非來自一個人的決策，而是源自超越一切的投資系統。

⥮

Pure Alpha炙手可熱，從一九九一年推出當年就產生良好的投資績效。一九九三年，股市上漲七％，Pure Alpha扣除費用前上漲三二％，一九九六年更上漲三四％，而當年市場只上漲二〇％。

重要的是，雖然有些年份Pure Alpha的績效優於股票、債券和其他資產的標準組合，有些年份則較爲遜色，卻幾乎沒有完全賠過錢。Pure Alpha非常可靠，深深吸引不想有傾家蕩產風險的投資人。

全新的資金湧入後，Pure Alpha的資金幾乎每年都翻倍，持續了將近十年，到了一九九九年達到將近三十億美元。新的投資人部分是中介機構，即負責幫客戶尋找最佳基金經理人的財富管理公司。橋水公司的業務蒸蒸日上，達利歐甚至要求員工不做「組合型基金」（funds of funds）的生意，即從小型投資人籌措資金的組織。他對橋水公司的員工說，那些太廉價了。橋水選擇接手大型機構投資人的資金，例如達利歐長期以來取悅的那些客戶，其中包括來自澳洲[45]和日本的機構。新加坡最大主權財富基金的投資長成了他的助手[46]。「唯一圭臬是持續賺錢，瑞和橋水已經做到了。」他後來表示。

這樣的說法並不是誇大其詞，因爲達利歐確實經常說他發現了所謂的「投資聖杯」[47]。這個聖杯其實是改編自華爾街的一條古老至理：分散投資的重要性。索羅斯的名聲和財富來自於重挫英國央行，但達利歐則把橋水視爲單打選手。在成立前十年內，Pure Alpha績效只有一半時間好於標準普爾500指數（Standard & Poor's 500）。但達利歐卻能老實地說，他的基金績效伴隨較低風險，因爲太少賠錢了。無論年度績效如何，投資人都可以放心知道，交易是基於橋水系統化的規則，而不是創辦人的單一交易或預測。

「相較於很多對沖基金經理人，他採取的方法非常自律。[48]」知名空頭投資人麥嘉華（Marc Faber）說，他當年經常與達利歐會面。

達利歐強調，橋水公司重視的是找出多元的投資標的。達利歐會這樣形容投資聖杯：「很多人覺得[49]，最重要的事情是找到最佳投資。這當然重要，但是沒有單一最佳投資可以與我的投資原則競爭。神奇的是，你只需要做這件簡單的事情。簡單的事情就是找到十五到二十個優質又不相關的報酬來源，就是很可能賺錢卻彼此關聯不大的目標，雖然你不確定，但是賺錢機率大。」

這個「撒下種子」方法的另一個優點是，這讓達利歐由上而下的總體經濟宣言變得不太重要了。

在Pure Alpha大幅成長的同時，達利歐繼續頻繁接受媒體訪問，他在訪問中都會指出市場即將崩盤，卻鮮少眞的發生。達利歐預測一九九四年熊市會到來[50]、一九九五年「美國股市會爆量驟跌」[51]、一九九七年道瓊工業指數快要「炸鍋」、以及一九九八年的「通縮內爆」[52]。每次他都把預測失準解釋成學習的契機，說橋水是鼓勵犯錯的地方，因爲犯錯能讓公司增加未來經濟展望的資料點，進一步完善公司的投資規則[53]。只要錯誤的判斷沒有衝擊橋水的客戶資金（大體上確實沒有），就會幫成長中的橋水吸引來外界的重要關注。在國會公開發言失準的十五年後，達利歐再次成爲決策者的諮詢對象。柯林頓總統的經濟顧問要求加入橋水公司的研究報告發送名單。柯林頓執政團隊財政部長桑默斯（Larry Summers）也私下致電達利歐尋求建議[54]。

如果達利歐對於經濟大局的呼籲沒有幫橋水公司賺錢，那什麼在賺錢呢？答案是管理好加上運氣好。達利歐所言不假，他並不是橋水投資的最終決策者。他仰賴嚴謹研究得出他所謂的「訊號」，即反映市場漲跌的量化指標。如果這些訊號預示未來恐有股災，甚至不明的經濟局面，橋水就會據此買賣資產——即使達利歐個人直覺相反也一樣。因此，儘管達利歐在公開場合的發言可能都是當時的眞實感受，這些觀點也不一定就等於橋水的投資組合。在那個年代，採用這種自動化又系統化的投資方法，確實是別開生面*。

橋水公司另一個搖錢樹是鮑勃·普林斯。達利歐把大部分有關債券或固定收入的研究委託給了這位長期同事。普林斯把債券（特別是公認最安全的美國國債）當作橋水客戶投資組合的支柱。結果證明，這個舉措既有先見之明，也有利可圖[55]。美國國債長期表現強勁，有些年份的漲幅還達到兩位數，其中包括二〇〇〇年，當時股市大幅下挫，貨幣投資失利影響橋水的投資組合。

由於在債券投資的表現優異，普林斯成爲橋水公司投資部門第一把交椅。普林斯對朋友和同事表示，達利歐開始慢慢借錢給普林斯，購買橋水公司本身的股份，讓普林斯成爲少數股東（橋水公司表示，這些貸款是由公司本身安排，而不是由達利歐個人安排，不過有鑑於他手上大量的橋水公司持股，又掌控公司的管理階層，兩者其實沒有太大區別）。事實證明，在網路泡沫破裂後，這份禮物特別有價值，當時達利歐因預測到此事而贏得了媒體讚賞（鮮少有記者提到他幾乎年年做出同樣的預測）。值得肯定的是，Pure Alpha在二〇〇〇年僅下跌了一%（當時美國股市平均下跌了兩位數），在二〇〇一年的慘澹熊市則上漲了九%。外界對他投以愈來愈多肯定的目光，這點當之無愧。新客戶和老客戶都源源不絕地向橋水注入資金，公司二〇〇一年大約有一百名員工，兩年後員

*達利歐的一名律師表示：「長期下來，達利歐先生說的很多話，都符合橋水體系對於公司的定位。」

工數將近倍增。

因此，達利歐愈來愈富有，而千禧年前後網路興起造就的網路新貴則紛紛破產。

他思考著要如何利用這些財富，便要身邊員工幫忙規劃新產品，針對交易活動頻繁且方便的市場，又能處理客戶不斷湧入的巨額資金。他的團隊提出了達利歐所謂的「後現代投資組合理論」，目的是維持資金的穩定，而且不主動干預，來度過不同的成長和通膨時期，即所有可能客觀的經濟條件都沒關係。達利歐把這款產品取名爲「全天候」（All-Weather）投資組合，因爲這可以協助投資人度過價格波動劇烈的時期*。

相較於可以在全球任何市場加碼的Pure Alpha，All-Weather基本上就是一大堆債券所組成。資產組合爲一三%的股票和八七%的固定收入，同時使用了大量的槓桿。All-Weather透過融資來加碼，憑著收益相對較低的固定收入獲得豐厚報酬。這個舉措完全是按照達利歐的「聖杯」，以及普林斯前陶沙教授理查・伯吉斯的研究[56]。這類槓桿只用於低風險投資，理論上安全無虞。

All-Weather組合有大量達利歐長期說要避免的東西：指數報酬β值。該基金的報酬來自於所投資市場的漲跌，而不是橋水的專業交易員。橋水買賣投資只是爲了保持各類資產比例一致（舉例來說，如果債券升值，公司就會出售部分債券，以免債券在投資組合中的比例太高）。多年來，達利歐本人一直在向客戶灌輸超額報酬α值的重要性，因此客戶幾乎都對指數報酬不感興趣；普林斯

*達利歐的一名律師表示：「全天候組合的目標就不是要吸引客戶的錢。」

的任務是說服經營威瑞森投資管理（Verizon Investment Management）退休基金友人布瑞・哈里斯（Britt Harris）[57]，拿二億美元入股這支新基金。

達利歐更是豁出去，他說自己幾乎把畢生積蓄[58]都投入了全天候基金。

⥮

除了他在西港鎮的小圈子之外，不太有人曉得他這筆錢究竟有多少。與共同基金和其他大眾持有的投資工具不同的是，橋水這類對沖基金不必公開報告規模或績效，而且鮮少有對沖基金自主提供這些資訊。

這樣的神祕感更加提升了對沖基金的魅力，於是出現了研究交易的小型出版刊物業者，設法釐清這些交易員到底多有錢。二〇〇三年，達利歐首次登上《機構投資人》（*Institutional Investor*）富豪榜，即最富有的對沖基金經理人排行榜。他以大約一億一千萬美元的個人收益排第十五名，主要歸功於Pure Alpha帶來績效費用。隔年的績效更好，達利歐賺了二億二千五百萬美元[59]，只比朋友保羅・都鐸・瓊斯低兩名；瓊斯先前都對達利歐的投資系統不屑一顧。

然而，達利歐強調他投資不是為了錢。他著迷於大自然的美麗與奧妙，閒暇時會到加拿大展開釣魚之旅[60]，還用弓箭獵捕兩千磅重的非洲水牛和野豬。他也會到佛蒙特州滑雪[61]。橋水公司後來搬到全新總部[62]，這是外觀不太起眼、量身打造的園區，建築原料都是玻璃與中世紀石頭，坐落於康乃狄克州西港鎮索格塔克河（Saugatuck River）河畔樹林。總部看起來不太氣派，但這就是達利歐喜歡的原因。他說自己討厭[63]華麗的名車和豪宅，例如他後來搬到格林威治，原來鄉間別墅地基上就蓋了占地三萬平方英尺的住宅群。

他曾對一位採訪者說：「醜死了[64]，為什麼不順便炫耀鑽石呢？」

在公開場合，達利歐聲稱要在暴富之上尋求更崇高的目標。這筆錢只是證明了重要的邏輯：橋水的投資規則幫助達利歐打造了財富，因此按照這套規則可以說是踏上致富之路。這些投資規則都是從橋水的經濟研究中精挑細選，達利歐認為這是因為他習慣回測、質疑和視需求修改。因此，這筆財富是向達利歐證明他的觀念奏效，兩者互依互存。

而就像科技大亨們常把自己包裝得很有使命感，而不只是單純在販售線上商品或App，達利歐的畢生志業似乎開始比經營投資公司更重要。他重新投入橋水公司的經濟研究論文中，但現在較無意研究市場的謎團，而更有興趣探討市場背後的思維模式。他一心想要把複雜的問題化約成簡單的答案。他經常對普林斯說：「成熟就是有能力[65]拒絕很棒的選項；如果你什麼都想要追趕，就永遠不會有足夠的專注力來眞正地解決任何問題。」

橋水通訊報的編輯把每日初稿拿給達利歐審閱時，他都會叫編輯把稿子放一旁，然後口述新的筆記。達利歐會提問：「我們的理念是什麼？我們的核心價值觀是什麼？」通訊報編輯在與達利歐進行了數次交談後，最後拿出了五頁左右的達利歐理念，歸結出一個結論：橋水重視的能力是彼此爭論，不用擔心彼此得罪。編輯認為，這份大約五頁的文件，已足夠表達這個主要觀點了。

達利歐多次談到想儘快退出橋水的日常管理業務。他宣布，到了二〇〇五年底，他希望退出所有管理職，辭去公司總裁一職。

普林斯認爲自己更像是平起平坐的同事，而不是接班人，因爲他對接管公司營運並不感興趣，但他也相信達利歐的做法。普林斯對同事們說：「剛開始，我以爲是他的義大利血統使然，各種開誠布公和直來直往都合理化他的個性。但是時間一久，我才明白了這種觀點的好處，也相信這是成功的關鍵。」

橋水新員工到職領取的培訓文件中，二人都把在公司工作比喻成在當兵。達利歐告訴新員工：「想像一下現在是戰爭期間，有位將軍在詢問副官對接下來戰役的看法，他也必須討論自己的傳達方式『恰不恰當』。現在，同一位將軍詢問副官，他在過去戰役中的領導能力如何。想像一下，如果將軍不去回應副官諫言的內容，而是抱怨副官的表達方式，那眞的會很挫折。」

普林斯對橋水新員工也提出了類似的說法：「在戰場上，敵軍、盟友和下場都清清楚楚。想像一下，如果你叫自己的弟兄掩護你衝鋒陷陣，但是他卻忘記了。你衝回壕溝的時候，子彈從你的頭上呼嘯而過。你會小心謹愼地思考措詞，詢問他爲什麼沒有掩護你？當然不會啊。你要明明白白地跟他說清楚，他也會希望你直截了當。如果我們打算發揮自己的實力在戰場上存活下來，我們眞的也要採取一樣的策略。」

未來，還有許多戰役等著橋水。

第5章 根本原因

啪噠。顫抖。啪噠。顫抖。啪噠。顫抖……

隨著遠處的腳步聲愈來愈近，布瑞．哈里斯努力控制住自己不要崩潰。每次聲響好像都會導致他不由自主的顫抖。哈里斯的脈搏加快了、滿臉漲紅，汗珠開始從前額滴到面前那堆亂七八糟的文件上。

哈里斯今年四十六歲❶，身材健壯、頂著禿頭，理應處於事業的巔峰。他是浸信會牧師之子❷，自己也是個虔誠的教徒，辦公室裡放著一本翻得破破爛爛的《聖經》，他以為自己早已成功了。他理應是掌控全局的領導者，但如今他卻備感混亂無助。

過了彷彿一輩子那麼久，腳步聲終於抵達門口。大門鉸鏈嘎吱地打開了，瑞．達利歐尷尬地側身走進房間，下半身在沉重的繃帶上咔咔作響；他跟下屬說，他的臀部受傷是因為數星期前在墨西哥度假時過河所造成。達利歐把一張椅子推出來、一屁股坐了上去，朝哈里斯做了個手勢。

「我只負責在旁邊看喔。」達利歐說。

當初聘請哈里斯擔任執行長，其實是達利歐的主意。橋水正式成為大型公司了：二〇〇三年管理五百五十億美元資產，在一年後幾乎翻倍，來到一千零一十億美元。達利歐無法繼續❸一面掌握市場動態，一面又要獨自經營公司。他直接找了熟悉的面孔，因爲哈里斯既是鮑勃・普林斯的好友❹，也是他的重要客戶，經營美國第二大企業退休基金威瑞森投資管理公司。當時許多人都在觀望時，只有他願意把退休人士的財產投資於橋水剛剛起步的All-Weather基金。還有什麼比這點更代表了遠見呢？達利歐在宣布聘請布瑞時公開表示❺：「我們橋水公司與布瑞共事多年，非常敬重他各式各樣的能力。」

到了二〇〇四年底，哈里斯來公司上班時，卻有另一個消息等著他。在他走馬上任沒多久，達利歐就對他說：「你不是執行長喔。」

至少職務上來說不是。達利歐仍然是總裁❻與投資長暨權力在握的董事會主席，握有對沖基金相關重大決策的否決權。哈里斯可以出席會議，但他必須努力爭取權力槓桿——套用達利歐的話，就是要「找到他的定位」。達利歐讓哈里斯從客服部門最底層起步，負責監督行銷部門。這不是什麼大不了的工作。橋水公司有一條規定，除了達利歐以外，其餘員工一概不得接受媒體採訪。橋水公司既不需要、也不想投放大範圍的廣告。

對於客戶來說，也許最有效的聯絡窗口就是達利歐本人。果然，他十分懂得如何去哄世界上的富豪。他對橋水的一位主管說，他那陣子跟阿布達比主權財富基金老闆走得很近，不僅帶他去新英格蘭打獵，還幫他在倫敦薩佛街（Savile Row）挑選西裝，結果就來了數十億美元的投資。這是達利歐不斷在全球各地出差工作的一環，從加州（美國最大的公務員退休體系成爲橋水的客戶❼）到挪威、瑞典和荷蘭（擁有龐大政府託管基金）。平均帳戶規模膨脹至將近四億美元。旗艦基金Pure Alpha成爲稀缺商品。達利歐持續定期地開放新客戶投資，然後又忽然關閉投資，聲稱該基金無法處理更多的資產，這個銷售策略也讓Pure Alpha看起來是吸引力十足的稀缺商品。想在橋水投入更多資金的客戶會被告知Pure Alpha已收單，但All-Weather有開放新客戶投資。

哈里斯認眞地嘗試了行銷業務。新年開始，他設法在威瑞森公司嘗試實施再普通不過的構想：要求客服部每個人共同完成一份策略報告，說明接下來數個月需要改進的地方。兩星期後，策略報告完成了，哈里斯請團隊吃烤肉慶祝，同時檢視每項結果，一切似乎都很順利。

因此，哈里斯打開黑莓手機，看到一名資淺員工查爾斯・科爾欽斯基（Charles Korchinski）寄來的電子郵件時，大感震驚。哈里斯甚至不確定自己是否見過此人。這封郵件副本寄給了橋水公司整個管理團隊，包括達利歐。科爾欽斯基開頭寫道：「在此提供一些回饋。」

他說，午餐吃肋排當然很讚，但整個過程缺乏明確方向。新年剛開始沒多久，團隊中半數成員就已筋疲力盡。有些人熬夜只爲了趕出報告、重新排版，方便哈里斯閱讀。他們都不知道寫這個報告的意義，而且無論如何，重點應該是花時間詢問客戶的想法，而不是成員之間彼此討論吧？接下來宛如水庫洩洪。團隊其他成員也紛紛發言，表達各自的不滿。達利歐便去見哈里斯。

「布瑞，你有什麼想說的？」

布瑞私下對一名同事大聲說出了心聲：「查爾斯・科爾欽斯基到底是誰啊？」

哈里斯當時被矇在鼓裡：他其實是橋水部分員工所謂「董事會換血周期」的首位事主。新任董事先是大張旗鼓地獲聘到公司的董事會，擔任看似崇高的職位，頭幾天通常得完成一項不屬自身專業知識的基本工作。工作撞牆一段時間後，達利歐會公開質疑這個人的缺點（這個步驟可能會重覆好多次）。新任董事很可能遲早會離職，換下一位新成員受引介進入董事會。在橋水內部，達利歐說這是個自然的過程，可以淘汰缺乏價值的人。他把這個方法套用在投資規則——測試哪些有效、哪些無效——再進而套用在人資部門。

布瑞・哈里斯沒多久便跑完了這個換血周期。在橋水工作數星期後，他就病倒了，開始長時間請假休息。接連數個星期，他晚上沒辦法好好睡覺，日後把那段時間形容成「人間地獄」❽。在他少數到班的日子，他都一臉蒼白、經常不發一語、情緒低落，就像辦公室的植物因爲缺乏照顧而慢慢枯黃。橋水員工開始打賭誰能撐比較久，是植物還是老闆。

哈里斯也萌生類似的想法。他父親五十三歲就去世了❾，哈里斯告訴他的同事們，他擔心自己可能會走得更快。結果，這位橋水公司執行長上任不到半年就辭職了。哈里斯回憶道❿：「因爲橋水講求完全透明，瑞叫我離開之前向橋水全體員工發表感言，那短短的幾分鐘我永遠忘不了。對於一個身心狀況不穩的人來說，沒有什麼比這件事更困難了。」多年後，哈里斯則表示自己當時精神崩潰與工作因素無關。他說，除了他的妻子以外，沒有人比達利歐更支持他，結論是達利歐最後叫他發言是「無知的行爲，加上過度追求透明度。」

達利歐則公開發表了一則聲明說：「經過六個月的反思後⓫，布瑞決定自己不適合此職位。」

哈里斯當初風風光光來到西港鎮，如今卻要接受憂鬱症的密集治療⓬。

達利歐自認掌握了如何建立一套投資規則後，便開始爲管理工作做同樣的事情。

正如達利歐跟身邊的人所說，他從布瑞・哈里斯身上學到簡單的兩件事：其一是橋水公司管理制度大幅奏效，吸收到不合適的員工就會排出來。其二是，橋水需要更努力引進合適的人才，並且讓他們對工作迅速上手，而針對新人培訓，他指派前途看好的主管卡蒂娜・史特凡諾娃替數百名新員工設計培訓計畫。

從二〇〇六年開始，史特凡諾娃會對每一屆新員工進行培訓，行爲都要以公司創辦人爲榜樣。如同達利歐煞費苦心地把數百條投資規則汰除到前五%，橋水員工也應該對公司營運方式抱持批判的態度。她運用達利歐常掛在嘴邊的一句話來總結橋水思維：「嘗嘗湯的味道吧。」所有員工都應該把自己想像成端出餐點的廚師。達利歐說：「優秀的管理者也會這樣。[13]」員工找到缺點時，就按指示在「糾錯紀錄」[14]記下時間，這個資料庫所有人都可以看到，追蹤大大小小的投訴。

員工在糾錯紀錄中輸入任何缺失，都要按照一到五的嚴重程度評分，但實際上任何缺失都是問題，而所有問題都要解決。史特凡諾娃套用達利歐的另一句話跟新員工說：「缺點零容忍。」因此，隨著橋水公司規模擴大，也開始關注更小的問題。

員工會不斷查看糾錯紀錄，急著想知道內部哪些人事物被爆料。每筆紀錄都確定了申訴人和違規人，即達利歐所說的「責任方」（RP）。引起同事注意的最佳方法，就是對現有責任方提出新的申訴。

一旦責任方確定以後，下一步就是調查「根本原因」。達利歐經常提出⓯一個假設：一個人沒趕上火車，直接原因可能是這個人沒有查看火車時刻表，但根本原因是這個人很健忘。達利歐難以容忍橋水員工可能只是一時誤判才犯錯，每個錯誤都等於是全公司對當事人的公決。

糾錯紀錄大量出現。達利歐還規定公司每位員工每星期糾錯的最低數量（有時十條、有時二十條），否則就要扣減獎金。如果真的出了問題，糾錯紀錄沒有事先示警⓰，那理應早點申訴的人都會得到很低的評分。

據說，一名員工離開辦公室廁所時，發現自己因爲沒有洗手而被旁邊的人記上一筆⓱，因此必須對這個決定的根本原因負責。

另一名剛從哈佛大學畢業不久的橋水新員工，在自助餐廳沙拉吧記錄豌豆枯萎了。達利歐看到了這筆紀錄，就追問新任營運長對此採取什麼措施。她回答說：「這太扯了吧，我不應該花時間處理這種小事。」達利歐並不苟同，說橋水的問題不分大小。

此後不久，豌豆就恢復了原貌，橋水幾乎所有員工都曉得此事。

提出申訴的不只是新員工。普林斯也會記錄了自己的不滿，有時甚至不僅只於記錄。有天傍晚，他在員工習慣喝咖啡的時段過後，發給全公司一封電子郵件：

寄件人：鮑勃．普林斯
寄件時間：2006/6/7（Wed）5:23pm
收件人：橋水
主旨：咖啡壺
每次我要喝咖啡，大概四次裡有一次咖啡壺是空的，這時候我要花一分鐘把咖啡壺裝滿。因爲一個咖啡壺的容量大概是三十六杯，我遇到空咖啡壺的機率應該是三十六分之一。假如我不常喝咖啡的話（的確也很少喝），機率應該就會更低。想必有很多人先前也遇過相同的窘境，卻把空咖啡壺留給別人裝滿。

這只是單純做對的事，沒有相應的賞罰。當然，同樣的原則也適用於工作裡裡外外的許多事。

從那以後，對咖啡的申訴就不多了。

而沒多久，普林斯這類申訴就愈來愈普遍。

隨著達利歐定期檢查糾錯紀錄的消息傳開，可申訴事件不足的問題就出現了。針對自助餐廳的申訴事件就只有那麼多，使得橋水公司與會人數最多的重要會議開始擔心一項風險：可能會有多名員工記錄相同問題。這便削弱了個別申訴人的功勞。唯一的補救辦法是，趁別人不注意時仔細觀察自己的同事。一位剛升遷的橋水經理人[18]把這個方法發揮到極致，他日常工作就包括了監督每名祕書，還開始偷聽祕書的電話，記錄他們離開辦公桌的次數。祕書們一個個開始辭職，等到來上班的祕書愈來愈少時，糾錯紀錄上對此充斥了要揪出「責任方」的申訴。不同階級的主管開始調查他們的部屬，要確認誰應該爲基層員工的混亂現象負責。

達利歐看到那則紀錄後便約談了經理人，過程中寫下了筆記。最後，達利歐給予明顯的問題診斷：問題就是他本人。他當初沒有清楚表達這件事的整體架構。他說，歸根究柢是原則問題。他的投資原則明顯奏效，但管理和辦公室文化相關的原則需要修正。他發給全公司一封電子郵件，提出初步的構想。

說得好聽點，那封電子郵件根本是東拼西湊的結果。達利歐複製了部屬互相申訴的不同郵件，全部貼到微軟Word檔案中。不同線條有的放大、有的縮小，格式和顏色也都不一樣。達利歐在其中還穿插了自己的看法，但大多數是不完整的句子。橋水員工多半無視達利歐那封郵件。普林斯告訴一名同事，那些都是「瑞的原則」，純屬個人觀點，僅此而已。

達利歐沒有放棄。當時年近六十歲的他回顧了目前的人生，又寫了一封郵件給全公司：「什麼是成功呢[19]？就只是獲得你想要的罷了。」

達利歐追求的是看似近在咫尺、卻難以實現的目標。要是身邊每個人都能像他一樣行事當然很好。但他經常告訴部屬，每當他朝特定方向看去，另一個方向就傳來蟲子嗡嗡叫的雜音，這讓他很火大，就是無法相信大家都會做對的事。

糾錯紀錄確實很實用，但不是完整的解方。這個紀錄的本質是在回顧，報告本來就是問題的事物。橋水需要一本規章手冊來說明當下如何行動，以防止不良行爲出現。達利歐開始分享自己初步的構想。

達利歐在寄給全公司員工的郵件中寫道：「我認爲，所有錯誤都伴隨想像不到的好處，因爲每個錯誤都自帶謎題，只要你解開了謎題，就會獲得寶藏。如果你能看見，每個錯誤都反映了自己或別人不懂怎麼跟周遭環境互動，你只要進一步搞清楚，就會獲得很多寶藏，這就是我所謂的原則。」

這些原則最後彙整成了《原則》（*The Principles*）這本書。接下來十年內，這本書成爲達利歐和橋水公司在全球各地的代名詞。研發這套原則的過程讓達利歐精神百倍，有些原則需要慢慢醞釀，有些原則一下子就生出來了。他從日常行程中抽空構想新原則，橋水新員工也一起合作。這些原則從十條左右增加到數十條，最後超過二百條，有些甚至是一大段。這些原則的用意都是自我提升，藉由抗衡自己的不良本能來實現目標。

⥂

橋水公司許多員工都很喜歡《原則》，有些人覺得這很像達利歐投資系統自然而然向外延伸，現在已不僅僅適用於財富管理。如今，每個人都有機會吸收達利歐的成功祕訣，凡事以這位優秀的前輩爲榜樣。《原則》其中一條圭臬是：衝突是獲得成就的關鍵。這聽起來理所當然，在投資公司尤其如此，錯誤的投資觀念可能會付出代價，而藉由討論不同意見來找出最棒的方案，就可以避免人生中各種弊病。正如達利歐在《原則》一書初版中所說[20]：「橋水公司員工必須非常重視挖掘眞相，爲了得到眞相，即使丟臉也在所不惜。」

達利歐表示：「我知道自己這些信念很極端[21]，像是我信奉超現實主義，對於好壞的判斷一點都不傳統。我認爲行善的意思就是按照自然法則。」

自然秩序這個主題貫穿《原則》這本書。達利歐在初稿中[22]引用了一句常被誤以爲是達爾文的話：「最強大的物種不見得能存活下來，最聰明的物種也不見得能存活下來，只有最能適應變化的物種才能存活下來。」達利歐繼續表示[23]：

舉例來說，一群鬣狗殺死一隻小牛羚時，是善還是惡？從表面上來看，這可能不是「善」，因爲看起來很殘忍，可憐的牛羚受虐後死亡。有些人甚至會覺得鬣狗就是邪惡。然而，這種明顯的「殘忍」行爲存在於整個動物界。這就像死亡一樣，屬於極其複雜又有效率系統的重要一環，只要有生命，這個系統就會一直運作……。

假如你把一隻青蛙扔進一鍋沸水中，青蛙會立刻跳出來。但假如你把一隻青蛙放在常溫水中，慢慢地把水燒開，青蛙就會待在鍋裡被活活煮死，這個原則就是漸進的變化比驟然的變化更難被察覺。

對別人有意見，就直接跟他說，否則你就是狡猾的黃鼠狼。

然後是附註：

痛苦可以和快樂一樣有收穫，儘管顧名思義，痛苦沒有快樂那麼愉悅。

《原則》囊括了自家人的詞彙，達利歐稱作「我們的共同語言」。在外人眼中，這些詞彙幾乎難以參透，像是「嘗嘗湯的味道」（taste the soup），即把一項任務拆成許多小部分；「兩倍工夫」（double-do）是指讓兩個人執行同樣的工作；假如出現問題，主管應該「診斷」可能的理由，然後「調查」部屬以找到根本原因。在調查之後，那些不適合原先職務的人則是「喪失自己的定位」（lose their box），進入了重新摸索的階段，他們得在組織內部找到一份新工作。如果成功的話，就會以「成功上岸」（get through to the other side）告終[24]。否則，該名員工將會被「處置」（sort），就是解僱。

《原則》書中大部分內容[25]，都在規定如何決定處置的對象，以及如何找到定位。

我們絕對不希望橋水員工把賺錢看得比其他一切都重要，因為我們認為這樣不符合橋水員工、橋水公司、我們客户、我們產業的整體提升（包括各式各樣的收穫）……。

不同的意見並不等值，切勿同等看待。每個人幾乎都有自己的意見，但這些意見的價值不盡相同，許多毫無價值、甚至有害。因此，視爲等值不合邏輯。舉例來說，缺乏業績或經驗的人提出的意見，價值不如具備良好業績和經驗的人。

深挖（drilldown）是你與團隊針對某個領域問題有足夠深入了解的過程。深挖是調查的形式之一，只不過更廣也更深。只要進行得順利，應該大約五個小時內就能取得所需一切資訊……。成功診斷問題最重要的特質，就是邏輯表達，以及願意克服自我（他人）的障礙來獲得眞相。

還有以下內容，包括附註：

凡事講求眞相在各個方面都有強大的力量，我認爲最好全然相信眞相，而不要取巧地便宜行事。

持續不斷地與眞相同步，同步就是爲眞相而戰的過程……當有人被發現撒謊，卻說自己懂了，再也不會撒謊了，絕對不要相信，因爲他們很有可能會再犯。

隨著這些原則愈來愈常使用，不僅一般人會理解，也會從「瑞．達利歐的原則」演化爲「所有人的原則」，瑞的角色就會漸漸淡化。

從二〇〇六年到二〇〇七年，達利歐徵求橋水其他員工，針對他的發現給予回饋，也得到了滿意的答覆。他後來宣布㉖：「凡是仔細調查過這些原則的員工，對於這些原則的效力都沒有任何歧義。這樣應該很清楚了，你可以隨時質疑我說的每一句話。」

根據好幾代橋水公司員工的說法，鮮少有人會認眞地提出懷疑。質疑《原則》這本書不僅是在質疑達利歐的構想，更是在質疑他取得成功的論點。達利歐認爲，這些指導原則是橋水投資系統的基石，誰能否定這件事呢？儘管就連他最熟悉的同事私下也會說，《原則》一條一條分開來看有點奇怪，但整體來說，當作個人成長的一環好像十分有道理。《原則》撰寫成書過程非常緩慢，沒有人能確定是哪個節點開始變極端。

不久之後，橋水公司內部大致分成兩派，一派把《原則》當作有趣的哲學論述，一派把《原則》奉爲經典。前者主要是橋水公司投資部門員工，對他們來說，這本全新的規則手冊對於日常生活幾乎沒有影響。這些原則並沒有指出世界上哪些經濟體會表現得比較好，也沒有告訴他們如何進行貨幣交易，書中內容也許有鼓勵員工彼此辯論，但不可能讀了《原則》就去進行無利可圖的投資。

但對於其他人來說（尤其是不太需要背負橋水日常交易損益責任的人），《原則》就像是在傳播福音。他們會背誦㉗《原則》的內容，常常不加說明就引述特定句子。他們把《原則》的用字遣詞當成教條，不斷談論彼此「同步」的必要，後來更得到「原則教義派」（The Principarians）這個綽號。

橋水每個員工都能知道原則教義派的教主是誰，因為他無論走到哪裡，好像都隨身帶著《原則》的線圈筆記本。

第6章 大難臨頭

葛雷格・詹森是達利歐的得力助手。到了二〇〇七年中，他已是眾人眼中橋水公司的接班人。這個頭銜其實很適合詹森，因爲他的家世背景跟恩師達利歐一樣不起眼。他生長於紐約州北部尼斯卡尤納（Niskayuna），即斯克內克塔迪郡（Schenectady）中產階級郊區，鄰近紐約州首府奧爾巴尼（Albany）。詹森年輕時便已有粗黑的眉毛，讓他的方型臉顯得過於成熟。他在高中時個性內斂，存在感不高，但既不算是孤僻大學生，也不算是校隊風雲人物。他當時有女朋友，老愛講❶自己人才懂的笑話，除了少數朋友之外沒人聽得懂。在那屆的畢業紀念冊上，他被列在「照片未提供」的欄位。

尼斯卡尤納高中畢業生鮮少進得了常春藤名校，但詹森在許多進階課程中成績優異，獲得達特茅斯大學錄取，就連進了課業吃重的經濟學暨應用數學系也表現出色❷，社交生活同樣多采多姿。

詹森加入了兄弟會澤塔賽（Zeta Psi）❸，住在達特茅斯兄弟會區域紅磚白柱的宿舍裡，稱作「澤舍」（Zete），兄弟會成員都很和善，但澤舍的名聲不止於此。詹森就讀大二時，正值大一新生們接觸各種兄弟會的招募季，一群自帶正義感的匿名學生在校園各處貼上海報，公布每個兄弟會在外的名聲，其中一張海報❹是：「加入澤舍吧！我們不會讓醉酒把妹的行爲，衝擊我們體貼好男子的人設，反之亦然。」

詹森獲選爲兄弟會主席。每天傍晚他多半待在澤舍的地下室，那裡擺了一兩張乒乓球桌，桌腳是用塑膠垃圾桶充數。地板上排水管漏出了百威啤酒（Budweiser）和密爾瓦基最佳啤酒（Milwaukee's Best）酒渣，即澤舍最愛的兩款啤酒。除了修理前門、更換啤酒桶❺等主要工作外，詹森還擔任非正式的公關長。常常有兄弟會成員來到地下室，就發現詹森正跟一小群人在滔滔不絕。如果新成員對於兄弟會的邀請心生反悔，詹森就會主動提出跟他喝杯啤酒來了解狀況。

與澤舍部分兄弟不同的是，詹森把朋友圈完全限縮在兄弟會。當時認識他的人回憶說，他對於在兄弟會外頭發展興趣的成員可能缺乏耐心。他就讀大四時，跟小幾歲的新成員變得熟識。這種「非我族類」的心態後來在橋水讓他非常吃香。

詹森一開始就面臨了領導能力的考驗，當時有名澤舍成員公開同志身分，並打算在他的窗戶外懸掛彩虹旗。大約有半數兄弟會成員認爲應該掛，理由是他們應該重視自家兄弟的願望。詹森不以爲然，他告訴兄弟們，彩虹旗會對組織有不利影響。他並不反對納入同志到兄弟會，但他不想被外界當成同志兄弟會的成員。彩虹旗最後就沒有懸掛。

詹森有幾個澤塔賽的兄弟畢業後都進入橋水公司工作，因此他跟隨他們的腳步去實習也就不意外了。他起初在爆忙的交易部門實習，這個部門自普林斯在公司草創階段任職以來，僅略有發展。單純完成交易就夠辛苦了，因爲要服務愈來愈多的客戶。夏天還沒結束，還在實習的詹森就開始批評資深同事了。他曾說：「你必須跟麥當勞一樣啊，隨時準備好接單。」詹森直言不諱的態度讓達利歐相當欣賞，因而獲聘爲正職員工。

達利歐喜歡年輕的詹森，也許他塡補了達利歐生活的空虛。雖然他和芭芭拉生了四個兒子，但他們都沒有跟父親一樣熱衷於金融圈。達利歐的大兒子德文（Devon）是天生的運動員，少年時期就是出色的業餘桌球選手。他後來跟橋水一名員工說了一段往事，隨之在公司內部廣爲流傳：達利歐曾邀請十幾歲的德文到一場聚會，跟自己和朋友們打桌球。身爲全場最年輕的小夥子，他輕鬆地贏得了比賽。然後，達利歐提出了一個賭注：再比一場就可以得到五美元。德文贏了以後，達利歐提出再比一場的挑戰，獎金加碼到十美元，但輸了就什麼都沒有。接下來則加碼到二十美元，然後是四十美元，以此類推。在數十場比賽之後，累壞的德文終於輸了，在衆人面前哭了起來，但後來達利歐不讓兒子再比一場來彌補。達利歐說，這個教訓是要他明白金錢的價值。

達利歐其他兒子都踏上不同的人生道路。麥特（Matt）十一歲時被送到中國一個家族朋友❻那裡住了一年。馬克（Marc）對環境科學比對投資更感興趣❼。保羅（Paul）患有躁鬱症❽，接受過多年的治療。達利歐家族後來出資拍了一部以他親身經歷改編的電影，由保羅自編自導，凱蒂・荷姆斯（Katie Holmes）主演。在康乃狄克州一場放映會前，保羅・達利歐向觀衆說了自己童年的一件往事：每逢聖誕節早上，達利歐的兒子們在送父親禮物時，達利歐會當場告訴他們禮物選得好還是不好。假如選得不好，達利歐就會詳細說明不好的理由。

葛雷格・詹森就好像達利歐第五個兒子，除此之外，他日後還正式擔任橋水公司的研究長，以及達利歐的首席投資幕僚。

詹森很快就接下替老闆修飾尖銳措詞的責任。會議結束後，他會幫忙新員工解釋達利歐所給指令背後的意思，指導他們如何運用達利歐最愛的用字遣詞。二〇〇六年，達利歐帶詹森一起到北京進行重要的出差，以及把他介紹給橋水一些大客戶。達利歐還送詹森一本他很喜歡的書：已故美國教授喬瑟夫・坎伯筆下的《千面英雄》（*The Hero with a Thousand Faces*）。達利歐告訴詹森，他們倆都走在坎伯筆下英雄所選擇踏上的道路，充滿了考驗、戰鬥、誘惑、成功和失敗。

年紀輕輕的詹森很快就獲拔擢，成爲橋水公司董事會一員。

在橋水公司內，詹森很早就把《原則》書中嚴格的指引應用到工作中。身爲研究長，他發現橋水每日市場通訊報的品質逐步下滑——多年前，正是這個報告幫助達利歐留給客戶和媒體良好的印象。後來，通訊報的洞見了無新意，負責編纂的研究分析師草稿往往姍姍來遲。詹森宣布，解決方案早就在《原則》書中了。套用達利歐宣言中的一句話，詹森對於交易部門每名員工都大張旗鼓地進行「深挖」面試。他提出了一些構想，像是在每個辦公桌上設置一個按鈕，員工只要發現錯誤時就按下按鈕，以便追蹤交易上或《每日觀察報》內文的錯誤。在其他家公司，這件事在員工眼中，可能就是主管協助解決團隊問題的日常工作。然而，詹森不願意邀功，還告訴同事，這是達利歐和《原則》的功勞。

而除了詹森的部門之外，還有其他部門需要協助。Pure Alpha在千禧年初業績表現強勁之後，到了二〇〇五年和二〇〇六年幾乎沒有獲利。達利歐一如既往，對於市場未來的動向感到憂心。他告訴客戶，該公司衡量經濟威脅的內部危機指標[9]接近歷史高點。美國人背負太多的債務，房貸尤其如此。他建議把資金從股票撤出，改為儲備黃金。他看見成熟的西方經濟體正在衰退[10]，尤其是歐洲國家，因此他在二〇〇五年和二〇〇六年做空歐元。

他當時偏好的領域則是新興市場，因為他看到中國和印度正在崛起。這些不斷成長的經濟體會創造對石油的全新需求，達利歐把這種情況比喻成用力吸一根吸不到東西的吸管[11]。他預測到了二〇〇六年底，油價會飆升至每桶一百美元以上。實際上，歐元在二〇〇六年上漲了一一%，表現超過了道瓊工業平均指數。那年油價持平，Pure Alpha也是如此。橋水的投資系統看起來並非萬無一失。

橋水創辦人無時無刻不悲觀的態度，成了橋水公司員工之間茶餘飯後的笑點。該公司行銷長帕拉格・沙哈（Parag Shah）在一次會議的開場發言時，開了個「太過裝熟」的玩笑。「他一共預測了十五次的經濟衰退，準確率是十五分之零。」沙哈這樣評價老闆。

達利歐完全沒有笑。

這次悲觀預測的時機說來尷尬，因為橋水剛好籌措了大量的新資金，管理的資產從二〇〇一年的三百三十億美元，成長到二〇〇五年的一千六百七十億美元。然而，由於橋水對管理的資產無視投資績效高低收取大約二%的年費，因此橋水的財庫逐漸擴大，公司高層的薪資也就水漲船高。

光是二〇〇六年，達利歐個人就賺了三億五千萬美元⓬，引人矚目，因此隔年五月《紐約時報》記者大衛・萊昂哈特（David Leonhardt）致電橋水公司。這名記者先前從未跟達利歐交談過，但如今他有些問題要請教這位賺飽飽的創辦人，畢竟他的客戶並沒有進帳那麼多。這通電話轉接到不同部門後，才由達利歐接聽。

沙哈在旁邊聽達利歐向萊昂哈特表示，他想必誤解了橋水的投資策略。橋水的經營重點並不是年復一年地追求出色的績效：「我們遇到績效不好的年份，基本上就收支打平。我們遇到績效好的年份，就會得到優異的報酬。」

合理啊，記者回答，他問他正在和誰交談。達利歐停頓了一下才說：「我叫帕拉格・沙哈。」

達利歐聽著接下來的問題，又是一陣停頓。

「喔，我的職稱是什麼呀？」

沙哈的心跳加速，他知道達利歐並不知道答案。在橋水，職務和頭銜經常會有變動。沙哈匆匆找到一本便條紙，草草寫下了答案「行銷長」，他把紙條遞給達利歐。

達利歐迅速搖了搖頭，太小家子氣了。「我是橋水的高層主管。」達利歐告訴記者。

隔天⓭，一篇「財力雄厚的對沖基金有這個價值嗎？」的文章刊登出來，內容概述了對沖基金產業，雖然橋水公司並不是重點，但行文到一半，萊昂哈特引用了以下這段話：

「高層主管帕拉格・沙哈（Parag Shah）說：『我們遇到績效不好的年份，基本上就收支打平。我們遇到績效好的年份，就會得到優異的報酬』。」

沙哈雖然沒有眞正接受《紐約時報》採訪，卻發現自己因爲這個採訪而受到抨擊。在這篇文章刊登後不久，沙哈就注意到一名同事在橋水公司糾錯紀錄中添加了一條申訴，指出沙哈違反公司不得接受媒體採訪的政策。沙哈不知道是否該說眞話：假如沙哈承認是達利歐向記者謊報名字，就等於含蓄地指控這位橋水創辦人違反了《原則》書中對於撒謊的戒律。沙哈認爲，關於這件事最好把委屈往肚子裡吞。

大環境還有許多讓人分心的事。當時是二〇〇七年五月，房價暴跌。原本炙手可熱的房地產市場房仲紛紛表示，他們突然難以敲定任何買賣。部分市場觀察人士預測大難臨頭了。

在經濟烏雲密布之際，達利歐在接受《紐約時報》採訪後過了五天，又接受了金融期刊《巴倫週刊》（*Barron's*）的記者採訪[14]。這次，他用了自己的本名。

記者問他，民衆是否應該擔心房市疲軟。

達利歐說：「我認爲這些並不是警訊。」他聲稱這是「次級房貸相關問題的小障礙」。他仍然相信，投資人（尤其是中國投資人）會繼續推高資產價格，讓市場保持熱絡。他引用華爾街的一句格言：永遠都有更蠢的人，願意以更高價格買下股份。

記者問：「你認爲美國有經濟衰退的風險嗎？」

「沒有，不是現在。當今市場的熱錢可多了。」達利歐繼續說道，「每個人都有一大堆流動性，假如次級房貸的小問題眞的蔓延到拖垮經濟，我眞的會非常吃驚。」

後來次級房貸的問題一下子就蔓延開來，拖垮了經濟。

兩類對沖基金大亨在房地產市場崩盤期間大發利市。其中有眞正的賭徒，例如約翰・鮑爾森（John Paulson）[15]，與他同名的對沖基金在房地產市場崩盤中，憑著豪賭空頭賺進二百億美元。鮑爾森等投資人的心態自然繼承了前一個世代的索羅斯，認爲[16]投機無異於其他投資，單純是有效率地區分注定會賠錢的人，以及注定會賺錢的人。由於賠錢的人包括散盡家財的一般散戶和小型投資人，鮑爾森之流在社會大眾心目的形象不佳。他們也多半保持低調。

達利歐向來就不是沉默低調的人。多年來，他一直吹噓自己預測到金融危機。在某種程度上，他確實沒說錯。達利歐接受《巴倫週刊》專訪後數個月內，他做出了五花八門的預測。

二〇〇七年八月，他在橋水公司《每日觀察報》中寫道：「這次要大難臨頭了。」然而，他給自己預留了台階：「這並不是經濟危機[17]，而是一次重大的金融市場重整。*」橋水預測，與過去的

*達利歐後來在《大債危機：橋水基金應對債務危機的原則》書中一個章節，說自己事先說中了金融危機，但他只有部分引用這段話，保留了「大難臨頭」，但省略了「這並不是經濟危機」。

經濟衰退相比，這次的損失較小[18]，把它形容為「自我助長的恐慌，高風險投資轉往低風險投資，處境不利的槓桿投資人會備感壓力。」達利歐寫道，這種痛苦會主要局限於持有大量房貸的專業投資人。在接下來的四到六個月內，危機的餘波[19]都必然會迅速消退。

自從達利歐在一九八二年首次預測經濟崩盤以來，凡是不利於經濟的事就有利於他的事業。在他預測「大難臨頭」的幾週後，達利歐首次躋身《富比士》美國四百大富豪榜上，排名第八二位。該雜誌估計，他的淨資產為四十億美元，甚至超過了保羅・都鐸・瓊斯。儘管達利歐公開不屑炫富的行為，但他似乎十分享受自己的炫富。二〇〇七年十二月，全球經濟搖搖欲墜時，達利歐在康乃狄克州一家鄉村俱樂部舉辦一場活動，邀請英國搖滾歌手艾瑞克・克萊普頓（Eric Clapton）[20]進行大約一小時的私人音樂會，演出報酬為一百五十萬美元。根據報導，另外有一百萬美元的捐款則給了克萊普頓選擇的慈善機構。

隨著房市危機的蔓延，達利歐揚棄了之前對未來變數的許多警告，重新說起他花了三十年打磨的恐怖預言。二〇〇八年一月，他在給橋水客戶的信中寫道：「假如大環境景氣下滑[21]，也不會是典型的衰退。」他預測的災難是「金融去槓桿化導致金融危機，從而引發經濟危機。」這不僅為他又帶來一批媒體專訪，還首次獲得華盛頓特區的認真關切。

他設法會見副總統迪克・錢尼（Dick Cheney）副助理拉姆森・貝法哈德（Ramsen Betfarhad），想要敲響警鐘。達利歐帶上一堆文件出現在會議上[22]，指出美國銀行恐會損失數兆美元，讓貝法哈德捏把冷汗。達利歐還敦促央行官員印鈔來提振經濟。他向財政部次長大衛・麥考米克

（David McCormick）和紐約聯準銀行發出嚴峻的呼籲，驚動了銀行總裁提莫西・蓋特納（Timothy Geithner）[23]。與蓋特納會面的二天後，藍籌股投資銀行貝爾斯登（Bear Stearns）宣告破產。達利歐及時的警告，奠定了這位橋水創辦人與未來財政部長之間的關係[24]。

在這些會議上，達利歐把自己塑造成關心社會、身段柔軟的慈善家。這其中自有好處：他把橋水的研究成果分享給握有決策權的官員，等於在免費提供全球各地客戶要付高價才能獲得的洞見。當然，橋水也會從中得利[25]。

橋水投資部門員工回憶說，雖然橋水的自動交易系統配置相對保守，但在二〇〇七年和二〇〇八年，達利歐個人指示去進行多次手動調整，好讓自家基金能從整體市場頹勢中獲得更大利潤。在這段時間內，他押了一連串賭注，只要央行官員如他所預測去印鈔重振經濟，這些賭注就會換來豐厚的報酬。橋水買進美國國債、黃金和大宗商品，然後做空美元[26]，這些舉措都大獲成功。各國央行挹注資金支撐經濟的結果是，對沖基金在二〇〇八年雖然平均虧損一八%[27]，但Pure Alpha卻在年底上漲九%左右[28]。由於這支旗艦基金的強勁表現，加上橋水管理旗下整體資產所收取的固定費用，達利歐個人那年就進帳七億八千萬美元[29]。

股市在二〇〇九年三月跌至谷底。接下來一個月內，橋水一舉超越競爭對手，成為全球最大的對沖基金[30]。

全球市場都陷入低谷，瑞・達利歐卻站在頂峰。

第二部

第7章 觀望宅

保羅・麥克道爾於二〇〇九年三月從加拿大搬到美國，擔任世界上最大對沖基金管理委員會幕僚。身為前顧問的保羅性情溫和，他想到全球市場當前的慘況，西港鎮這裡的景象實在不可思議。

麥克道爾認為自己非常幸運。當時失業率超過八%，創三十年來新高，但他的工作收入竟也是人生顛峰。橋水公司的職場生活不僅看起來正常運作中，甚至還在蓬勃發展。該對沖基金的規模大幅成長，如今他有上千名同事，許多人在公私場合好像都是朋友。在全球面臨金融危機的時期，員工們能在一家業績蒸蒸日上的公司工作都備感幸運，因此一週又一週過去，大家都變得愈來愈親近。麥克道爾得知，公司剛購入一輛四十五英尺的豪華巴士，還斥資百萬美元進行全面改裝，把它命名為「搖滾明星大巴」。每天下班時，大巴會開到對沖基金的總部，接員工去酒吧、餐廳、賭場，有時還會前往達利歐自己的一座豪宅。

這位橋水公司創辦人在曼哈頓有一間別墅，有時會邀請員工來作客。許多人都受寵若驚，也有人覺得這有點哀傷，看著達利歐在紐約對他們滔滔不絕講著《原則》書中的內容，有時甚至犧牲回康乃狄克州陪伴妻小的親子時光。他會和客人分享自己的往事，像是曾因在門口台階上抽大麻，被警察訓斥了一頓。有些人聽完噗哧一笑，心想達利歐原來也有人性的弱點。

達利歐最喜歡的地點，很可能是橋水公司多年前購買的康乃狄克殖民風格莊園，隱藏在街道視野之外，順著一條長長的蜿蜒車道，就會到達一個俯瞰風景的崖壁，轉角處就是橋水的總部。橋水公司斥資數百萬進行翻修，大幅增加臥房的數量，方便員工過夜，不必深夜通勤回家。達利歐在屋內擺滿了橋水公司早期的照片，其中許多是他自己的照片，還僱用一名廚師專門準備餐點。豪宅內有游泳池、按摩浴缸和充足的酒類，後來這裡重新命名爲「觀望宅」（Lookout），但許多橋水公司員工接到指示是，最好要對親友保密這個名字。達利歐即使沒有明確受邀，也經常過來看看。除非其他床位全滿了，否則主臥室幾乎都會保留給他。

觀望宅只對成年人開放，裡頭異國情調的娛樂宛如家常便飯，橋水公司還決定把規則付諸文字。官方文件寫道：「觀望宅脫衣舞政策：所有客人在訂位時都要獲告知當晚會有『特別娛樂』。」

距離公司總部愈遠，當然也就愈好玩。達利歐在佛蒙特州鄉間一間他所謂的「村舍」，開放給客戶和員工。他曾帶一位來自日本的橋水公司重要投資人去那裡打獵，根據達利歐的私人助理描述❶，他們共同射殺了一隻「又大又特別的鳥」。達利歐找人把鳥製成標本、掛在牆上。這個標本並不孤單，跟其他大大小小的標本，全都陳列在有拱形天花板的小木屋風格主臥室裡，牠們是達利歐在全球各地狩獵之旅所獵殺的動物。

麥克道爾上任後不久，便受邀到這間在佛蒙特州的豪宅度假。他起初十分高興，跟朋友說他想跟達利歐在深夜一對一聊著公司的策略。但他收到帶睡袋的指示時，原先的期待興奮感消退了。大約有七十多人會在場，主要是資淺員工，大多數人的年齡只有他的一半。值得安慰的是，達利歐本人也會在場，還有一位新任資深主管大衛・麥考米克，他是先前跟達利歐在財政部會面後獲得橋水公司聘用。當然，就算跟新老闆面對面聊天的時間再怎麼短，挽拒這個機會也毫無道理，尤其還有潛在競爭對手在場。

麥克道爾抵達時，地板上已擺滿了充氣床墊，他帶了一本哲學家伯特蘭・羅素（Bertrand Russell）寫的書當作備案。達利歐自在地靠在壁爐前，圍坐在他腳邊的人莫不投以關注的目光。他既放鬆又自信，面帶微笑，重新說明著自己成功的祕訣，強調自己與別人沒有太大差異。他說：「我不過就是在玩撲克牌罷了，只是籌碼用不完啦。」語畢，大家都笑了。

數小時過去，酒精也上桌了。麥克道爾拿起他的書和睡袋，去找一個安靜的角落。隔壁相連由馬廄改建的房間已滿，主宅裡的臥室也滿了。麥克道爾到處找房間，直到發現一個小健身房，幸好裡頭還是空的。他攤開睡袋、拿出手電筒開始讀書，遠處傳來歡呼聲。讀著讀著，他睡著了。

凌晨四點左右，麥克道爾被旁邊地板上的聲響吵醒，就是後來他向同事們轉述時所說的「做人的聲音」。

麥克道爾權衡著自己該怎麼辦。他來到新的國家、有一份新工作，又正逢全球金融危機。他是否應該冒險挺身而出，儘管不知道身旁是誰，此舉可能會讓對方尷尬？他深吸了一口氣，雙手捂在耳朵上，等待一切結束。

麥克道爾日後受邀到大多數慶祝活動，便學會了明哲保身，他有一個方便的藉口：自己有未婚妻了。橋水公司老員工組成了一個非官方的眷屬支持團體，可以讓未婚妻了解公司的規矩，以及對家庭生活的可能影響，但麥克道爾從未把自己工作上的困擾帶回家。

卡蒂娜．史特凡諾娃正努力保持鎮定，但失敗了。她認識麥克道爾——達利歐那次公開審問她並留存錄音時，麥克道爾也是列席人員——但她對這位新聘請的員工沒太大印象，只記得自己哭泣時，他也在旁不發一語。如今有孕在身的她，有更迫切的擔憂。她在二〇〇九年被「調查」後，好長一段時間都沒有回到工作崗位，腦海不斷重播那次事件的情景，讓她夜不能眠，半夜常嚇得冷汗直流。

達利歐打了許多通電話、也留了語音留言，想讓她知道這件事是她個人成長的一環，說自己只是想幫她克服弱點。她經常覺得自己無處可逃。

待在家中的史特凡諾娃開始發覺，儘管她覺得達利歐帶來的痛苦不能再大了，但她曾短暫擁有可以與之抗衡的東西：權力。這位億萬富翁快要打爆她的手機，這讓她受寵若驚。她知道達利歐在前幾個月裡一直暗示，他也許會退居幕後，交給別人來管理公司。史特凡諾娃心想：「**如果我處理得當，接班人可能會是我**。」因此，她回到原本工作崗位，繼續在達利歐手下工作，彷彿船過水無痕。但有些事不一樣了。她不得不回答同事們對於她那次被公審的各種問題，人稱冰雪女王的她，帶著僵硬的微笑回答。她成了公司另類的名人，但不見得受到歡迎。

史特凡諾娃需要有人同一陣線，便找了艾琳．穆雷。

當年五十一歲的穆雷像麥克道爾一樣，都是橋水公司新聘主管，希望能自己經營公司。她是橋水公司典型的高層主管，在她職涯這個階段似乎顯得有些躁進，也有充分的理由忍受屈辱。她出社會後大部分時間都在摩根史坦利（Morgan Stanley）這家大型投資銀行度過，原本在不太起眼的藍領後台部門，同事多半工作勤奮但不太動腦，她則逐步升遷。穆雷是曼哈頓學院會計系畢業，平時多半穿著牛仔靴、參加會議也不化妝。她來自愛爾蘭裔美國家庭，是排行中間的小孩，畢生未結婚，卻經常去迪士尼樂園玩，也喜歡引用《哈利波特》裡的內容。

穆雷在二〇〇七年離開了摩根史坦利，但時機不太巧。她累積了數百萬的股權，卻在金融危機期間雪崩式下跌。她下一份工作是一家新創對沖基金的執行長，但同樣選錯時機。這家基金在全球市場虧錢時期努力籌措資金，結果不到一年就倒閉了。

穆雷和史特凡諾娃已打過照面。當穆雷在橋水公司面試的第一天，她受邀觀看史特凡諾娃調查另一名員工。穆雷走進房間時，史特凡諾娃停頓了幾秒鐘，接著熱情地自我介紹，又面帶微笑回到調查模式。穆雷立即心生害怕，下意識地看向門口❷，擔心門被反鎖了。穆雷多年後回想起這一刻，不禁納悶假如當時相信自己的直覺就離開，又會是怎樣的光景。

史特凡諾娃回到橋水公司上班數星期後，認為自己可以搭上這位新聘主管的順風車。史特凡諾娃要求與達利歐單獨談話。她走進達利歐辦公室時，他的態度有些漫不經心。

「我覺得，我接下來最好能替艾琳工作。」她慢慢地說。

達利歐仍然沒有完全進入狀況。「爲什麼？」

「因爲我很佩服她。」

這引起了他的注意。達利歐從椅子上猛然起身，雙手扶著桌子兩側，俯身看著史特凡諾娃。他的棕色雙眼閃爍，眼神似乎揉合了憤怒和受傷。史特凡諾娃可以肯定，他甚至還有一絲困惑。

「妳就不佩服我嗎？」他略帶口吃地問道。

史特凡諾娃既困惑又備感嘲弄。達利歐怎麼會不懂她還在爲那次丟臉的調查事件感到受傷？但她知道他仍然是公司老闆，而眞要有任何事能讓達利歐感到心煩，那就是得到稱讚的是別人，而不是自己。

「當然佩服啊。」史特凡諾娃用安撫的語氣對達利歐說。

達利歐的自尊心暫時得到安撫後，史特凡諾娃獲准成爲穆雷直屬部下。

⥮

史特凡諾娃與達利歐再聚後不久，達利歐邀請她和穆雷跟一群人到觀望宅慶祝。還有一群儲備主管出席——當初正是聘請他們的速度太慢，導致史特凡諾娃被公開審問，還全程錄了下來。她一直抱持著懷疑，心想這次邀請是達利歐要做給眾人看，表示她已重獲原諒與接納。

當時，史特凡諾娃已藏不住懷孕的身形，也是在場少數不喝酒的人。不過她覺得很安心，這群人大多是她自己聘來的女性，因爲她認爲橋水的男性比例太高，必須保持平衡。另外穆雷的在場也有不少幫助，大家在客廳的火爐旁喝著調酒。

活動接近尾聲時，達利歐打破了沉默：「唱歌給我聽吧。」

起初一片沉默，然後是禮貌的笑聲。那年達利歐已六十歲了，身邊圍繞的大多是年輕女性，有些年紀跟他的孩子差不多。她們畢竟是員工，基本上沒得選擇。

在場女性禮貌地開始唱歌，穆雷勉強擠出微笑，她們輪流唱著節日相關的歌曲，一首接一首，圍著圈子輪流唱起一兩首聖誕歌曲。達利歐看起來十分滿意，鮮少露出微笑的他，正享受著這一刻。

史特凡諾娃覺得臉頰開始發燙，快要輪到她唱歌了。她沒辦法唱，她根本不想唱，便說要去廁所一下。

果然，剛關上門，她就聽到外頭傳來達利歐的聲音。「卡蒂娜人呢？我想聽卡蒂娜唱歌。」史特凡諾娃沒有宗教信仰，但她默默地向天祈禱，但還來不及找藉口，就聽到了穆雷的聲音：「她不太舒服。」還稍微說明了孕婦常會有類似的狀況。

有人提議現在應該輪到老闆唱歌了。他說自己正好想到一段歌詞，是一首航海老歌，也是他數一數二的愛歌，由綽號「鹹溼迪克」（Salty Dick）的鄉村歌手演唱。達利歐不必小抄就記得歌詞，於是他憑記憶唱了起來：

一個水手臨死前對我說
我沒有理由懷疑他騙我
他知道有個婊子的洞太大
怎麼樣也無法讓她滿意吧
於是他打造了嚇死人的巨輪
二顆黃銅球，還有鐵陰莖一根
黃銅球裡塞滿了奶油 ❸
機器用蒸汽驅動不休
轉啊轉，巨輪不停旋轉
進進出出，鐵陰莖來來回回地穿梭
最後這個婊子受不了大喊
「夠了夠了我爽了，拜託你別再幹」
可惜故事有個悲傷的結尾
因為沒有辦法停下這東西
她整個人被撕裂，從洞口到胸前
整台機器弄得像是屎尿間

坐在馬桶上的史特凡諾娃，看不到達利歐唱歌的表情，但聽得到他聲音中的滿足感，還有他在某些歌詞後添加的小笑聲。隨著達利歐唱著歌，史特凡諾娃發覺到躲在廁所的好處：她看不到達利歐，但達利歐也看不到她，否則就會看到自己正皺著眉，不只是因爲懷孕害喜，更是覺得他太噁心。

達利歐唱完後，史特凡諾娃在廁所待了很久，暗自在心中發誓：

「我再也不是他的人了。」

「我要逃離這裡。」

第8章 不一樣的公司

全球經濟在二〇〇九年下半年出現反彈，但在橋水的辦公室內，達利歐好像始終抱持陰鬱的心情。

保羅・麥克道爾和同事們認爲，這跟公司的投資有關。麥克道爾加入的同一個月，橋水讓All-Weather基金進入所謂的蕭條模式❶，盡量減少借款來避免可能的損失。達利歐認爲❷，股市要到隔年才會觸底；但在二〇〇九年股市指數幾乎全年都大幅攀升，而橋水旗下基金卻沒有像前一年般獲利。

然而，市場並不能完全說明達利歐的悲觀態度。他好像一直對身邊的人感到失望，原因無關乎股票或債券。麥克道爾的新同事向他保證，這是因爲達利歐一直在努力爲未來員工把橋水的文化編纂成書。所有新員工都拿到了一份九十頁裝訂在左上角的影本，上面標題是「原則」。他們得知只要按照原則行爲，就會在公司平步青雲。

儘管《原則》書中內容已落實了五年，但橋水公司上下都注意到，達利歐依然隨心所欲地對這些原則進行增減。麥克道爾還注意到，橋水最成功的員工似乎都是按規定辦事。達利歐顯然最喜歡一位名叫珍・希利（Jen Healy）❸的年輕女子，有時還會稱她為「我女兒」❹。希利剛從普林斯頓大學畢業，對於《原則》一書充滿熱愛。有次，她注意到一名同事穿了一件不適合她的新毛衣❺，於是氣惱了好幾個小時。《原則》不是要她說出自己赤裸裸的回饋，才能幫助對方變得更好嗎？希利本來決定要說了，卻在最後一刻被另一名同事勸退。

遵守這些原則不僅需要在思想上保持警醒，還需要在語言上保持謹慎。光是用錯字詞就可能惹毛達利歐。麥克道爾上任大約三個月後，參加了一場會議，主要是達利歐與一位剛聘來協助監督公司管理層的耶魯畢業律師開會。與會者都是體面的人；除了受邀的員工之外，每位主管還帶了自己的幕僚長（套用橋水的術語，就是他們的「**推手**」）。會議在達利歐的私人會議室舉行，俯瞰著一條河，河中是加拿大野雁開心地啼叫。這位律師告訴達利歐，他還在等待公司內多位主管對於他所建議改革事項的回饋，會議就此偏離軌道。這位新來的同事分明不被當成一回事。

「我嘗試過了。」律師說。

「光會嘗試的人，對我來說一點用也沒有。」達利歐回答。

這位律師整個週末都在思考這份新工作，心想即使薪水再好，自己的容忍仍然有個限度。他從小到大的觀念就是做人要有教養，而目前這樣他只會綁手綁腳。他便向達利歐遞交辭呈，達利歐也接受了。

希利發現此事後，決定表示意見。畢竟，《原則》這本書也指出，即使是最基層的員工，只要目睹了不對的事，也應該大聲疾呼。她問達利歐，為何在眾人的面前，還對橋水家族新成員說話這麼沒禮貌。

我相信給予回饋的價值，達利歐說。

希利提議，也許可以用更客氣的方式表達這類回饋。

「我受夠講好聽的話了，」達利歐回答，「我不相信好聽的話。」

希利的建言一定造成了影響，卻是她意想不到的方式。員工們很快就注意到，達利歐在《原則》中新增了一條：說好聽的話會說上癮。

⇆

久而久之，麥克道爾注意到達利歐的極端——他似乎好為人師，卻經常在懲罰努力要學習的人。這位橋水創辦人的脾氣，似乎在跟投資最不相關的領域最容易爆發。在金融圈內，達利歐無疑是如魚得水。達利歐可以憑印象引用數年前某個少數專家才懂的經濟事件細節。他在週末會把裝滿研究資料的公事包帶回家，到了星期一就已做好準備，進公司先見到誰就跟誰進行辯論。光是看著達利歐洞悉全局，在表面不相關的事件之間抽絲剝繭，找出不為人知的關聯，就讓人備感振奮。

無論是在曼哈頓門前、在觀望宅的壁爐前、還是在辦公室內，達利歐都能在眾人面前表現出色。隨著橋水公司的成長，他也獲得了大量的聽衆。員工們注意到，在任何會議上，達利歐都可以毫無預警地站起來，然後走到白板前，首先拿起一枝麥克筆，從白板的左下方到右上方，畫上彎曲的線條❻表示正斜率，X軸爲時間，Y軸爲改善幅度。這是達利歐在展現自己的思考歷程。彎曲線條形成的迴圈則代表糾錯帶來的回饋——通常是批評。雖然這些迴圈似乎暫時讓進展倒退，但時間一久，線條就會沿著Y軸穩步上升，顯示這些迴圈最終導向進步。達利歐會用一條代表死亡的水平線條來搭配這張圖，少了迴圈（《原則》婉轉稱作「劣質回饋迴圈」）只會導致死亡。

由於回饋是進步的必要條件，達利歐指示公司每個人都應該提出回饋。爲了避免好聽的話太多，他制定了一條規則，要求橋水所有員工，無論職位高低，都應該把回饋分爲正面和負面二大類。太常給予正面回饋的人❼，就會被扣獎金。

達利歐意識到自己的規定有違常理。人類天生就想避免衝突，套用他的話來說，就是避免「觸動敏感神經」。他表示，人類生來大腦二個區塊❽就在進行抗衡：產生焦慮的杏仁核和懂得反思的前額葉皮質。前額葉皮質屬於「高階的你」，杏仁核屬於「低階的你」。按照達利歐的說法，大腦的這二個區塊通常處於衝突狀態，而杏仁核會無所不用其極來「劫持」大腦，讓大腦充斥著情緒，產生「戰或逃」的本能，扭曲了理性的決策。達利歐曾公開表示❾：「眞是該死的杏仁核啊。」

想也知道，他能克服自己的本能反射。達利歐表示，透過冥想❿，他幾乎能把杏仁核和前額葉皮質分開，讓自己不受情緒的宰制。他把這個能力歸功於自己了解成功交易與公司管理的心理因素。達利歐主動說要補助橋水公司員工上冥想課程⓫，讓他們可以追隨自己的腳步。許多人從善如流。

達利歐開始把自己塑造成模範行爲的榜樣，他還把自己與達賴喇嘛相提並論，說他像達賴喇嘛一樣⑫，知道自己有一天會離開人世，而根據他在橋水公司的觀察，光是發放《原則》一書並不能保證員工就會遵守。他需要找個方法讓書中宣言活起來，不只影響面對面接觸他的人，而是要影響所有人。最明顯的方法，就是記錄達利歐在對沖基金幾乎一切言行，但這還不夠。想指望每個人除了日常職責外，還要追蹤達利歐的一天，簡直不切實際。因此，達利歐開始每天勤做筆記，寫下他發現自己指導的大小事。橋水公司運用一支由攝影師和編輯組成的團隊，把影片製作成每日小測驗，稱作「管理原則訓練」（MPT）。

所有人都必須參加MPT，回答當日影片的問題。有個MPT引用了一段影片，裡頭是一名員工說明自己在公司工作的體驗，伴隨影片的問題是⑬：

> 後來，此名員工描述自己收到瑞嚴厲回饋後的感受。是非題：這名員工讓痛苦阻礙了自己的進步；假如他不改變方法、提升處理痛苦以求進步，很可能無法發揮人生的潛力。

不久後，影片數量就足以生成更大的評量。達利歐指派團隊仔細篩選MPT，製作所謂《原則測驗》，測驗分成五大部分，得花數小時來完成⑭。這個測驗標榜「閤書考試」：員工在回答時不准查閱《原則》一書。而且橋水公司所有人都是強制參加測驗。

問題：下列對於「傲慢」的定義，何者符合橋水的用法？
答案：一個人對於自己的看法過度有信心，卻毫無依據。

題型也包括是非題：

我們應該不計一切追求真相，所以說謊的人絕對要被開除嗎？

部分問題還附帶一連串子問題，要員工捫心自問：

問題：假如偷竊不會被抓，橋水公司全體員工有多大比例會偷竊？
問題：你是其中之一嗎？
問題：你是誠實地回答前一個問題嗎？
問題：環顧四周，你覺得自己接觸過的同事中，多大比例需要被處置，才能讓橋水維持優異的表現？
問題：你覺得自己應該被處置嗎？

這些測驗評分主要根據達利歐的答案和《原則》的內容，一致性愈高分數也愈高，而分數都會留下紀錄。如今，達利歐需要方法來追蹤並運用累積的資料。為此，他求助於一名新聘員工。

麥克道爾負責的「棒球卡專案」進展緩慢。達利歐指示新任主管麥克道爾打造好讀的員工個人資料介面後，麥克道爾沒多久便告訴同事，他發覺這個任務像是一把雙刃劍。由於達利歐希望不斷回報最近狀況，代表麥克道爾比公司裡大多數人更密切接觸這位橋水公司創辦人，但也代表麥克道爾有更多機會把事給搞砸。

麥克道爾並不是第一個協助推動這項工作的人，而是接下心理學家鮑勃・艾欽格（Bob Eichinger）的工作。艾欽格比達利歐年長九歲，當時已屆齡退休。數十年前，他協助設計出人才招募輔助工具，稱作「成功透析法」，雇主要把六十七張卡片[15]（每張都有類似於「決策品質」這類常見詞彙）針對某個工作排出重要性。儘管這個方法並未受到廣泛採用，卻讓艾欽格在全美的聲名遠播，公認是把科學方法應用於職涯發展的專家。達利歐在聘用麥克道爾的大約一年前，請來艾欽格當顧問，協助建立橋水公司自己的制度。達利歐開始讓求職者坐飛機前往艾欽格在明尼蘇達州的辦公室，由他親自面試篩選。

「你把『我出生以後』這句話當開頭接龍，」艾欽格都會說，「一路說到我們二個人坐在這裡面試的當下。」

艾欽格和麥克道爾一拍即合。艾欽格開始稱麥克道爾為「天選之人」⑯。他們都對天文學感興趣，並且都相信人類的行為可以像星盤一樣找出規律。但這並不代表他們認為這件事很容易。在缺乏明確的標準下，就好比沒有望遠鏡就凝視天空，只會看到一大片模糊又遙遠的光點。他們二人都自認能力獨特，有辦法打造出合適的工具。根據艾欽格的評估，麥克道爾是擅長抽象概念的思想家，能以大多數人無法理解的方式綜觀全局。他們倆第一次聊天的過程中，艾欽格問麥克道爾是否有任何自我懷疑，麥克道爾回答說，他主要擔心自己在橋水公司沒有足夠權限去推動必要的工作。

「我只想確定自己的直屬主管是達利歐。」麥克道爾說。

艾欽格饒富興味地瞧著他說：「保羅，他是每個人的直屬主管啊。」麥克道爾深入研究棒球卡的同時，艾欽格在蒐集更多資料給達利歐。艾欽格協助說服達利歐針對每位員工進行一連串的人格測驗。最著名的MBTI人格測驗必須由像艾欽格這類專業心理學家實施，這項測驗把人分成⑰十六個不同的人格類型。達利歐參加了測驗，評估結果是ENTP⑱：外向、直覺、理性和適應。他把這個好消息告訴橋水公司全體同仁，完全符合他的特質。當時在橋水任職的員工回憶說，在其他員工參加測驗後，達利歐就有點冷靜下來了。統計資料顯示，橋水公司屬於ENTP的員工似乎是常態分布的六倍。這有二個可能：橋水的招募方式會吸引特定類型的新人，或眾多員工塡答時都在迎合老闆的人格類型。

艾欽格著手研究起更加客製化的解決方案。在一次對達利歐的簡報中，他把這個解決方案稱作「人格屬性模型」，口號是「橋水：不一樣的公司、不一樣的員工。」這些屬性排列成一個三角金字塔，最重要又罕見的屬性位於頂部。金字塔的頂角錐（類似營養圖表中垃圾食物、糖果等食品所處的區塊）包含五大敏捷度：心智敏捷度、適應敏捷度、社交敏捷度、效果敏捷度和文化敏捷度。文化敏捷度的說明是「極度務實、深刻同理、接受現實後以此行動。」

金字塔再往下一階包含十一個「必要特質」，例如聰明與彈性等等。再來則是在當前和未來員工身上要有的五十二個「素養」。

艾欽格以他原本的六十七張卡牌爲基礎，交給達利歐一份素養列表，其中包括：

- 智力
- 處理多元聲音
- 時間管理
- 耐力
- 糾正部屬
- 友善度
- 毅力
- 衝突管理
- 幽默感

達利歐看完這份列表，劃掉不需要的幾個素養：

- 智力
- ~~處理多元聲音~~
- 時間管理
- ~~耐力~~
- 糾正部屬
- ~~友善度~~
- 毅力
- ~~衝突管理~~
- ~~幽默感~~

這份素養列表由艾欽格傳給麥克道爾，麥克道爾立刻收進了橋水公司棒球卡內。

說是「棒球卡」其實不太恰當。這些都是多頁的垂直列印紙張，上面的統計資料比艾欽格想像得多出太多。按照他的建議，最上面是五大敏捷度，再往下迅速拓展成超過百個子類別，像是「順勢學習」、「指導別人」、「私事揭露」等。每個類別都附了一到十分的格子。雖然艾欽格部分建議（「糾正部屬」）獲採納，但這些類別多半是從《原則》中節錄。較早版本棒球卡的第一部分就有員工「堅持眞相」的分數，接下來則是「調查不放水」的分數。

棒球卡內容愈來愈多。達利歐要求把艾欽格納入最初人格測驗結果，後來連MBTI等測驗也一併放上去。再來是每週MPT影片，記錄每位員工的影片完成率，以及他們的答案與達利歐的答案吻合度高低。棒球卡上不斷出現新的分類，彷彿在高樓上搭鷹架，卻不知道要蓋到哪層樓。主管、部屬和管理委員會成員不斷加上新分數，另外有個明顯的格子供達利歐塡上個人診斷。

儘管當時仍然是人工列印出來，但橋水後來聘請以設計蘋果首款滑鼠⑲而聞名的設計公司IDEO來構思數位解決方案。IDEO設計出的原型，有陣子在橋水內部有個新代號，叫作「附庸」（Vassal），這是中世紀用語，形容受封建領主保護的人。而相應成本一下子就累積到數百萬美元。

二〇〇九年中，麥克道爾向艾欽格展示了一個可運作的模型，把艾欽格的研究成果納入了對沖基金評分制度。艾欽格非常滿意，還對一位同事說：「這鬼東西眞的厲害得不得了。」麥克道爾把部分結果寄給達利歐審核，也確保取樣來源是跟達利歐往來密切的員工。

達利歐當時正在西班牙的別墅避暑，傳了訊息來說他看完評分了，想要聊一聊。艾欽格從明尼亞波利斯打電話過去，而麥克道爾和總部人員從西港鎮加入電話會議。

「這做出來的結果不好。」達利歐瀏覽了一些員工的分數，包括珍．希利。「我很熟珍的為人，這分數不符合她的樣子。」

從頭來過吧，他說。

七十歲的艾欽格一副灰心喪志的樣子。這可是他投入多年精心研究出來的一套標準，現在卻被一個人的直覺本能給作廢。艾欽格告訴麥克道爾等人說他要辭職了[20]，不過他日後改口說這只是分道揚鑣，過程相當愉快。

⥂

達利歐心裡掛念著人終將一死。年近六十歲時，他又談起了退休的事。雖然他告訴公司部分員工，他料想自己只有進了棺材[21]才會離開公司，但他也說過自己不希望把所有頭銜都帶進棺材。自從布瑞．哈里斯被批鬥到離職後，達利歐就一直擔任執行長和共同投資長。緊湊的工作步調讓他難以消受，尤其是公司二大基金業績都沒有達到他的期待。

在投資方面，達利歐一直抱持二〇〇九年會持續蕭條的信念，如今卻快要被打臉。在市場跌至谷底時，橋水讓 All-Weather 基金進入蕭條運作模式，就此錯過全球市場強勁反彈的大量紅利。Pure

Alpha基金定位也過於謹慎，與同業商品相比表現平平。橋水公司告訴客戶切勿相信他們在市場上所見所聞。在經濟復甦數個月後，達利歐還寫了封信提醒[22]大家不要「誤以爲經濟和市場恢復正常」。

橋水的日常管理也每況愈下。達利歐對於棒球卡專案的失望，反映了他對自己找來人馬的不滿。隨著「原則」數量爆增到二百七十七條[23]，CEO可能人選的數量也在上升。

首先就是穆雷，以及大衛・麥考米克。麥考米克曾是陸軍突擊兵，後來在布希政府任職。還有湯姆・亞當斯（Tom Adams）[24]，他從外語學習軟體製造商羅塞塔（Rosetta Stone）跳槽加入橋水；朱利安・麥克（Julian Mack）[25]則離開芝加哥麥肯錫顧問公司美國中西部經營團隊，搬到東部西港鎮；尼科・坎納（Niko Canner）原本任職於博斯管理顧問公司（Booz & Company）。達利歐常常叫獲聘來的新成員放心，他們都有機會擔任執行長，只是要先證明自己的能耐。大多數人一開始都是管理委員會的幕僚，基本上都會耐心等候這位橋水創辦人交派新任務。

他們之所以有機會證明自己，因爲橋水的流動率高。儘管該公司官方說法是，三分之一的員工[26]會在十八個月內離開公司（達利歐說其餘員工都成功「上岸了」），但橋水許多人懷疑眞實情況更爲複雜。部分人士一開始擔任顧問，後來也沒有爭取全職工作；部分則在表定最後上班日之前就離開了。橋水祭出高額的遣散費，伴隨嚴格的保密協定，他們在離職時都很樂意簽署。結果就是，許多人離開橋水之後還在領薪名冊上。這些外聘成員進進出出太過頻繁，就連達利歐有時也不確定誰還留在公司。

然而，他並不是完全看不見身邊的人漸漸消失。二〇〇九年底，他要求史特凡諾娃等人寫一份報告，總結過去十八個月聘僱中止與辭職人數上升背後的原因。這項任務交派給橋水公司的員工關係主管塔拉．阿諾（Tara Arnold），她交給公司管理委員會一份報告，開頭寫道：「這是我在橋水任職五年以來㉗最重要的一封電子郵件。」

寄件人：塔拉．阿諾

寄件時間：2009/10/6星期二

收件人：管理委員會

主旨：【重要】橋水興起的浪

……以下我強調的「問題」，應該當成無風不起浪的「浪」……

一、公司重要成員都感到職業倦怠。

二、我們在市場上的名聲受損。

- 二〇〇九年一九％的報價遭拒。相較之下，二〇〇八年只有一五％，而且目前市場形勢嚴峻，我們知道大家真的需要工作。如果我們關注最近三個月，我們被拒絕的比例接近二五％……
- 根據信諾醫療保健集團（Cigna）的資料，我們抗憂鬱藥物與每位會員整體心理健康處方箋的總成本在過去一年上升。此外，福利部門和急診團隊發現，愈來愈多員工有意找心理健康專家諮詢……

- 我們的離職面談顯示，除了原則的練習之外，公司在核心工作培訓／職涯發展方面有巨大的空白……
- 部分新員工直接對我表示，工作上缺乏安全感，害怕隨時可能被公司開除……我最近也聽部分老員工（任職三年以上）表示，他們覺得瑞老闆歸納出的原則，大家都只照字面意義解讀……
- 我們的公司文化有部分地方遭到很深的誤解，部分求職者認爲我們是邪教，很「瘋癲」。

阿諾最後指出，並不是她提出的所有問題都反映在公司量化調查中。她表示，缺乏確鑿的資料似乎是出於恐懼。爲了找到根本原因，阿諾和史特凡諾娃聯合提議針對員工進行匿名問卷調查。阿諾表示，這項調查「符合我們不惜一切代價追求眞相的理念」。

達利歐當天晚上回信說：「妳的說明沒有平衡地反映出實際狀況。」

寄件人：瑞・達利歐
寄件時間：2009/10/6 星期二
收件人：塔拉・阿諾；管理委員會
主旨：回覆【重要】橋水興起的「浪」

塔拉：謝謝妳寄來的訊息，我相信這些話對於部分員工來說確實是眞相……

我知道在這裡工作很辛苦，我也希望不要這麼辛苦。我並沒有忽略這個現實，無論對我來說或對大多數人來說，很可能都一樣艱難……

我認爲，橋水之所以厲害，就是公司員工要善盡職責，或是有獨到的洞見，也公開談論怎麼協助公司壯大……

就我個人而言，雖然現狀有你提到的嚴重不良後果，但我相信，如果我們找到聰明又公開透明的方法，就可以成功地解決……

阿諾還沒來得及回覆，達利歐就又發了一封二句話的郵件：

寄件時間：2009/10/6星期二
收件人：塔拉·阿諾；管理委員會
主旨：回覆【重要】橋水興起的「浪」
塔拉：如果妳能告訴我哪些人有這些問題，方便我找他們聊聊，或是妳能鼓勵他們來找我聊聊，那就太好了。務必要開誠布公地溝通一下現狀。

至於在橋水待下來的人，絕對是有豐厚的回報。鮑勃·普林斯便是在橋水賺滿荷包的代表。

普林斯比達利歐小十歲，表面上看似達利歐最理所當然的接班人。他來自中西部、爲人天眞爛漫，早已成爲橋水數一數二受歡迎的主管。普林斯鮮少引用《原則》的內容，而在達利歐背後，則更少會拿出來說嘴。普林斯隨時都會說好話，對於被達利歐惹毛的員工，則敞開辦公室大門聽他們訴苦。普林斯經常會安慰員工說，達利歐對他其實也很不客氣。普林斯常講一件事：達利歐非常肯定，已是長期夥伴的普林斯管理能力拙劣，多年來普林斯甚至不得聘請自己的幕僚長。在一次面試中，求職者問普林斯他人生中最重視的東西，普林斯回答：「依序是家庭、上帝和橋水。」

這三者在他五十歲的生日宴會上到齊，他邀請了許多橋水公司員工參加。宴會進行到一半時，他站起來發言，內容非比尋常，無關乎生日宴會的活動。他對在場賓客表示，過去二十五年以來，他欠瑞．達利歐很多人情。這位橋水創辦人每年都大方地給普林斯購買公司股份的機會，但隨著公司價值水漲船高，這個機會的價格每年都在上漲。因此，普林斯去找了他所知道能安排這個貸款的唯一人選：達利歐。根據普林斯描述㉘，他欠下了數億美元的債務，全會透過他在橋水公司的工作來償還。普林斯說，直到五十歲大壽，達利歐才告訴他債務還清了。普林斯說，爲了紀念這個時刻，他開車到當地一個海灘、升起一個篝火、燒掉所有的貸款文件。他如實地在衆人面前重演一遍動作。

他的朋友、家人和同事都爆發出歡呼聲。

那天起，普林斯感覺變得不一樣了。他妻子買了一輛賓利送他，他還開始學習駕駛直升機，也開始滔滔不絕地聊著直升機飛行員的生活點滴。他和妻子開始在國內最昂貴的土地上建造一座巨型教堂[29]，光是購買房產就花費了一億二千萬美元。

不少橋水公司員工得知普林斯的心路歷程之後，就決心效仿。如果能得到這樣優渥的報酬，他們忍受數年、甚至數十年的痛苦也在所不惜。

然而對普林斯來說，他的職涯發展已就此止步了。他找到方法讓自己遠離橋水混亂的管理階層，同時又能讓達利歐臉上有光。每當有人提到他能擔任更大的管理職位時，普林斯都會提醒在場聆聽的人，他自己有侷限。他指出，達利歐委託他製作的內訓影片便反映了缺點。普林斯說：「我沒辦法管理。」他守好自己的本份對大家比較好。

儘管普林斯會繼續留在橋水，但從那時開始，他幾乎就被排除在達利歐公司管理層之外了。普林斯仍然擔任共同投資長——這讓達利歐可以公開吹噓他們的合夥關係穩定——但他把大部分時間花在看似毫無進展的經濟研究，或他以往在陶沙的教授無意中協助設計的低成本 All-Weather 基金策略。普林斯基本上從旁支援投資決策。他既不會去質疑達利歐，也不會動不動就去挺質疑達利歐的人。橋水許多人私下承認很嫉妒普林斯，因爲他好像都拿了薪水就能回家。

普林斯迴避了領導者的角色，但另一位共同投資長則走上不同的方向。葛雷格．詹森塡補了領導者這個空缺。在橋水公司，執行長是除了達利歐本人之外，唯一參與公司各個方面的人。達利歐毫不掩飾自己對這位年輕人的喜愛。二〇一〇年[30]，是達利歐最接近要交棒的一年。他當時打算退居幕後，宣布自己會成爲像「牧師／導師」的角色[31]。詹森不僅是共同投資長，也是共同執行長——此前只有達利歐本人同時擔任這二個要職。

至於誰會加入詹森的經營團隊，橋水內部已有許多人選，全都迫不及待要去診斷、調查自己的競爭對手，但唯一缺乏的就是裁判。《原則》最重要的核心，就是揪出公司藏汙納垢之處、揭露每個細節。他們呼籲公司要開始錄影、內部進行公審，哪怕再小的問題都要詳加調查。達利歐開出七百萬美元的年薪㉜，聘請了一位曾是著名檢察官的律師，然後告訴全體員工，這位律師會成爲公司的「教父」㉝。

他的名字是詹姆斯．科米（James B. Comey）。

第9章 科米與申訴案例

對沖基金律師的生活可能十分沉悶，必須草擬客戶合約、釐清稅務文件、反覆核對交易確認書，每年大部分時間都花在爬梳數百頁強制法遵文件上，一切都是爲了既不會閱讀、也不會理解這些文件的監管機關。

而在新任法律總顧問的指導下，橋水的法律部門正忙得不可開交。

二〇一〇年，詹姆斯・科米加入橋水擔任法律總顧問，當時他的名字離家喻戶曉還差得遠了。他在政治圈大概屬於小有名氣的人物，不過在益智節目《危險境地》（*Jeopardy*）上可能會是最後的難題。科米最爲人所知的是擔任紐約南區聯邦檢察官的二年任內，曾以內線交易的罪名起訴瑪莎・史都華（Martha Stewart）。他後來成爲小布希政府司法部副部長，並因爲反對美國境內監控而登上頭條❶。科米對朋友們毫不掩飾自己投身私部門是出於賺錢的動機。他有五個孩子，其中一個當時即將就讀哈佛法學院。

剛到橋水任職的頭幾天，科米發現新工作伴隨一定的代價，首當其衝的就是他的自尊心。他得知，公司已指派三十一歲的研究部門主管馬修・格蘭納（Matthew Granade）擔任所謂的「陪跑夥伴」（ski partner）❷，用意其實是隨時都要有人在旁邊評估新人的優缺點，協助對方適應橋水的生活。

科米沒多久就違反公司內規了。他常常表現得自己特立獨行。身高二百公分的他，有時會把手伸到天花板上，關掉燈具內隱藏的錄音設備。

科米經常在會議上以個人經驗發表意見，所以達利歐和詹森都會迅速糾正他，說他應該採用公司的原則，而不是自己的原則。科米曾尖銳地問起達利歐重視的回饋迴圈（原本代表著不斷的改進循環）。如果X軸是時間，而彎曲的線條有時會向左移動，不就代表達利歐能穿越時空嗎？達利歐每天指派的功課也讓科米失望。在橋水內部私下廣為流傳的錄音中，科米說訓練影片毋需太多思考又太過重覆。科米認為，每段影片最後只有三類答案：(a)我媽媽都穿戰鬥靴；(b)我曾把小貓放進果汁機；(c)達利歐說的都是對的。

然而，科米卻留下來了。當時美國正值新任民主黨政府上台之際，身為共和黨律師的他不太可能馬上獲得政府要職。聰明的科米改弦易轍，一下子就開始常常引用《原則》內容，結果頻繁到達利歐對整個公司說，這位新法律總顧問根本是「應聲蟲」❸，這是他口中數一數二難聽的批評❹。應聲蟲只會重復老套的見解，而不是提出自己的想法。達利歐從來不會因為找錯人而怪自己，反而開始追問格蘭納是否有近距離觀察科米。

也許科米發覺自己不受青睞，又急於證明自己的價值，他在大大小小的問題上都想幫達利歐的忙。沒多久，科米就有機會營造好感了。

莉亞・古根海默（Leah Guggenheimer）是剛上任的律師，她對於《原則》非常熱衷。她畢業於哈佛大學法學院，頭銜是橋水營運部門的推手（即幕僚長），但她最近卻是花了很多時間積極使用糾錯紀錄，包括舉報一名同事沒有按約定的日子帶貝果來（另一名同事聽到這個申訴後，直接告訴古根海默要「他媽的成熟點」）。艾琳・穆雷對她沒有多大耐心，二人在發生幾次衝突後，穆雷決定公審古根海默，叫她的同事們投票表決「你是否不希望古根海默留在公司？」除了一票以外，所有人都贊成要她離開。於是，她就被辭退了。

數星期後，達利歐聽到了風聲，即使員工再怎麼不討喜，他並不欣賞因爲對方堅持《原則》、直言不諱就予以懲處，便找來科米詢求意見。

科米似乎嗅到讓新老闆深深佩服的大好機會：「你想要嚴格照規矩來處理嗎？」

達利歐大力贊同，他確實有意如此。

「這個嘛，瑞，整個公審過程已經開始了，一切都是正當程序，看起來也是按照《原則》在走。再審沒有任何意義，除非我們是重新再來。」

「什麼意思？」

「你就假裝不曉得這件事發生過，完全從全新的角度再審一次。」

達利歐對此沒有意見。

於是，科米全心投入調查，重新聆聽所有錄音帶，包括古根海默被說要成熟點的錄音帶（科米表示：「太不可思議了！」）。然後，達利歐召開一個規模更大的聽證會，邀請詹森、穆雷和所有相關人員列席。大桌子中央放了一個錄音設備，達利歐邀請科米致開幕詞。

身為法律總顧問的科米立即指出，他的公審結果顯示開除古根海默有其道理：「我聽完全部的錄音帶，就連平時彬彬有禮的保羅．麥克道爾，也叫莉亞要『他媽的成熟點』。」

坐在後排的麥克道爾愣在位子上，彷彿時間靜止了。他完全不想跟這件事扯上任何關係。

詹森拉大音量表示：「保羅，你好像是叫大家不要糾錯欸。公司不能容忍這種情況，我們希望大家都把問題說出來。」

麥克道爾胡亂擠出一個回答：「我意思是要看問題的嚴重程度，那次真的沒道理。」

幸好，公聽會繼續進行下去。

達利歐的結論是，除了研判貝果事件的來龍去脈之外，科米的診斷也很糟糕。「你沒有找到根本原因啊。」達利歐下令進行第三次調查。

這次，科米使用暴力破解。他搜尋古根海默公務手機的紀錄，發現她在第一次審查後在家裡開過手機。她對此出聲抗議，指出她只是要儲存個人聯絡資訊，科米則說她應該要徵求許可。他還開始搜尋古根海默辦公室電腦上的檔案。除了日常的瑣碎庶務，科米還發現他眼中十分重要的把柄。單身的古根海默，居然利用公司電腦在交友網站上傳訊息。科米對橋水公司部分員工說，有些訊息內容「跟色情差不多了」。

達利歐對此有不同的看法。「什麼算是色情呢？」他若有所思地說。他後來的結論是，大家都有私領域的事務，而這些訊息難以構成開除的理由。

「立論站不住腳喔，詹姆斯。」達利歐說。

達利歐提議讓古根海默繼續留任，她也考慮了這件事。不過，她先寫信給達利歐，要他支付她離職期間的薪水。

「妳在開玩笑嗎？」達利歐回覆。他絕對不可能付錢給還在受審的人，太丟臉了。

「你是想要保住面子，還是想當個好人？」古根海默問道。

達利歐選擇了面子。

備感羞辱的古根海默，決定不再回到橋水。

⥂

科米的職責包括監督橋水公司的資訊安全事務，這項重責大任讓他有藉口在公司各個角落探頭探腦。這也正是《原則》規定，其中一條便是闡述❺：「你應該要有良好的管控機制，這樣就能預防他人不誠實的言行。」

會議全程錄音只是橋水公司監控系統的冰山一角。橋水的資安主管曾在聯邦調查局（ＦＢＩ）任職❻，他聘用了一大批ＦＢＩ前同事在他手下工作。監視器彷彿遍布公司每個角落，而且似乎還是即時監控。即使是短暫離開辦公桌的員工，回座位上也會看到電腦螢幕上的便利貼，提醒他們沒有設定螢幕保護程式。鍵盤打字和列印紙張全都留有紀錄，客製化的硬體也讓印表機能記錄每一份影印作業；即使是在電子郵件中加上附件❼，也必須逐一核准。對保密和資安的偏執還延伸至公司工作之外，新進員工經常被提醒在使用公司健身房時要小心，因為健身房會出借運動衣服，曾有名員工在一次辛苦的重訓後筋疲力盡，沒多想就穿著一雙橋水公司的短襪離開。不久後，這名員工就被解僱了。

根據對沖基金產業雜誌《絕對報酬》（*Absolute Return*）報導，按照規定，投資部門員工不得在工作之外與華爾街競爭同業來往（橋水後來否認有這條規定存在）。

科米針對辦公室竊聽器的調查指出，橋水公司大多數員工都抱持著被監聽的恐懼，無論在橋水辦公室裡外皆然，這其實不無道理。部分員工在與家人或朋友相處時，會把公務手機的電池取出來，因為深信凡是連到橋水的裝置隨時都進行錄音。員工問及手機麥克風是否可以被無預警開啓時，資安部門拒絕直接回答，等於也助長了員工的猜想。投資部門員工每天早上還必須交出私人手機，一律放在截斷訊號的置物櫃裡；至於其他部門的員工，只要上班時間必須打私人電話，多半會走出辦公室到周圍的林子。這個情況大致持續一陣子才停止，因為後來公司內部傳出謠言，指出科米團隊正在研究如何在樹上安裝竊聽器，以便在訊號到達周圍的手機塔台之前予以攔截。

身為資安主管，科米要向詹森彙報工作，而詹森似乎急著證明自己和達利歐一樣重視保護橋水的機密。但當時找不到證據顯示公司內有任何違規行為，他們就無中生有。科米幫忙想出了一個計畫，把一本明確標示為詹森的活頁夾留在橋水辦公室。這招果然管用。科米看著一名資淺員工無意間發現這本活頁夾，便翻開仔細閱讀。詹森和科米針對這名員工進行公審，認定他有罪，獲得達利歐批准後就開除了他。

嚴密的監控必然會讓人覺得緊繃，老是會偷偷地瞥一眼天花板，彷彿在提醒自己上面有裝監視器。而愈接近橋水創辦人，這個壓力就愈明顯。一名前員工回憶說，在某個平常的上班日，達利歐的祕書看了一眼達利歐的辦公室，卻發現裡頭空無一人，門半掩著。她立刻驚慌起來，辦公室是達利歐的聖殿，他絕對不可能放著不管。她跑進隔壁的會議室，告訴大家達利歐被綁架了，然後問《原則》是否有任何行動指引。大約三十秒後，達利歐出現在門口，原來他剛才去上廁所，現在語帶尖銳地質問祕書爲何離開自己座位。

⇆

有好一段時間，橋水公司上下似乎都在爲招募與開除事宜傷透腦筋。

二〇一〇年，在科米任職期間，人力招募主管是一位舉止溫和的英國人麥可・帕廷頓（Michael Partington），他妻子是詹森的朋友。帕廷頓來到橋水之前，曾在麥肯錫顧問公司負責人才招募二十餘年，因而理所當然是此領域的專家。眾所周知，麥肯錫每年收到超過一百萬份求職履歷[8]，但錄取率卻不到一％。相較之下，每年只需要數百名新人[9]的橋水，以超過二百萬美元的年薪請來了帕廷頓。

達利歐向公司介紹帕廷頓時表示，他會把橋水帶到「應許之地」。

橋水公司離這個目標還有很長一段路要走。新人報到手續需要大量的量化與質化資料。求職者集中在一個房間內，要針對墮胎等爭議議題❿進行辯論，由一名橋水員工旁觀做筆記。根據一家財經刊物的報導，凡是進入下一階段的求職者，除了原本必做的人格測驗之外，還要繳交五年內所得稅申報資料，證明他們沒有誇大先前的薪水。報導指出，橋水還無故叫求職者提供牙科病歷⓫，包括服用止痛藥的病史。

一旦走馬上任，新人就會立即被納入橋水的評分系統，一切都反映在他們的棒球卡上。數百名橋水員工即時幫彼此打分數，稱作「記點」。卡片上滿是圓點（分數），最低一分、最高十分，代表每位同事的評分。全天二十四小時都可以記點，因爲公司設計了精密的錄音系統，即使不在同一個辦公室，員工也可以事後互相記點。

對剛入職的員工來說，一張沒有任何評分的空白棒球卡，最容易成爲同事打負分的目標*。沒有人想要特立獨行，最好就是人云亦云。新人只花了幾天就明白，得到高分的最佳方式就是附和積分已名列前茅的同事。這意謂著要密切關注橋水高層的觀點。達利歐或詹森動不動就會打斷進行中的會議，直接要與會成員表決某名部屬表現是好是壞，而達利歐本人的看法多半昭然若揭。

雖然棒球卡評分制度的原意，是要簡化重新分配工作職責的流程，但這基本上卻成了大家針對每個話題發表意見的平台。《原則》也是如此要求：每個人都有責任在壞事發生當下指出。每天都

*橋水的律師表示，「透過入職過程並以性格評估結果作為出發點，新員工被鼓勵反思自己的優勢和劣勢。」

有新員工因突然冒出的新問題接受調查，爲橋水的違規紀錄檔案庫增添新的案例。這些案例經常涉及私事。達利歐有次聽說，帕廷頓團隊中有一名三十多歲的員工欠債，因而召集了大約五十人，看他向這名年輕員工詢問原因。診斷結果全程拍了下來，隨後寄給全公司當作範例，說明《原則》不僅能適用於專業領域，也能處理私人事務。

但這個案例讓帕廷頓的觀感不佳。帕廷頓加入橋水大約一年後，達利歐寄給全公司一項調查：「麥可・帕廷頓是否提升了公司的價值？」許多員工都表示不同意。

「你還沒有把我們帶到應許之地喔。」達利歐說。

達利歐隨後就把他的薪水減半。

⥂

達利歐寄了這封電子郵件給麥考米克在內的一個小組；麥考米克曾是陸軍突擊兵成員，受聘來協助橋水公司的營運。

「地板上有尿。」

橋水全公司上下很快就會知道此事的來龍去脈。原來，達利歐開會到一半暫時離席，走到最近的公用廁所。他使用完小便斗後，低頭看了一眼，發現地板上有尿。

達利歐說，這個情況不准繼續下去。是誰尿到外面？又是誰縱容這件事發生的？「如果有人他媽的連尿都瞄準不了，就不必在這裡上班了。」達利歐宣布。

達利歐對於廁所的關注掀起了一連串的調查，都是爲了得出正確的診斷。當時，這可說是貨眞價實的鬧劇。達利歐親自把公設主管找來問話，數十名員工要輪流站崗在廁所外，記錄所有進廁所的人，以及他們離開時地板是否乾淨。每次有人使用之後，就會有清潔工衝進去拖地；新的小便斗也裝設好，以供測試；每個小便斗全都貼上了貼紙，協助男人解放時瞄得更準；後來，連貼紙的確切位置也要調查。

這一切茲事體大，過程都拍了下來，成爲所有員工的學習案例。

⇆

這個日後人稱「尿尿案」的事件，反映了達利歐愈來愈常見的行爲慣性。他好像一直都很焦躁。數名曾與他的大兒子德文共事的人回憶說，就連德文也未能倖免。德文受聘擔任相對不重要的營運職位。橋水一位前主管記得，多次看到德文站在橋水公司門外，哭喪著臉。

達利歐可能對於公司的最低階工作最爲嚴格。一旦他察覺某些看似基本的問題，只要仔細應用《原則》就可以輕鬆解決，他的脾氣便暴躁起來*。

---

*達利歐的律師表示，他「平等對待所有員工，給予各級人員同等的尊重和同樣的福利待遇。」

因此，橋水公司內負責總務、祕書等類似工作的藍領員工得步步為營。假如離開這家對沖基金，獲得優渥待遇的機率無疑最低，畢竟日常職責與其他產業沒有明顯的區別，像是在印表機旁把紙疊好，或在停車場巡邏，變不出太多花樣。但橋水開出的薪資非常高：根據一名祕書表示，祕書一職年薪超過二十萬美元，但條件是他們必須像其他人一樣嚴守《原則》，並且接受按《原則》考核。他們的職場生活混亂不已，巴士司機經常因爲車內溫度過高或過低而受到調查（根據申訴的不同，溫度過高和過低可能同時出現）。在橋水，如果零食區的冰箱每天早上是滿的，鮮少會有人注意到；但只要氣泡飲料沒了，基層員工就會被瘋狂記點。

如果老闆開會遲到，即使不是助理的錯，助理也會因爲有責任遵照行程而被記點。針對薪資最低的成員大力檢討，橋水其實有些人心存疑慮，但達利歐不以為意，其他人也就紛紛仿效。

你甚至不需要踏進橋水辦公室，就可能違反公司規定。有名保全替換了貼在員工車後窗的停車證，方便辨識冒用身分的車主，結果發現卻陷入了窘境。一名員工寫了一封電子郵件申訴，說新的停車證太大了，遮住擋風玻璃的視野，他同時寄送副本給達利歐和詹森。達利歐決定殺雞儆猴，進行調查和診斷後，有二人丟掉飯碗。

但橋水最後還是採用了新的停車證。

有個事件更加難忘，鬧得人仰馬翻，即後來人稱的「白板案」⓬。在一次會議上，達利歐從座位上站起來，拿起一枝麥克筆在會議室的白板上畫了起來。在畫流程圖的過程中，他拿起一塊吸在白板上的板擦，想要重寫一些東西，用了板擦幾秒鐘後，整個人忽然停格，他轉身面對與會成員，朝身後比了手勢。

板擦沒有完全擦掉本來的字跡，仔細一看反而愈擦愈髒，在白板上留下一條淡墨殘跡。「這樣不對喔，」達利歐嚷嚷著。「誰應該負起責任啊？」

應該負責的人，擺明不在會議室裡。達利歐的一名幕僚衝出去找人負責，但也沒有馬上得到答案，因爲找不到白板採購者的紀錄。

沒有人負責就代表總務部門都要負責。在接下來大約六星期內，達利歐全心全意地對整個團隊進行「深挖」。所有監視器都開著，他叫團隊成員到白板前做演示。他不停地在白板上畫著東西又擦掉，重覆一遍又一遍。他怎麼會是第一個發現白板有問題的人呢？

總務同仁的反應好像自身工作岌岌可危，確實如此。首先，他們帶來了巨大的紙板當作模型，請達利歐示範他使用白板的方法與位置。其中一個人說：「我們訂來了市面上所有白板。」等到每個白板都進來了，員工再逐一搬到達利歐面前，記錄下他的要求。他們甚至嘗試過不必手動擦拭的電子白板，但一下子就被淘汰了，因爲根據一條鮮爲人知的州政府無障礙法規，這類白板必須安裝在離地面較近的位置，方便輪椅者使用，但達利歐不喜歡這個高度，也不喜歡這個問題花了大量人力來解決。

「你們根本就在幫倒忙！」他說。

白板案造成三個深遠的影響（假如算上白板最後還是被替換，那就是三個影響）。調查影片剪在一起後，標題特別令人難忘：「需要幾位總務部門的同仁才能裝好一塊白板？」結果激怒了總務部門的許多員工，他們覺得自己只是執行老闆的命令，卻因此成為公司的笑柄。

第二個影響是橋水公司用語多了一條句子。在接下來數年，每當橋水的專業人員受不了總務部門時，就一定有人會跳出來快速下診斷：你們根本就在幫倒忙。

⥂

達利歐專注於解決最平凡無奇的問題，基層員工因而幫他取了綽號，叫作雨人（Ray-man）⓭，取自達斯汀·霍夫曼（Dustin Hoffman）在奧斯卡獲獎影片中飾演的自閉症患者。

然而，橋水公司大部分人並不認為達利歐的行為越界了。

「管理原則訓練」最有成效的一件事，就是把組織的缺點如實紀錄下來。在查閱這些案例時，一定也會內化達利歐真正心煩的事，例如白板不符合標準、有人擔心停車證會擋住駕駛視線、自助餐廳食物需要改善等等。這些案例都把這位橋水創辦人塑造成唯一有能力解決問題的人，但達利歐經常表現出自己實在不情願處理這些雜事。這些大小案例的共同點，就是達利歐身邊的人都沒有盡到責任。達利歐曾發布自己的一支影片，他診斷了一名部屬辦事不力的原因，他站在對方面前，在白板上寫下「**需要找心理醫生**」這句話。

說也奇怪，儘管有這些教訓，也帶來了反思，情況似乎從未好轉，原因如下：

首先，達利歐成立了由幕僚、助理和分析師組成的團隊，職責包括聽取全公司的錄音、快轉到他可能會在意的地方，再當成待改善案例進行提案。少數案例適合全公司播送，但更多案例並未符合標準；永遠都有新的危機有待發現，整個團隊的存續取決於此。

在某些方面，達利歐也指望危機的發生。只要認知到任何疏忽都可能演變成長達數月的案例，就能有效促使每個人嚴格遵守《原則》。員工最不希望看到達利歐在事後質問爲何沒有按照《原則》「嘗嘗湯的味道」。每個員工都得顧好自己，進行調查、評分、記點，彷彿有人在監視，而確實隨時都有人監視。

大量案例產生了大量資料，儘管棒球卡團隊有軟體工程師和無數資深顧問組成的全職團隊，仍無法對所有的資料做出判斷。因此，達利歐決定回歸基本面，要求橋水近三百名經理人重新製作自己的棒球卡，針對一百多個類別重新自評，期限是一星期內完成，且按規定要使用「絕對量表」。達利歐熱心地列出了不同分數的範例。至於錯過繳交期限的人，則會收到一封電子郵件，提醒他們的「可靠度指標」會下降。

大約有一%的員工，也就是將近十二名員工，錯過了第二次繳交期限。有些人剛好不在辦公室，有些人則忙於協助經營橋水這家全球最大的對沖基金。有些人認爲他們不應該被納入自評名單，因爲他們並不是經理人。無論出於什麼原因，他們打開電子信箱後，都一律收到達利歐幕僚寄來的提醒信件：「儘快完成自評。」

還沒等任何人回覆，達利歐自己就寄了一封電子郵件[14]：「凡是被提醒二次之後仍然沒有繳交自評結果、也沒有好好溝通，一律開除。」

緊接著他再度寄來一封郵件：「凡是無法按照要求辦事，或無法在提醒一次後進行有品質溝通的人，一點也不可靠。大家都同意吧？」

「反正，我不想要跟這種人共事。」

第10章 主動出擊

《原則》問世前五年，僅在橋水內部流通，在大眾視野之外不斷地修改演化。大多數橋水新人在受訓時，從公司「文化傳承人」手中拿到一本《原則》前，是完全沒聽過這本書。保羅・麥克道爾就是其中一位傳承人。他大約每月一次會站在新人面前，發表同樣的演講：「牛頓有《自然哲學的數學原理》（*Principia*）。瑞・達利歐有《原則》，唯一差別是牛頓的著作僅限於物理學的範疇。」

這本《原則》拿到新人面前，如同一份祕密菜單，充滿了需要慢慢才能習慣的口味，隨著時間變得比較容易接受，還能改善他們的工作與生活。這是極具吸引力的宣傳，像是他人告知祕密那般誘人。

二〇一〇年五月，這個祕密被迫面世，因爲金融部落格《談判終結者》（*Dealbreaker*）拿到一本《原則》。該部落格介紹其中內容時[1]，稱它是「達利歐之道」，語氣略帶嘲諷（介紹中寫道：「這他媽是什麼鬼東西？」）這倒也無可厚非。部落格引用了匿名員工的話：「這本書很有邪教感，整間公司的文化也差不多。我們有次在全公司會議上，達利歐親自發給每個人親簽版的《原則》。」

《談判終結者》時而引用書中內容（稱之爲「瑞規」〔Ray's Rules〕），時而訕笑：

「當隻鬣狗、攻擊牛羚。」

「你接受得了眞相嗎？」

「務必要看著對方的雙眼，直接說對方很爛。」

「說這件事不要拐彎抹角，要眞的狠狠地教訓對方。」

達利歐吃驚地讀完了這篇文章，認爲它糟蹋了自己畢生的心血。這篇文章是三位作者共同執筆、讀者群不明的金融部落格所發布，但這似乎沒辦法讓他比較好受。《談判終結者》至少在金融界擁有廣大讀者。他接受了《華爾街日報》專訪並作出回應，也是他首次公開深入討論這些原則。

他告訴記者❷，整體哲學相當於「超現實主義」，白話就是血淋淋的誠實會帶來最好的結果。他說，橋水禁止員工在當事人背後指指點點；假如違反這條規定三次，該名員工可能會被解僱。「大部分的員工都很喜歡這條規定。」他說。如果對於外人來說很奇怪，那達利歐也毫不在意。套句他自己的話，他沒興趣「在全世界面前」討論《原則》。

但他沒有說的是，公司內部正在醞釀著小小的謀反，而且直接與《原則》本身有關。

11

這場所謂的「叛變」，是由朱利安・麥克所主導。他在金融危機後與科米大約同時加入橋水公司。麥克像科米一樣，自信、高大、頭髮梳著旁分，輕輕鬆鬆就融入橋水新來的男性高層主管之中，也很快就成爲大衛・麥考米克的好友和午休時間的跑友；麥考米克虎背熊腰、曾四度獲得陸軍角力隊優秀隊員，每逢訪客都必定會藉機提起當年勇（他在大四那年撕裂了前十字韌帶，不過他依然負傷參加全美錦標賽）。麥考米克後來在沙漠風暴行動中，協助清除地雷的任務，因而獲得銅星勳章，表彰他的領導力。他和麥克都曾任職於麥肯錫顧問公司。

二人都受聘擔任類似職位，也知道自己加入橋水管理委員會，其實就是執行長的接班人選。麥克的日常職責包括監督保羅・麥克道爾、棒球卡系統、以及按《原則》所提的特質對員工進行評分的工具。這項工作在實務上（也許當初也是故意爲之）本來就讓他容易被人批評。達利歐不斷對《原則》進行增修，因此負責打造《原則》相關工具的主管，必然會不小心惹毛達利歐。

麥克加入橋水才不到六個月，其他人就開始猜測，達利歐何時會咬定麥克是棒球卡評分系統升級進度延宕的「責任方」。按照達利歐的思維方式，這不可能是他自己的錯，絕對都是別人的錯，那這次就是麥克的錯。達利歐召集了一群高層主管，包括麥考米克，討論問題是否在於麥克本身沒有完全接受《原則》，才會進度緩慢。這不算是一場完整的審判，而是達利歐所謂的診斷，基本上就是不斷批評一位主管的機會，全程錄音，再以「學習機會」的名義發送給全部員工。

在達利歐的診斷過程，幾乎都是他在發言。達利歐說，麥克的問題在於他無法著眼大局思考，執著於達利歐眼中雞毛蒜皮的小事，例如問部屬某條原則是否合理，卻沒有足夠時間處理更大的任務，而且麥克任憑自己被情緒給支配。達利歐對身旁多數人都常常有這類批評，會議室內有些人得努力不讓自己恍神。

「你搞錯方向了啦。」達利歐對麥克說，套用《原則》中的一句話。

麥考米克附和道：「沒錯，我同意。」

在診斷過程中，大家通常會附和達利歐，拉開自己與被拷問人的距離。然而，麥考米克這次卻背叛了朋友。會議室裡的氣氛突然轉變，麥克好像在權衡自己的選擇：他要面不改色地接受這個批評，還是要當場反擊？

麥克首先平靜地對達利歐說：「我明白為什麼你覺得自己說的是對的。」接著，麥克轉頭看麥考米克說：「但我認為大衛沒有說實話。」

麥克告訴在場的人，二人一起跑步時，麥考米克私下抱怨達利歐和橋水，大意清清楚楚：達利歐身邊圍繞著一群馬屁精，他自己卻渾然不覺。

這番發言投下了震撼彈。麥克不僅指責他的朋友是個卑鄙小人，還猛烈抨擊了橋水管理制度的核心。如果達利歐連核心圈子內部分人並非眞心認同都渾然不覺，他的面子該往哪裡擺？

達利歐決定把診斷擴大到麥考米克。他說，眞正的領導是不惜一切代價尋求眞相。他責成了一個團隊，聽取麥克和麥考米克在橋水會議上所有錄音，進而報告誰才在說實話。達利歐說，調查將在隔週管理委員會例會上繼續進行。

二人即將對決的消息在公司內傳開。有些人私下找了麥克，坦白了自己的疑慮；其他人則支持麥考米克，指出他做的事差不多是每名橋水員工在適當時機都會做的事。對他們來說，照字面意思理解達利歐的「血淋淋的誠實」不過是血淋淋的愚蠢。麥考米克唯一的罪過，就是像膝反射般附和達利歐，而這至少表示他很精明。

數名當時在場的人回憶說，隔週那次管理委員會會議上，麥克和麥考米克二人幾乎無法雙目交接；他們當跑友的時光似乎結束了。

達利歐宣布會議開始：「我想了解什麼是眞相——」

麥考米克打斷道：「我有話要先說。我眞的打過仗是，曾經帶領部下面對生死攸關的情況。身爲士兵面對生死存亡，唯一的方式就是知道我們對彼此很忠誠。我覺得自己沒辦法在這裡好好打仗，因爲你居然會相信朱利安所說的話。」

「這跟忠誠沒有關係，」達利歐回應，「重點在於眞相。」達利歐轉向麥克：「眞相是什麼？」

麥克告訴達利歐，眞相就是，他在過去一週聽到橋水員工說他們害怕說出眞相。

「你已經硬性規定了一個思考系統，主張它本質上比其他邏輯都好。每當有人對這個系統提出疑問時，你還是透過這個系統來回答，」麥克對達利歐說，「就像拿神學來捍護神學，最終只會變成無限的迴圈。」

達利歐迅速從調查麥考米克，改爲替《原則》說話。他說，自己就在衆人面前公開接受批評。達利歐說，這場對話本身就證明了這個系統的價值。

「我還能多開明？」他問道。

現在他把矛頭指向麥克。達利歐原本邀請他對證據進行仔細陳述，再去找相關資料來佐證。麥克卻是引述匿名支持者私下的閒話，這些所謂的支持者一開始就不坦率，所以無法證明什麼。

達利歐把原本簡單的診斷，轉變爲一場精心設計的全面拷問。他接著召開了全員大會，有數百名員工參加。數個教育訓練空間和自助餐廳之間的牆壁被拆除，以盡量容納與會者。會議全程錄音，方便所有人之後重聽。

達利歐和麥克坐在衆人前面的椅子上，來回傳遞麥克風。

「好，朱利安認爲公司出問題了。」達利歐說。

麥克挺直腰板、聲音平穩，說出了他的觀點；「我認爲這裡的文化壓抑了大家的眞實感受。」

達利歐舉起雙手，麥克風遞給麥克。「你自己問他們。」

麥克站起來，面對在場的同事們。「誰覺得被打壓了？」

沒有人舉手。

「你看吧——」達利歐說。

「沒有人?!」麥克大吼道，「沒有人要站出來嗎？你們明明有些人在我的辦公室裡說過啊。」

又是一片寂靜。

達利歐拿回麥克風。「朱利安，我不知道你有什麼好抱怨的，是你自己有問題。」

在下一次管理委員會會議上，麥克就被辭退了。他當天收拾好辦公桌，此後從未公開談論過他在橋水的工作經驗。

雖然麥克可能誤判了支持自己的人數，但他在公司仍然很受歡迎。他與達利歐發生的衝突傳遍公司，他在二〇一〇年底前離職，恐怕會讓原本獲利極高的一年蒙上陰影。

橋水的投資機器當時不斷賺大錢。與其說是因爲獨特的全新投資構想，不如說把過去構想的集大成。二〇〇九年開始，全球經濟的復甦放緩，而橋水一如往常地賭市場會陷入困境。橋水對沖基金持有的❸「安全資產」，例如債券和黃金，在景氣不佳時期往往表現出色；二〇一〇年，這類資產再次受到青睞。運用融資提高報酬的槓桿版Pure Alpha基金❹在那年就飆升了四五%。All-Weather基金也獲得二位數的報酬。二〇一〇年，達利歐個人就賺進超過三十億美元❺，將近是他身價的二倍。

因此，二〇一一年是主動出擊的最佳時機。

達利歐好像仍然對❻《談判終結者》爆料事件，以及隨之而來的媒體曝光感到不快，於是急著想告訴全世界他不是半調子的有錢人。他聘請一家公關公司，說明自己的目標是打造與波克夏・海瑟威（Berkshire Hathaway）控股公司創辦人華倫・巴菲特（Warren Buffett）同級的公眾形象。人稱「奧馬哈先知」的巴菲特除了擁有傳說般的投資紀錄，還是公認的投資散戶朋友；他不僅說話直白、生活節儉，還不怕挑戰華爾街權威觀念。每年春天，成千上萬的波克夏忠實支持者蜂擁來到內布拉斯加州聽巴菲特演講。達利歐渴望也有這樣的平台。而他新聘的幕僚告訴他，巴菲特的名聲並非僥倖。他精心培養了一群值得信賴的記者[7]，把他的觀點傳遞給世人。達利歐對同事誓言，自己也要這樣。

達利歐常說，他的另一個榜樣是史蒂夫．賈伯斯（Steve Jobs）。達利歐對於賈伯斯的痴迷（這樣說眞的不誇張），始於數年前蘋果發布iPod touch。它就像沒有電話功能的iPhone，有大大的彩色觸控螢幕來顯示影音媒體。達利歐馬上希望橋水每個人都有一台iPod，這樣就能把愈來愈厚的《原則》載入每台iPod，要求橋水員工在不同會議之間移動都攜帶著iPod，確保《原則》一書隨時唾手可得。爲了購買這麼多iPod，達利歐把數十名橋水ＩＴ承包商——每小時賺取數百美元的臨時工——調離崗位，叫他們到紐約一帶的蘋果店面排隊。他們接獲的指示是要多久就等多久，再按時薪向橋水請款，能買多少iPod就買多少，再帶回西港鎮。

賈伯斯最初是一名工程師，但他打造的蘋果帝國，涵蓋了電影、智慧型手機、零售和音樂。即使是蘋果產品的一般使用者，也知道蘋果創辦人的名字。儘管到了二〇一一年，賈伯斯的健康狀況已惡化，但他的聲譽仍然不斷成長，這得歸功記者沃特．艾薩克森（Walter Issaacson），他當時正忙著巡迴宣傳他執筆的賈伯斯傳記，這本描述幹勁十足的蘋果執行長傳記，日後橫掃暢銷排行榜、影響力深遠。艾薩克森並沒有刪掉賈伯斯對部屬各種無禮的小故事，畢竟賈伯斯的直言不諱也是他成功的因素之一。這本後來翻拍成電影的傳記，封面是賈伯斯直視鏡頭、捏著下巴的黑白大頭照。對於達利歐來說，這無疑是強而有力的形象，因爲他眞心渴望自己能名留青史。

達利歐運氣很好，賈伯斯這個形象也烙印在記者基普．麥克丹尼爾（Kip McDaniel）的腦海中，他當時正擠在經濟艙內、搭著從紐約飛往洛杉磯的長途班機。

麥克丹尼爾的作品不太可能改編成好萊塢電影。他是《投資長》（*Chief Investment Offier*）季刊的創辦主編，該季刊發表的專業文章讀者群可以說相當有限。他十分熟悉橋水公司，部分原因是橋水曾付費在《投資長》發表文章（「風險平價顧問觀點調查，贊助單位：橋水」），進而協助該雜誌起步。麥克丹尼爾使用機上無線網路，發了一封電子郵件給一名橋水員工。達利歐是否有興趣聊一聊，讓他寫篇文章把他比喻成史蒂夫・賈伯斯？

在飛機降落之前，麥克丹尼爾就敲定訪談，要在達利歐這位全球最大對沖基金創辦人的曼哈頓宅邸，進行三小時的一對一專訪。

《投資長》下一期 ❽ 雜誌封面人物就是達利歐，他模仿賈伯斯傳記封面的姿勢，同樣捏著下巴。專訪文章提到賈伯斯臭名昭著的壞脾氣，指出「在瑞・達利歐的橋水工作，很像在蘋果公司工作，可能都要學著保持謙卑。」然而，麥克丹尼爾特意指出了重要的差異：「但達利歐使用冷冰冰的邏輯思維，賈伯斯好像比較依賴直覺。瑞・達利歐就像擁有商學院學位的史蒂夫・賈伯斯。」雜誌封面的標題問道：「瑞・達利歐是投資界的史蒂夫・賈伯斯嗎？」這個問題麥克丹尼爾在文章中刻意沒有給出答案。

久而久之，這個問號逐漸消失。下一個把二人相提並論的刊物 ❾ 是《連線》（*Wired*）雜誌，在一篇關於果粉的文章中，達利歐被當成例子，說有人「稱他是『投資界的史蒂夫・賈伯斯』」，這是引用麥克丹尼爾文章。這足以讓達利歐在橋水官方網站上的傳記加註：「《投資長》雜誌和《連線》雜誌都稱他爲『投資界的史蒂夫・賈伯斯』。」

⇄

二〇一一年十月五日，賈伯斯因胰臟癌去世。達利歐在寄給客戶的每日經濟觀察評論中指出：「今天一點也不平常，史蒂夫・賈伯斯去世了。」

達利歐開始不厭其煩地提到賈伯斯，橋水部分員工認爲，與其說他好奇賈伯斯在蘋果的成就，不如說他更有興趣經營自己的公眾形象。在賈伯斯身上，達利歐看見了自己英雄之旅的榜樣。這兩個人都出了名地難搞，職涯都分成了許多階段。不同之處在於，賈伯斯在重回蘋果任職期間，把蘋果打造成科技圈普遍羨慕的典範，而橋水的名聲主要限於金融圈。

達利歐得出結論，二人的差異不在於他們的工作，而在於理念傳遞方式。解決方案就是讓華特・艾薩克森代筆達利歐的傳記。最初幾次提到這個構想時，他身旁的部屬都沒有採取行動，但達利歐堅持要問問這是否可能，橋水員工只好提出了邀約。艾薩克森的回覆[10]是：婉拒。

達利歐的失望顯而易見[11]，大衛・麥考米克看到了大好的機會。鮮少有人知道，達利歐和艾薩克森的關係比表面上看起來更加密切。達利歐是阿斯本研究所（Aspen Institute）的贊助人[12]，這是權貴人士所組成的高級智庫，讓百萬富翁和億萬富翁，得以跟政客和著名知識分子打交道。麥考米克是阿斯本研究所董事會成員。艾薩克森早年曾擔任CNN主管，現在則是阿斯本研究所[13]所長。

麥考米克致電給艾薩克森⑭。說不定，他看在贊助人的面子上，會願意前往康乃狄克州與達利歐見面？

這次艾薩克森的參訪很快就升級了。橋水全力以赴接待艾薩克森，把他視爲來參訪公司的達官貴人。橋水不把所有人塞進會議室，而是租下了長岸（Longshore）的旅舍，這是長島海峽（Long Island Sound）上通常用來舉辦婚禮的豪華場地。舞台搭建在水邊，前面擺放數百張白色椅子，達利歐和艾薩克森將在此進行「爐邊閒談」。

艾薩克森事先並沒有太在意這次的邀訪。他以爲自己只要隨便拿一份討論賈伯斯領導力的演說稿就好了，畢竟他從傳記問世以來，就受邀至全球各企業分享類似的內容，通常包括賈伯斯的一些小故事，以及艾薩克森專訪賈伯斯的幕後花絮。結束後，也許他會簽一些書，聊聊自己學到的領導力心得。

艾薩克森很快就發覺，原本的如意算盤要泡湯了。他不自在地坐在達利歐對面，不禁問自己爲何會出現在這裡。大部分時間都是達利歐滔滔不絕，發表著他對領導力看法的長篇大論。當天的主題是「**塑造者**」——這個詞語並沒有出現在艾薩克森的傳記中，但在場大多數人早就聽過好多次。達利歐通常用這個詞來對比表現乏善可陳的部屬，就像他對詹姆斯．科米的批評，指責他是應聲蟲，而不是塑造者。塑造者是具有遠見的領導者，達利歐說，他在橋水內部除了自己之外，鮮少發現這樣的員工。橋水公司以外成爲塑造者的條件相當模糊。達利歐說，塑造者充滿好奇心、獨立自主而且決心要實現目標。他多半會在長時間對談後，宣布誰是塑造者。比爾．蓋茲（Bill Gates）、伊隆・馬斯克（Elon Musk）和Netflix的里德・海斯汀（Reed Hastings）都與達利歐會面過，也都是他口中的塑造者。

達利歐長篇大論到一半，突然停下來，似乎想起對面坐著一位客人。他朝艾薩克森比了個手勢，問道：「**你不覺得我和史蒂夫・賈伯斯都是塑造者嗎？**」

艾薩克森的眼神左右閃爍，發出了一聲緊張的咳嗽。他雖然是座上賓，但也是一名記者，當初寫賈伯斯傳時，他要求賈伯斯不得過問，也確實得到了尊重。艾薩克森當然不會僅僅因爲達利歐出了這趟旅費，就說一堆漂亮話給達利歐聽。艾薩克森迴避了這個問題數次後，才開始原本準備好的演說。

眼見艾薩克森對於塑造者的主題不感興趣，達利歐就無精打采地靠在椅背上，接下來的時間變得更加沉默。

⥮

如果達利歐的艾薩克森策略失敗了，但提升個人社會地位的計畫仍在進行中。二〇一一年夏秋，原本零星的媒體採訪變得遍地開花。達利歐在所有平台成爲鎂光燈的焦點。其中有數週，外界的採訪邀約更讓人覺得來者不拒。達利歐的自我宣傳攻勢，還包括大搖大擺地重返電視⓯。除了一般在商業有線電視露臉，他還獲得電視主持人查理・羅斯（Charlie Rose）珍貴的專訪時段，這是許多人夢寐以求的成就。這讓達利歐坐在賈伯斯本人曾坐過的椅子上，更不用說美國總統和全球精英了，對面則是對富豪權貴抱持著敬意的主持人。羅斯在節目中對達利歐說：

「大家對你非常好奇有二個原因：第一個原因純粹是橋水客觀上的成就。第二個原因是想針對你的世界觀做些有意思的提問。」

「你老是在強調你很清楚自己懂哪些東西，而且這點同樣有價值。」

達利歐說：「我希望大家也要批評我的觀點。如果你能攻擊我說的話，也就是進行壓力測試，我也很願意去學啊。」

「所以，大家可以自由地跟你說他們的想法，之後也不會因此被針對，還可以從中獲得好處。」

「沒錯。」

二個人簡直快要幫彼此接話了。「所以，公司只要開會，任何人都可以站起來說，『瑞——』」

「絕對可以。」

「『——你大錯特錯』。」

「當然。」

「『你說得不夠精準，假設也有缺陷』。」

「我們公司的頭號原則是，如果任何事情對你來說不合理，你就有權利好好探討一下，看看它是不是眞的不合理。」

節目錄完後[16]，達利歐和羅斯很快就成了朋友。在一次聊天過程中，達利歐提出了主演電視節目的構想，採用經典的電視法庭模式，由達利歐來擔任法官。來賓會帶著大哉問上節目，例如「上帝存在嗎？」達利歐則會運用《原則》的內容來從旁協助，再由羅斯在場引導對話。那次聊完後，達利歐雀躍地回到橋水，把這件事告訴許多部屬，讓很多人以爲這已正式進入開發階段了。然而對羅斯來說，這個構想就只是不具體的隨口閒聊。他說：「我忙到不行[17]。」這個構想最終沒有實現。

達利歐和出版刊物打交道時，比較有發號施令的空間，因爲作者無不爭先恐後地想把這位著名的金融家放入作品中。作者曼尼特・阿胡亞（Maneet Ahuja）爲了下一本書邀訪時，達利歐答應的條件是他可以審稿[18]。阿胡亞接受了這個條件[19]。她筆下的《頂尖避險基金經理人的形成》（*The Alpha Masters: Unlocking the Genius of the World's Top Hedge Funds*）第一章就獻給了達利歐。正如書名所說，這章把達利歐塑造成既高尚、近乎像所羅門王般明智的領導者，還提到她與達利歐一起走在橋水的走廊上，說到這裡「曾是大片湖泊的自然保護區，如今是達利歐個人聖殿，散發著寧靜的氛圍。」她想必沒有受邀觀賞裡頭發生過的公審。

達利歐還得以跟許多心理學家大量互動，爲《原則》增添學術界的背書。哈佛大學的羅伯特・凱根（Robert Kegan）和華頓商學院的亞當・格蘭特（Adam Grant）分別獲得與達利歐會面的機會，也得以在陪同下旁聽橋水的會議[20]。這讓達利歐獲得二位學者在各自書中寫出近乎諂媚的章節。凱根在《人人成長的文化：銳意發展型組織DDO》（*An Everyone Culture: Becoming a Deliberately Developmental Organization*）中[21]總結道，橋水是「銳意發展型組織」，擁有「以探究爲基礎的文化」。凱根和共同作者把達利歐形容爲「博覽群書的大腦科學迷」，指出透過研究大腦科學，這位橋水創辦人已充分駕馭自我分析的能力。凱根的結論是「橋水是活生生的例子，告訴我們太簡化人性所犯下的錯誤」。

在《反叛，改變世界的力量》（*Originals: How Non-Conformists Move the World*）一書中[22]，格蘭特幾乎是以個人名義重新發表了橋水的談話要點。「雖然他的暱稱是投資圈史蒂夫．賈伯斯，但員工與他交流時，並不把他當作特別的人。」格蘭特寫道。

格蘭特指出，「橋水的祕密，就是鼓勵創意構想的表達。」

在旁聽了幾次橋水開會，以及觀看編輯過的[23]會議錄影片段後，格蘭特採訪了達利歐。達利歐告訴他：「沒有人可以得罪我。」格蘭特請達利歐按重要程度替《原則》排序時，達利歐婉拒了。格蘭特寫道，達利歐似乎特別欣賞「獨立思考的人：抱持好奇心、不墨守成規、敢反叛體制。他們誠實得不留情面、無視階級，即使面對風險也會採取行動，因爲他們對於不成功的恐懼，超越了對失敗的恐懼。」

「達利歐本人就符合這個標準。」這呈現了平行世界中的橋水公司。

在達利歐心目中，這波媒體宣傳的壓軸戲是《紐約客》的一篇詳細簡介；有了《紐約客》背書，宛如獲得新聞精英體制的護身符。達利歐邀請記者約翰．卡西迪（John Cassidy）來見證橋水公司的營運，答應給他前所未有的權限。這是達利歐獲得老牌雜誌認可的大好機會，可望一勞永逸地消除外界對他管理方式仍抱持的疑慮。首先，他讓卡西迪旁聽「世上發生什麼事？」（What's Going On in the World?）每週一例行會議，大約有五十名橋水投資人辯論經濟趨勢。之後，達利歐為了方便卡西迪蒐集素材，當場調查起一名員工。達利歐還接受訪談，指示橋水各級員工也要受訪（每次採訪都由橋水錄音，每位員工只在橋水公關代表陪同下接受卡西迪訪問）。二十九歲的投資團隊成員鮑勃．艾略特（Bob Elliott）對《紐約客》表示：「一旦你了解這台投資機器如何運作，你就有能力把它應用到不同市場。」人才招募主管麥可．帕廷頓談到公司的人員流動時，表示大家都是「自主選擇」離開。科米也露臉了，對達利歐的評論是「他很嚴厲、要求很高，有時候話太多了，不過媽的，他還真是個聰明的混蛋。」

結果，記者卡西迪感覺比新聞圈和學術圈同行更仔細地觀察了橋水。這篇文章並沒有認同達利歐的生活與工作方式，反而大篇幅指出了這間公司的怪異之處，稱之為「世界上最富有又最奇怪的對沖基金」。他不僅描述了他觀察到的文化，還說明了自己沒有看到的部分：「我待在橋水的那段時間裡，看到了主管批評部屬，卻偏偏沒看到部屬批評主管。」

這篇文章在刊登時，還有個小小的出入，但頗值得玩味，而且橋水的代表並沒有尋求澄清：帕廷頓其實已離開橋水了，而且並不是自主選擇。就在文章發表之前，達利歐開除了他。

在橋水公司內部，人才招募主管被撤換的原因並不神祕。儘管這家對沖基金採取了愈來愈多的措施來招募員工，但人力流失仍然是重大的問題。

對於橋水以外的人來說，員工離職像是永無止境的迴圈，橋水還能成功地聘到新員工，實在是不可思議。但換人做做看有項好處：每個經過公審、診斷或羞辱離開的員工，都是由毫無這類經驗的新人替補。對許多新人來說，他們一開始對橋水的了解僅限於媒體對達利歐讚譽有加的訪問，以及與史蒂夫．賈伯斯相提並論；於是，一旦置身與媒體文章中截然不同的氛圍中，許多人不僅是大吃一驚而已，還有難以言喻的不協調感。有些人很快就離開了，但更多人並沒有放棄，而是把矛頭轉向自己，質疑自己爲何無法融入達利歐開口閉口的橋水「大家庭」。

儘管達利歐老愛把橋水和《原則》說成自己的原創發明，但像他把重點擺在家庭與自我提升之旅，其實早有不少先例。傳統上，當代的自我勵志潮流可以追溯到一九六〇年代，正好是達利歐形塑個人價值觀的關鍵時期，當時「人類潛力運動」脫胎於當時的反主流文化。支持者相信所謂的需求層次理論，認爲自我實現、充分發揮個人潛力，比食物、飲水甚至愛情都更重要。到了一九八〇年代末，心靈勵志大師東尼・羅賓斯（Tony Robbins）發表了第一部電視商業廣告，不久後就宣稱自己「發現了成功制約的基礎原則❶」，也在後續的系列叢書中逐漸披露這些原則。

羅賓斯主辦的工作坊可能要花費數千美元，但橋水和達利歐提出的條件可能更加誘人：自我提升和豐厚薪水。二〇一一年，達利歐因個人進帳近四十億美元而登上頭條新聞。根據報導，呼聲最高的接班人詹森賺了四億二千五百萬美元。儘管達利歐經常說，橋水就是一座自我提升的燈塔，但彩虹盡頭的金罐子大概才是最強大的招募工具。對於這家對沖基金的員工來說，高出行情的薪水稱作「橋水稅」，即公司支付給員工的薪酬比競爭對手高出二〇%以上。一名在橋水待了十六年的老員工表示：「記點制度和糾錯紀錄雖然多次引起爭議，但過了一段時間後，你就會慢慢發覺自己可以安然度過，因爲永遠都在改來改去。」

許多人迫不及待地想聊聊自己離開的原因。科米的陪跑夥伴馬特・格蘭德（Matt Granade）是不得不離開。格蘭德在投資部門待了七年，最終晉升爲共同研究主管，但矛盾的是，他從事的工作卻比以往更沒意義。一整天下來，他大部分時間都花在聽團隊調查的錄音（前提是他自己不是被調查的對象）。他也對老闆詹森說：「我喜歡在眞正有做事的公司工作。這地方就像是猶太屯墾區，剛好附帶對沖基金罷了。」

按照橋水公司的標準作法，公司會鼓勵員工坐下來離職面談，再寫下離職原因。這些離職申請書通常會流傳開來，偶爾會引發大部分人的共鳴，便在公司內部造成廣大迴響。一位相對較資淺的分析師肯特・庫蘭（Kent Kuran）提出的看法就讓人心有戚戚。

庫蘭來自典型的招募管道❷，幾乎不怕找不到這類人才：剛出社會的大學畢業生、幾乎沒有工作經驗。橋水的招募人員一直在用年輕男性塡補空缺，尤其是達特茅斯學院、哈佛大學和普林斯頓大學的畢業生。庫蘭從普林斯頓大學歷史系畢業後就加入橋水，是卡蒂娜・史特凡諾娃錄取的儲備幹部之一。

但十九個月後，他離職了，因爲被達利歐花大量時間公開推廣的公司文化搞得精疲力竭。「在這裡工作了好長一段時間，我根本沒有好好吃過一頓午餐，有四次我是眞的在廁所吐出來。我認爲自己並沒有特別容易心生恐懼，公司文化理應是高度開放才對，但與高層主管的會議好像都缺乏任何成效，眞的很不可思議。」庫蘭告訴❸橋水人資部門。「我猜瑞不清楚這種情況，畢竟他最近還叫那些覺得討論不夠公開的人舉手。」

寄件人：EmpRelations_Help
收件人：HR_ExitInterviews
主旨：離職面談：肯特・庫蘭
離職原因：職涯變動／工作表現
說明：
離開的直接原因是瑞和大衛對我的回饋，我好像失去了原本儲備幹部的定位……
我看到身邊接連有第四位、甚至第五位經理人被認定缺乏概念、無法統整資訊，但他們明明只是履行適當的責任，我就覺得這些原則失去了當初的吸引力……

上班一天下來，瑞隨時都可能針對某個新狀況有難以預測的反應，或會議上某個不經意的評論，可能就要召開檢討會，檢討某人「思慮不周」所導致的緊張和恐懼。五〇%以上的「管理訓練」都是在觀看一位又一位曾備受尊敬的同事「被處置」（這樣的措詞難道還不夠極權嗎？）……

這樣拚命要挖出缺點的心態不太健全，很常讓人有無力感。不過數星期前，我眞的想不出任何優點，說好聽點就只有「工作認眞」。大家好像都在挖出我的缺點，優點卻沒有受到應有的重視……

當初我進來前，官方的說詞爲橋水是讓員工展現自我的地方，年輕人可以挑戰現狀、帶來很大的影響。快轉到現在，我被灌輸的觀點卻是最好不要有自己的意見，每當不符合慣例的想法進入我的腦袋，我就覺得自己好像是在偷看A片的天主教小學生……

至於員工福利和社交活動，這裡倒是超越預期很多。

庫蘭幾名前同事收到郵件後就馬上列印了備份，心想它隨時可能從橋水公司的伺服器上消失。

二

許多新的人選在排隊，等著塡補庫蘭的空缺，而下一個接棒是傑西·霍維茲（Jesse Horwitz）。

霍維茲在哈佛法學院讀了一年輟學，之後便一直在找新工作，朋友鼓勵他申請橋水。他獲得了一份實習機會，事先也聽說橋水公司的工作辛苦，但他認為這是在考驗他的腦袋。

霍維茲窄肩和白皮膚，剛好融入二〇一一年的那群實習生。第一天，詹森向這群新人講話時，他睜大了眼睛坐著聆聽。

「橋水就是一間真相工廠，只是剛好我們生產的是投資真相。只要我們願意的話，連癌症都可以治好。」詹森表示。

霍維茲深感著迷，這裡只有最頑強的人才能生存下來。實習結束後他留下來擔任全職投資專員，心想身為二十三歲的年輕人，橋水正是探索未來金融工作的絕佳選擇。

但讓他失望的是，他發現自己儘管有這個頭銜，卻沒有參與任何實際的投資活動。他的直屬主管是普林斯頓大學校友、橋水研究主管凱倫・卡尼歐-塔伯（Karen Karniol-Tambour）❹。儘管她在這家對沖基金工作了五年，真正接觸投資的機率卻沒比霍維茲高多少。他們距離橋水所謂的「投資引擎」只有數英尺遠，可是二人都不曉得裡頭在幹嘛。

這並不代表沒有工作可忙。除了每天長達數小時的訓練影片外，霍維茲還得到了他認為值得重視的機會，可以了解達利歐的首要之務：他獲派加入資深分析師組成的團隊，負責完成達利歐指定的專案。為了拓展橋水在思維領導力上的聲望，達利歐希望推出一個研究專案，探討如何預測未來十年任何國家的國內生產毛額（GDP）。這類牽扯廣泛的主題可能會讓一群經濟學博士絞盡腦汁也無法產生任何共識，但達利歐卻說自己破解了這個公式。他在一九九〇年代初研究了這個話題，主張國家的公債高低可以預測未來的GDP。達利歐告訴團隊，可惜他忘記把那個試算表的檔案放在哪裡。但他說自己既然給了答案，他們要重新導出這個方程式應該不難。

三到五個小時後，霍維茲的團隊得到了他們自己的答案。與國家經濟成長高度相關的一項指標是公民每週工作時數，相關係數約爲0.6（0表示不相關，1表示完全相關），這是很適當的指標，也符合直覺：懶惰的社會不太可能推動國家的成長。該小組還認爲，達利歐的答案不太合理，根本連說都說不通。他們找不到任何與GDP實質相關的負債統計資料，進行再多運算也難以證明這點。該團隊告訴達利歐，但他就是不聽。他不斷要他們回去重新分析。霍維茲後來告訴朋友，這件事讓他想起了約瑟夫．史密斯（Joseph Smith）這位耶穌基督後期聖徒教會的創辦人，史密斯說自己發現了包含神聖文本的金頁片，卻無法拿出盤子進行檢查。

最終在數個月後，霍維茲的團隊發現了一連串複雜的公式，可以用迂迴的方式把公債與GDP連結起來。霍維茲的主管安排了一個時段向達利歐進行簡報，還帶上整個團隊。在看研究報告之前，達利歐指著這個小組。

「這些人是誰？」他說。

霍維茲過了一會才意識到，達利歐指的是他和其他在場的部屬。霍維茲的主管插話介紹，說霍維茲是一名分析師。達利歐大聲回應，說爲何他的分析師團隊還需要再找一群分析師。

霍維茲的主管立刻改變說法。「這些只是打字員啦。」他邊說邊示意要霍維茲離開會議室。霍維茲很肯定自己要被開除了。他後來得知，達利歐要求調查爲何會有這麼多分析師。

霍維茲得知自己保得住飯碗，但這次經驗讓他心生動搖。他在舊金山度了一星期的假。三千英里左右的距離讓他腦袋清醒過來，他發覺，法學院可能不是他的志業，但這個絕對也不是。他一回來就提了辭呈，然後留了訊息給卡尼歐-塔伯。

「我知道妳在這裡的經驗十分正向。」他表示。在他看來，不同之處在於，她是在公司迅速擴大之前加入。「公司現在規模更大了，這不是要否定妳的經驗或公司本身，只是現在沒有同樣的機會了。」

她很快便回覆，只簡短地說：「你搞錯了。」

⇆

霍維茲希望二人好聚好散。他想起了《原則》的內容，裡頭一次又一次地提醒，有時兩個人就是看事情的方式不一樣。

「我想我們只好尊重彼此看法了。」霍維茲告訴卡尼歐-塔伯。

她又回覆說：「你搞錯了。」

霍維茲無法如盼望般好聚好散。在離開橋水之後，這位二十四歲的年輕人決定創辦自己的投資公司，這並不是非比尋常的舉動，畢竟世界上許多大型對沖基金（更不用說許多失敗收場的基金了）創辦人原本都是其他公司的交易員。嚴格來說，霍維茲算是在經營一家對沖基金，但由於沒有可觀的資金供交易、籌措足夠資金的機率也不高，因此反而更像是結構略複雜的私人投資帳戶。儘管如此，霍維茲和另一名前橋水員工還是決定放手一搏。他們知道自己無法使用在橋水工作時的專有機密資訊，但這似乎不是問題，因爲他們以前經手的資訊就沒有機密可言。

這仍然並沒有讓前東家善罷甘休。在一封指名給這二名橋水前員工的信件中，科米領導的橋水法務部指控他們剛起步的公司竊取橋水的機密。「**哪來的機密**？」霍維茲不得不納悶，明明他最接近達利歐的一次就被趕出會議室了。

一個週末的早上，整件事變得更加詭譎。霍維茲接到了一通電話，是還在哈佛法學院讀書的朋友打來的。

「你絕對想像不到有多扯。詹姆斯．科米的女兒在說你的事情欸。」

「莫琳．科米嗎？」霍維茲吃驚地脫口說出這個名字。二人在法學院就讀的時間有重疊。雖然他們知道彼此的名字，但並沒有太多互動。她可望追隨父親腳步，成爲聯邦檢察官。

「我剛剛在派對上遇到她，」霍維茲的朋友說，「她說她爸因爲你違反競業條款打算好好教訓你一頓，迫不及待要對你窮追猛打了。」

這個來自劍橋的消息讓霍維茲覺得既可怕又荒謬。霍維茲從法學院輟學，只是想用筆電做點股票交易。而科米就是在做自己，看樣子他沒別的事可以忙了，就跟女兒碎嘴一名無足輕重的前員工。儘管如此，法律信件還是紛然而至，霍維茲這才明白橋水要他投降。但橋水萬萬沒有想到，霍維茲雖然財力不夠雄厚，卻有管道獲得免費的諮詢。

他的母親正好是律師，協助他回信給橋水，要求橋水具體說明指控內容，然後要聲請仲裁。結果橋水交不出具體內容，最後就放棄了。

霍維茲成立的對沖基金最後失敗收場，既沒有在市場上賺到一毛錢，也沒有跟投資人籌措到任何資金。科米一開始就不必傷腦筋才對，而且他當時也盯上更大的目標了。

第12章 性與謊言全都錄

對哈佛大學的捐款大戶來說，鮮少有他們無法獲得的特別待遇。掏出七位數的捐款，就能參加走紅毯般的校園導覽；拿出快八位數的捐款，就能得到大學入學資格的額外協助；花上一億五千萬美元，就可以蓋一間肯．格里芬學費補助辦公室（Ken Griffin Financial Aid Office）❶；假如提出四億美元❷的價碼，便直接換來哈佛大學約翰．保爾森工程與應用科學學院（John A. Paulson School of Engineering and Applied Sciences）。

有些人想必已嘗試過捐款，但有個大獎無法拍賣，那就是哈佛商學院的案例研究。哈佛商學院案例研究❸始於一九二〇年代，內容❹都是艱澀的商業決策，由決策當事人的觀點來講述。這些案例都廣泛分享給學生和社會大眾，業界高層主管莫不渴望有機會成爲哈佛商學院案例研究的主角，因爲這彷佛就得到了哈佛的背書。達利歐在哈佛商學院讀了不少案例，成爲案例本身就可以進一步美化他本人與《原則》的外界觀感，像查理．羅斯等記者在這方面就幫了大忙。

傑佛瑞．波澤（Jeffrey Polzer）和海蒂．加納（Heidi K. Gardner）二位教授早就聽多了❺野心勃勃的商業領袖提案，因此在二〇一一年中，達利歐受邀討論是否把橋水納入案例研究時，他們就準備好要拒絕了。他們的專長在組織行爲，而不是金融。達利歐滔滔不絕地談論不容妥協的眞相和透明度時，教授們只覺得是一大堆噱頭罷了。

然而，他們得知案例不只是有關達利歐的成功故事時，二人的興趣來了，便坐直身子。橋水來了一位新的風紀股長：詹姆斯・科米。哈佛商學院是否有過這樣的案例：一位以打擊恐怖分子而聞名的強硬檢察官，成爲對沖基金高層主管？把他收編到橋水這個不輕言放棄的公司，又是個怎樣的挑戰？達利歐建議哈佛大學的教授們，不要只聽他的片面之詞，他願意交出影片檔當作證據、開放橋水的透明圖書館。這就會成爲眞正多媒體的哈佛商學院案例，展現科米在橋水的辛苦奮鬥與成就。

教授們被說服了。聽有錢的對沖基金經理人吹捧自己是一回事，但親眼看看影片中的科米則是另一回事。他們開始觀看從西港鎭寄來的數百小時影片。

老天爺，還眞的有很多値得看的東西。

當時科米與詹森的關係變得非常密切，這對雙方來說都好處多多。如果詹森想要在達利歐的眼中脫穎而出，他就需要證明自己是管理人才，也是有天賦的投資人。與此同時，如果科米想要擺脫自己應聲蟲的標籤，他就需要有《原則》方面的更多提點，而沒有人比詹森更熟悉達利歐的人生觀了。

二人剛好都不喜歡詹森的共同執行長艾琳・穆雷。詹森毫不掩飾自己的看法，認爲她完全不配共享這個頭銜。他都說，穆雷就像橋水公司精英主管行列中的肉中刺。穆雷從小在皇后區的社會住宅❻中長大，她都要早早起床，趕在五個兄弟姐妹之前使用唯一一間廁所。她的姊姊霸占著電視遙控器，不願意聽從弟妹的請求，所以穆雷學會一招：看到自己最愛的節目，就故意叫姊姊轉台，因爲知道姊姊會拒絕，這樣就可以繼續看了。穆雷曾說：「我還很小的時候，就略懂霸凌者的內心世界。」

有天晚上，穆雷回到家，發現一位鄰居大字型躺在大廳，口袋全被翻了出來，頭部中槍❼。這件事讓她變得更強悍。在她剛出社會、加入橋水之前，曾有男同事開玩笑說，她要小心工作時弄髒裙子，她聽了絲毫不隱忍，直接回答說：「你穿裙子一定超級好看耶，直覺告訴我，你其實很想穿裙子吧。」她幾乎沒穿過裙子、沒有結婚生子，開口閉口都是她養的狗。

達利歐一直在尋找未被發掘的樸玉，明顯被穆雷的強悍所吸引。她身上有《原則》所推崇的天生鬥志，而且跟他一樣不做作，魅力獨具。她想到就發出的電子郵件都是小寫、還有打字錯誤，代表她忙到無法全心投入任何事。穆雷能迅速接到達利歐發出的球，二人培養出融洽的關係。有次達利歐向他身旁的部屬們宣布，他已指示團隊開發稱作「痛苦按鈕」的軟體工具，供員工在急難時使用，穆雷的鼻子響亮地哼了一聲。

「那快樂按鈕在哪裡？」她問達利歐。

「妳想要快樂按鈕嗎？妳去發明他媽的爽感按鈕，我負責發明疼痛按鈕就好。」達利歐回答道。

穆雷反駁道：「仔細想想，你其實早就有快樂按鈕了耶。」

達利歐似乎很享受在緊張氣氛中忽然來點輕鬆的插曲。儘管穆雷幾乎沒有符合橋水公司任何一項行爲指標——她的層級評分是一分——但達利歐不斷在提拔她，她到任不到一年就成了共同執行長。

穆雷的職責是公司較乏味的一半：營運。她監督橋水與全球客戶、交易對手之間的協議。她僱用了一大批忠心耿耿的前摩根史坦利同事。部分同事在週間晚上跟她一起住在西港鎮的自宅中。這讓詹森十分不滿，橋水是他身分認同的核心，但自己居然跟一名不參與公司投資、卻在打造自己人馬的新人平起平坐。這就好像把五星級餐廳的廚房全權交給菜鳥服務生。

在穆雷的快速升遷過程中，她忽略了一項痲煩的變數：《原則》。身爲一名職場女強人，她認爲整部《原則》不過又是年長男性自我感覺良好的象徵。她對摩根史坦利的前同事們吹噓說，自己根本懶得去讀《原則》。

科米和詹森即將讓她付出代價。

11

穆雷之所以不得不去面對《原則》的實務應用，起因是一件微不足道的小事。有名求職者向橋水的高層主管提到，他跟橋水會計主管派瑞・普洛斯（Perry Poulos）很熟，穆雷新聘的成員之一。該名求職者一臉驚訝，難道他們不曉得，普洛斯在摩根史坦利工作二十七年後是被開除的嗎？穆雷理應要把這些都告訴橋水才對。

這個消息很快傳到科米的耳裡，科米也知會了詹森一聲。科米找來橋水公司一名前FBI特務，共同去攔截毫不知情的普洛斯。二人沒有任何警告，就把普洛斯拉進會議室。

「嗨，兩位。」普洛斯說。

「我們只是想知道，你有沒有什麼過往歷史是我們要知道的？」科米說。

「我確實有些往事，不過現在都清清白白了。」

「你不介意我們問些問題，稍微了解一下吧？」

「眞的沒什麼好了解的，想問就問吧。」普洛斯說。

他走出會議室，心跳劇烈，馬上去找穆雷。穆雷其實也知道，他是因爲開銷受到質疑，才被摩根史坦利解僱。雖然這稱不上是全球最大對沖基金會計主管應該要有的背景，但穆雷感覺他們在鎖定更大的目標。

「重點不是你啦，」她告訴普洛斯，「是我，他們分明衝著我來。」

科米又找普洛斯再次接受面談。

「你跟誰說過這件事情嗎？」科米問道。

「沒有啊。」

「你確定？」

「確定，我沒有跟任何人說過。」

「你和艾琳住在一起吧？」

普洛斯知道橋水內部的親密關係屢見不鮮，猜科米是在旁敲側擊二人私下是否在交往。普洛斯說，他週間有時會在穆雷家過夜，跟其他新人一樣。穆雷家有很多臥室，每個人都自己一間，他甚至還付房租給她。

「那天晚上我們聊過之後，你也沒有去跟她講嗎？」科米問道。

「我不記得有特別找她說什麼話。」

科米一臉覺得這個答案毫不可信，所以也問了艾琳同樣的問題。她跟普洛斯說過話嗎？她回答說沒有。穆雷被要求寫下備忘錄，把她知道有關普洛斯的過往全部寫下來。

那封寄到科米信箱的電子郵件，簽名檔顯示是從穆雷的黑莓手機發送，整封乾淨俐落、語法清晰，單字大小寫都符合規範。科米把它拿給詹森看，二人都認爲這封信不可能是她寫的。身爲資安主管，科米可以調閱監視器，便找出錄影給詹森看，結果拍到穆雷坐在辦公桌前，明顯在和一名部屬交談，數分鐘後才送出郵件，甚至還可以精確地指出她叫部屬按下寄出的那刻。

科米和詹森把穆雷叫來開會。

妳確定眞的沒有跟任何人說過這件事情嗎？他們問道。

「當然沒有。」

此話一脫口，穆雷肯定也知道自己誤判情勢了。這封郵件分明不是她一個人寫的，而是跟助理一起完成，句句由她口述、二人反覆討論，寫出清清白白的回覆。看得出來她先前太過緊張，生怕自己落入陷阱，所以步步為營，現在卻掉進自己挖的大坑。她目前已撒了兩次謊：一次說自己沒跟普洛斯說過話、一次是與人討論如何撰寫郵件。對穆雷來說最慘的是，她很清楚詹森恨不得揪出她的把柄。

穆雷趕在詹森之前先跑去找達利歐，承認了自己犯下的錯，說自己只是太恐慌才會撒謊。她說自己一直感覺不自在，拚命不想成為科米的目標，也不要把普洛斯攪和進來。「這是出於善意的謊言啦。」她說。

達利歐先確認錄音機開著，才說橋水的政策是騙子就要受到懲罰，公審勢在必行。

這不僅僅是平時的公審，而是曠日費時的**大審判**。這項穆雷和普洛斯的調查持續了九個月，科米和詹森調查二人的違規行為時，攝影機全程開著。公司內每個人都看了那個錄影片段，穆雷坐在辦公桌前，親自口述那封眾人皆知的電子郵件。而調查沒有僅止於穆雷二個自招的謊言，科米好像抓到了黑幫老大艾爾・卡彭（Al Capone）逃漏稅一樣，只要把穆雷抓來公審，就有了調查她身家背景的藉口。有天，穆雷經過科米的辦公室，看到牆上貼滿了剪報和便利貼，全部都是有關自己的內容，上面畫滿了線條，就像電視影集警方使用的關係圖板。她不禁覺得噁心想吐。

在穆雷和支持她的人看來，達利歐似乎永遠都無法滿足。他像法官一樣出席旁聽，把調查變成了一個即時案例，名叫「**艾琳的謊言**」。影片像連續劇般每週發布一次，所有橋水員工都可以收看，內容就像是電視實境秀、肥皂劇和寫實電影的結合。科米扮演黑臉；在一段影片中，他對普洛斯說：「就說實話吧，這樣你才會輕鬆點。」詹森把自己塑造成受害者，對穆雷說：「你騙我。我也想信任你，但是只有時間才能證明了。」

即使後來普洛斯被開除、穆雷助理被要求出席指證主管便決定離職後，「**艾琳的謊言**」新集數仍在繼續播出。

⥮

在波士頓郊外，海蒂．加納教授坐在辦公室裡，目瞪口呆。她本來很期待在哈佛商學院，針對橋水獨樹一幟的企業文化進行案例研究。然而，橋水公司長期寄送的影片，卻像是出自一齣齣荒謬劇。在加納看來，橋水整間公司活動似乎都由詹姆斯．科米（加納驚嘆道：「**詹姆斯．科米太扯了吧！**」）所掌控，還對一位中年女士使用了高壓偵訊技巧。加納和哈佛商學院同事不懂為何這位前檢察官這麼投入。但他們也欲罷不能。也許達利歐說得沒錯，也許這家對沖基金的文化在潛移默化中影響了科米，讓他成為達利歐處世之道的死忠信徒。無論如何，這個案例勢必會很熱門。

這些教授不知道的是，荒謬劇的大結局已在製作當中。大半年過去了，就連科米和詹森也無法從這起事件榨出更多價值。詹森提出了結論：艾琳慣性撒謊，而且公然違反了最神聖的《原則》。為了公司的利益，她必須被開除，科米也支持他的說法。他告訴達利歐，科米難以想像跟不符合橋水公司價值觀的人在管理委員會共事。

達利歐卻沒有做出開除的決定，而是裁示穆雷確實撒謊了，但沒有證據顯示她就是騙子。達利歐告訴全體員工，這次事件是一次學習的經驗，促使他寫出二條新的原則，一條是針對善意的謊言，少量善意的謊言還可以接受；另一條新原則是「凡是近距離檢視，一切都會被放大。[8]」時間一久，他意識到穆雷的錯誤其實可以原諒。當然，她必須加以懺悔。達利歐拿掉了她共同執行長的頭銜，降爲公司總裁。

所有人都覺得不滿。穆雷失去了她的職位和尊嚴；科米和詹森十分挫敗，明明證明了自己的觀點，卻還是輸了。即使是支持穆雷的人也覺得，她只是被略施薄懲，換作別人有這種行爲早就被開除了。如果《原則》可以修改、忽略過去的違規行爲，那還有什麼意義呢？

失望的不只是橋水的員工。穆雷的公審結束時，哈佛商學院教授們收到了來自橋水的緊急訊息：科米現在拒絕參與案例研究，橋水也立即禁止教授們觀看有科米在場的影片。他們不得繼續在哈佛商學院探討有關科米的任何案例研究，即使不納入「艾琳的謊言」也無所謂，而且完全沒有商量的餘地。

解決方案就是從頭開始。科米不能出現在影片裡，橋水成功地引進下一代接班人的規劃構想也泡湯了。哈佛商學院需要更簡單的任務，這個案例研究最終納入了橋水這家全球最大對沖基金的歷史，直截了當。儘管教授們要求提供特定影片片段，橋水仍自己挑選編輯了十九個影片片段。達利歐顯然還在爲科米拒絕參與案例研究而耿耿於懷，他個人對此事非常重視。哈佛教授們依約把最終稿件副本發給橋水團隊審核後，加納被迫花好幾個小時跟達利歐本人通電話，逐行討論分號、句子結構，以及是否有虛懸分詞（在她看來明明沒有）。

「**這傢伙就沒有別的事可忙了嗎？**」她不只一次這樣想。

哈佛商學院案例影片❾一開始是達利歐對著鏡頭說：「對我來說，橋水公司代表夢想成眞。我的意思是，你要知道我當初成立橋水的時候，我什麼都不懂，離開學校二年身上沒什麼錢。我唯一有的是我非常在乎的東西，對我來說，那就是——」

說到一半，影片突然切換到達利歐面對反方向，完全是另一個鏡頭。

「那就是有意義的工作。換句話說，我希望自己的使命是打敗市場，成爲第一……另外就是有意義的關係。」

數秒鐘後，螢幕上出現了一個三角形，裡頭寫著「不惜代價追求眞相」。

這個案例大部分內容，都是橋水給予回饋和接受回饋的方式。其中一段影片是管理委員會會議。達利歐、詹森、麥考米克等人圍坐在一張凌亂的長方形會議桌旁，面前是一塊白板，上頭寫著「願景在哪裡？」還用紅筆在上面亂畫、圈了好多圈。尼克．坎納（Niko Canner）也是管理委員會成員，他的頭髮花白，看起來沒有比達利歐年輕多少。達利歐坐坎納對面，目不轉睛盯著他，腰部以上紋風不動。坎納非常謹愼地給出了他自己的回饋：

「那麼瑞是如何指導的呢？我要把一些不同的面向分開。部分的指導是幫助大家更清楚、更準確地認識自己，我覺得在這個面向，瑞是我見過的最厲害的人——」

影片切換到黑畫面，接到後來某個時間點繼續。

坎納說：「然後另一個面向是，呃，就是關於，呃，激發人類最厲害的潛能。我還在了解你這方面的優勢。我的感覺是，還可以啦，身邊都是成就很高的人，他們都跟你差不多優秀——」

第三次切換畫面。

「然後是第三個面向，呃，比較是針對個人評估，了解大家的能力，這樣就知道應該要重用誰、又要怎麼重用。我對這個的理解還在消化中——」

又切換畫面。

「我看了一下與指導相關的能力，在過去的六個月內，我的感覺與我的期望差異沒有到很大，只是稍微沒有像我當初預料得那麼厲害。」

哈佛商學院案例研究公布後，加納的態度小心翼翼，既不支持也不譴責橋水的行事風格。二位教授故意沒有去確認，公司文化是否對過往投資表現產生足以衡量的影響。加納甚至不確定這樣的分析是否可行。她都這樣向學生介紹這個案例：「我們不會把這個當成範例說『你夠聰明的話就會學達利歐』，而是會說『看看就好』。」身爲一名科學家，她覺得自己憑著手頭拿到的資料，算是盡力了。

達利歐對哈佛商學院的案例十分滿意，指示橋水的行銷團隊廣發給橋水在世界各地的客戶。

⥯

在「**艾琳的謊言**」這個事件之後，詹森似乎變得愈來愈樂觀。他是世界上最大對沖基金的執行長，成為億萬富翁指日可待。同樣重要的是，他過去的勁敵穆雷已遍體鱗傷地被降職。從橋水新成立的倫理委員會（達利歐所稱）成員名單判斷就很清楚了：由於她被公審，達利歐就沒有讓她參與。

詹森的工時很長，其中大部分都與達利歐密切配合（一名前橋水投資部門員工表示，「葛雷格滿口瑞的語言」）。二人都對歷史上經濟的枝微末節像專家般滾瓜爛熟，都愛滔滔不絕地闡述自己的觀點，而部屬則敬畏地在旁邊聆聽。由於詹森有大量時間都在達利歐身邊，因此經常得到達利歐的層級評分；由於達利歐自己的評分很高，因此每次達利歐給予詹森加分，詹森的分數就會飆升。詹森經常像鸚鵡般在達利歐身邊覆誦《原則》，導致詹森身旁許多人都會猜他到底是眞心相信，還是年復一年在努力當個馬屁精。

然而，詹森身旁的人也看到了橋水帶給他的不良影響。有時，他進辦公室宿醉未醒，也絲毫不掩飾；同事問他是否昨晚在外頭喝酒到深夜時，他會直截了當地說沒錯。舉凡橋水公司舉辦員工活動，他都是熱情無比的主持人，展現怪咖的幽默感。在橋水公司一次聚會上，他請來一名女演員打扮成脫衣舞者，假裝就是數十年前達利歐在簡報會議上找來的那位演員，當初就是這件事讓達利歐被當時公司給開除。橋水公司沒有別人敢拿創辦人開玩笑，因此許多人雖然覺得這種噱頭很沒品味，依然十分佩服詹森。

詹森儼然就是橋水的公關長。每次有一批大學剛畢業的新成員加入，他好像都能立刻跟他們交朋友。大家都想待在詹森旁邊，把詹森當成榜樣。他還會參加與資淺員工的聚會，只不過他往往是其中年紀最大的人。詹森也經常和橋水的其他員工一起飛往拉斯維加斯。有次他外出旅行，他的妻子在家照顧雙胞胎寶寶，向朋友抱怨說接到老公信用卡公司打來的詐騙預警電話，詢問他是否在脫衣舞俱樂部刷卡消費。這種類似大學兄弟會脫序行爲的狀況並不是特例。在橋水公司員工某次派對上，詹森玩大冒險，要直屬員工直接吐在他頭上，就可以賺五百美元。

橋水在莫宏克山莊（Mohonk Mountain House）的年度夏季活動上，詹森的行爲舉止尤其令人難忘。莫宏克山莊座落在紐約湖邊，是維多利亞時代的度假勝地，距離橋水總部不到二個小時的車程。

二〇一二年夏季儲備幹部培訓營號稱是橋水經理人的團隊建造活動，但謝絕親子參加。這沒多久就成了由葛雷格．詹森主導的體驗，他既是在場最高職級的員工，也是看起來睡得最少的人。白天的活動偏平淡，多半是現成的團隊建造活動和爬山健行。太陽下山後，詹森才眞正開始忙碌。有天傍晚，在一場號稱爐邊閒聊的活動上，大家有機會向橋水執行長提出尖銳的問題，結果演變成喜劇般的大吐嘈。在橋水人才招募主管的主持下，詹森說起了他和達利歐一起旅行的笑話。有人要詹森形容一下在日本泡三溫暖時坐在達利歐旁邊的感覺，他開了個玩笑，說達利歐超高的層級評分，說不定跟他「天賦異稟」有關。

接下來的活動是裸泳和營火晚會⑩。詹森要求與會者無論男女，都要脫掉襯衫、扔進大火中，證明彼此感情融洽。數十人決定參與，事後才穿上工作人員提供的新襯衫走回飯店。

詹森特別中意薩曼莎・霍蘭德（Samantha Holland），她只比詹森小幾歲。橋水的評分系統指出，霍蘭德是一位直言不諱的後起之秀。她畢業於公立學校，曾在橋水的設施部門任職一段時間。她身上散發著勇於冒險的毅力，這是投資部門一般員工所缺乏的特質。詹森注意到了她異軍突起，也一直建議她如何讓職涯更上一層樓。她也跟自己的朋友們說，她開始覺得橋水是她可以步步高升的地方。

營火周圍人群逐漸散去後，詹森單獨邀請霍蘭德出來，只有他們兩個人，雙雙已婚，圍著漸暗的餘燼。

脫掉襯衫，詹森說。

她照做了。

二人往按摩浴缸前進。

橋水其他員工也許喝醉了，但眼睛可沒瞎。他們看到霍蘭德獨自陪詹森回到莫宏克山莊。部分在場員工事後向達利歐申訴此事，表示週末的活動讓他們不太舒服，也許他們是真的憤憤不平，也許單純是發現有機會檢舉達利歐的副手來出個風頭。

達利歐再次讓科米負責揭露真相。

科米一邊開著錄音機，一邊採訪了許多參加培訓營的員工。詹森告訴他，霍蘭德在內所有人都自願上空。而科米單獨找霍蘭德坐下來問話時，他問了尖銳的問題：妳覺得自己當時有選擇嗎？她停頓了一下才回答說，自己並沒有被強暴，但詹森的職級遠高過她。她跟科米說，她覺得自己別無選擇。

科米把調查結果上呈達利歐，達利歐決定把這件事擱在一旁，向橋水全體員工宣布，他調查完那場派對了，不需要再多加追問。

至於科米跟霍蘭德和詹森的面談，就好像從來沒有發生過一樣。這些錄音，以及科米調查過程的其他錄音，都不在橋水透明圖書館裡。達利歐向詹森保證，錄音帶絕對不會在公司內流通。

就算科米對於莫宏克山莊的調查不太自在，他也沒有把這件事說出來。但此時，他已體認到在全球最大對沖基金工作，沒有以前看起來那麼一帆風順。

本來他想利用個人名聲來大賺一筆，如今卻可能危及自己的聲譽。外傳政府在考慮讓科米出任高層官員，但橋水發生的事件恐怕對他的履歷不但沒有加分，還會大大扣分。他要怎麼合理化自己對穆雷的調查後，無法證明她有罪？又要怎麼合理化詹森沒有因爲深夜的不當行爲受到實質的懲罰？

現在只剩下一件事要追查。在媒體圈，大概只剩下達利歐的老對手[11]《談判終結者》繼續抱持懷疑的態度在報導橋水公司。該部落格三不五時會接到橋水內部員工的爆料，代表它的懷疑有道理。二〇一二年春天，《談判終結者》挖到大獨家了。該部落格的匿名舉報熱線收到了一份傳眞，上面寫著「《原則》測驗」的應試說明，橋水員工都要寫完這份測驗，藉此評估他們對達利歐的《原則》記得多熟。這些說明是由達利歐身旁的推手（即幕僚長）所撰寫，措詞相當嚴厲。推手寫道，《原則》訓練團隊會「稽核作弊行爲；凡有作弊情事，必定嚴懲。」該團隊還會「記錄遲到或無故缺勤次數」，指示員工「在請病假前要三思！」《談判終結者》很快就發表了一篇文章。

科米不到二十四小時就揪出了爆料者[12]。科米調來公司傳眞機的監視器錄影畫面，結果發現一名員工列印了應試說明，還在網上搜尋《談判終結者》和查理・羅斯的傳眞號碼，把這份文件傳眞過去。在重看監視器時，科米尷尬地發現，這名員工是在橋水工作了五年的老鳥，畢業於西點軍校，還是科米資安團隊的成員。於是，調查工作便交給了詹森。

身爲橋水執行長，詹森著手開始調查。雖然這名資安幹部起初否認發送傳眞，但他沒多久就承認，自己很受不了即將到來的《原則》測驗。他特別引用了達利歐先前接受查理・羅斯採訪時所說的話：達利歐怎麼可以一邊宣稱《原則》可以接受批評，卻又規定大家要背熟《原則》來考試？詹森問那名幹部爲何沒有先在公司內部反應，幹部說他其實有反應。詹森做了個註記，接下來要調查這名幹部的直屬主管。

即使是認同該資安幹部觀點的人，也不意外他最後還是被解僱了。然而，他們打開《原則》測驗時，卻赫然發現詹森決定殺雞儆猴。該測驗新增了一題，把爆料者全名公諸於世，描述整個調查過程，鉅細靡遺到令人咋舌，要求員工同意他已得到適當的懲處。除了詳述事件之外，這題還包括了詹森自己針對[13]這名幹部失職的結論：「現在看來，（這名幹部）心懷惡意，出於某些原因未能妥善處理情緒（根據我們的面談，他似乎缺乏邏輯又過度自信，認爲他知道情況『應該』如何）。」

二〇一二年十月，科米本人請辭，達利歐卻沒有立即說明，整件事憑添了更多神祕感。問題堆積如山，員工們在橋水全員大會上，針對需要回答的問題進行投票，票數最多的問題是科米離職一事。科米在一封電子郵件中闡述了他的想法：

寄件人：詹姆斯．科米

寄件時間：2012/10/3 星期三

收件人：橋水全體員工

主旨：爲什麼詹姆斯要離開橋水了？⑭

……我非常喜歡橋水。我喜歡我們凡事透明、追求眞相的文化，這二者都讓我上癮到難以自拔……

我跟各位一樣，也有優點和缺點。其中有些優點是領導能力，這些能力在橋水並不重要，但在外面的世界是必要條件，又能帶來成果。我看到棒球卡上沒有列出領導素養時，不禁笑了出來（也皺了眉頭），因爲這些能力以前在別的地方都讓我做事很有成效：幽默、溝通、團隊建造、適應力、處理矛盾等等……

但這些素養也讓我的工作和生活充滿樂趣。我從人與人的互動中，得到極大的喜悅，儘管我們彼此都有缺點。我喜歡妙語連珠、我喜歡反諷，偶爾的酸言酸語，揭穿人類的自以爲是和虛榮心……

凡事講究邏輯、持續不停追求卓越的過程，跟帶給我動力的那種純粹喜悅並不一致。具體來說，也許是不惜代價地追求「精英」，打造了某種組織的性格。我並不是說橋水的性格應該改變，只是說它很特別。橋水反映的是瑞的人格特質，這沒什麼不好。但我和他是完全不同的人……我在這裡的工作經驗，會讓我成爲更好的⑮公部門領導者和教師。

當然，這還不算是最後的決定，人生本來就是彎彎曲曲的前進（X軸是時間），但這就是我目前的想法，我想要公開地表達出來。

詹姆斯

第三部

第13章 經濟機器

達利歐似乎絲毫不受詹姆斯·科米忽然引退的影響。他仍有不少媒體的讚譽可供倚仗。二〇一二年，《時代》雜誌[1]首次將這位橋水創辦人列入「全球百大最具影響力人物」。負責撰寫達利歐簡介的人正是聯準會前主席保羅·伏克爾，他寫道：

> 「對許多對沖基金而言，成功難以捉摸；基金規模愈大，想維持卓越績效就愈難。橋水公司創辦人達利歐管理一千二百億美元投資資金，卻在四分之一個世紀裡，屢屢異軍突起。然而，這件事本身可能還不足以讓六十二歲的達利歐躋身最具影響力人物之列。更重要的是，他對於經濟運作機制有著獨到又非主流的見解，而且判斷往往具有先見之明。舉例來說，他是少數提早正視美國和部分歐洲國家過度負債和槓桿風險的人……他求知若渴、思維活躍，這點從他的『遊艇』就可見一斑；雖然這艘遊艇的確可以出海航行，但硬體裝備其實是爲深海探勘所設計。」

二〇一二年夏天，一則緊急訊息[2]從這艘遊艇阿路西亞號（M/V Alucia）發出，從日本南方小笠原群島穿越七千英里的距離，瞬間透過衛星傳送到達利歐手中。當時，阿路西亞號正在譽爲「東方加拉巴哥群島」（Galapagos of the Orient）的深海搜尋罕見之物。

該條訊息內容是：「**快來！你絕對想不到我們發現了什麼！**」

達利歐一年前得知這艘船曾協助尋獲一架失蹤飛機的殘骸❸後，一時興起便買下了阿路西亞號。這艘五十六公尺長的龐然大物，船身呈灰色，看起來更像是一艘驅逐艦，而非億萬富豪的玩物。船上配備了數艘潛水艇，艙體是透明塑膠製成，形狀像顆泡泡，可以載著達利歐這名業餘潛水愛好者潛入數千英尺的海底。達利歐不在船上時，就把船出借給世界各地研究人員使用。這次最新的探險❹是爲了尋找巨型魷魚，這隻讓人心生畏懼又神祕的生物有八條長長的觸手、二隻手臂、藍色的血，眼球跟人類的腦袋一樣大。這種魷魚在法國科幻小說家儒勒．凡爾納的《海底二萬里》（*Twenty Thousand Leagues Under the Sea*）中曾襲擊尼莫船長的船員（純屬虛構），但從未有人親眼見過活生生的魷魚，直到現在。

身爲不斷聘用新主管以證明自身價值的對沖基金老闆，達利歐享有隨心所欲、來去自如的特權。他的出現有時並不太重要，因爲橋水源源不斷地創造著利潤。就在阿路西亞號啓航前幾個月，達利歐最新所得資訊傳開了。二〇一一年，他賺進❺三十九億美元，同樣主要來自橋水對美國政府公債的投資，以及客戶支付的相關費用。以往就有用的策略再次奏效。

橋水沒有人能像達利歐這樣彈性安排工作時間，所以阿路西亞號的電話打來時，達利歐便聯絡了哈佛老友麥可．庫賓。他問庫賓，想不想成爲地球上首批親眼目睹傳說中巨型魷魚的人？他們先飛到東京，然後乘坐渡輪航行二十五個小時到達阿路西亞號附近一座島嶼。渡輪的空調開得很強，庫賓回憶說，他整夜都冷得發抖，完全睡不著，但意外發現旁邊的達利歐睡得香甜。庫賓猜想，這一定是因爲達利歐向來有冥想的習慣。

隔天早上，睡眼惺忪的庫賓問達利歐怎麼能睡得如此安穩。

「我沒跟你說嗎？我吃了安眠藥啊。」達利歐說。

二人原本計畫在阿路西亞號上待滿一週，頻繁下潛水去尋找魷魚。然而才第二天，他們再度一無所獲地浮出水面，船長捎來了壞消息：兩個颱風正朝他們的位置逼近。達利歐和庫賓不得不原路返回康乃狄克州。數週後，船上科學家們拍攝到巨型魷魚的大量影像。

⥂

達利歐難掩失望之情，回到了西港鎮。他本來躍躍欲試，希望能發現無人知道的海洋生物，但儘管擁有豐富的資源，這趟長途旅程卻無功而返。

回到橋水總部後，他展開另一項類似的探索之旅：設法找到通盤又獨到的科學方法來說明自己的成功。《原則》本身還不足以完全說明。雖然達利歐經常說《原則》是橋水成功運作的基石，但《原則》中幾乎沒有涉及任何實質的投資內容。如果缺乏通盤的投資流程說明，橋水可能面臨二大讓他難以接受的下場：橋水可能被認爲只是運氣好，是數千家對沖基金中，偶然連續二十次硬幣擲出正面的幸運兒；同樣糟糕的下場是，橋水可能會隨著時間淡出大衆視野，畢竟華爾街上滿是曾炙手可熱、卻難以解釋有時績效低迷的失敗基金。

因此，達利歐爲投資圈打造了類似《原則》的理論，有點像是《原則》的雙胞胎，稱作「經濟機器的運作方式」。如同《原則》一樣，經濟機器據他說能一錘定音、廣泛適用而且具有預測能力。達利歐在無數次客戶會議和媒體採訪中，在白板上畫出了這個機器，由一系列直線和曲線組成，代表了諸如勞動生產力、國債等類別，可以用來衡量世界各國。綜合起來，這些因素之間的因果關係便構成了達利歐口中，可以模擬國家經濟成功或失敗的公式（例如，勞動生產力低的國家往往會債台高築，因此投資時押注它們失敗會比較有利）。這個機器告訴達利歐，像中國這樣充滿勤奮勞工和高儲蓄率的國家，經濟表現注定會超越美國和英國等國家。

達利歐常說：「我相信不同國家的經濟運作方式本質上就像人體一樣❻，可以追溯到很久以前，因此最重要的因果關係跨越了時間的限制，放諸四海皆準。」這個機器就像一面鏡子，根據過去能映照出未來。

幾週後，達利歐從尋找巨型魷魚的探險之旅回來，決心要驗證他的經濟機器理論。他邀請了英國歷史學家尼爾・佛格森（Niall Ferguson）到西港鎮會面。佛格森勢必會理解達利歐這項發現有多重要。他是哈佛教授（許多他以前的學生曾在橋水工作）、多產作家，而且跟橋水創辦人一樣，風格有點反傳統。佛格森的一大核心理念是❼，西方文明比表面看起來更加脆弱。佛格森也是數家金融公司的外聘顧問，他當初接到橋水的邀約時，第一個念頭是：如果自己打一手好牌，也許就能賺點外快。

然而，佛格森閱讀橋水寄來闡述經濟機器的百餘頁文件時，這個希望就破滅了[8]。他立刻就發現了他認定的基本瑕疵，因爲這份文件忽視了國家的文化可能會左右經濟結果的好壞，也低估了佛格森所謂「決策者的善變」，包括人爲因素和創意靈感的影響，都可能導致一個國家宣戰或選擇和平。

如果這是他指導的研究生所寫出的作業，佛格森絕對會給不及格。他難以相信自己正在閱讀的內容，居然是橋水公司的「聖經」。

從不怕與人辯論的佛格森來到了橋水，眼前的場景讓他想起大學講堂。一排排座椅上坐滿了年輕的橋水員工，齊聚一堂聆聽他對老闆作品的看法。達利歐介紹了來賓，然後坐到旁邊的椅子上。佛格森站在前面，深吸一口氣，低頭瞥了一眼幾天前他草擬的筆記[9]。上面寫著：「**Der liebe Gott steckt im Detail**」（意爲「魔鬼藏在細節中」）。他語氣和善地開始發表演說。

「你是那個賺了幾十億的人，我只是個教授。但是身爲教授，以下是我的想法。我們沒有辦法對歷史進程建立計量模型，更不可能針對高負債國家的選擇建立計畫模型。」

佛格森偷瞄了一眼旁邊的東道主。達利歐依然坐著，但佛格森和在場其他人都能看出他的怒氣正在醞釀、緩緩地搖著頭，雙腳開始焦躁不安地輕踏地板。佛格森教授繼續說道，我們固然可以挑選一些過去因爲債務而經濟崩盤的國家當作例子，但也有許多國家成長得夠快，不受債務影響。此外，戰爭、政變、文化變遷、不同法律制度、英明或無能的政治領袖等各種其他因素，包括人類意識，都無法加以量化，更不用說整齊劃一地放入公式中了。

「歷史不可能循環，那只是幻想罷了。」佛格森說。

達利歐跳了起來，氣得發抖。這位教授在宣稱，達利歐成功的祕訣根本不可能落實。

「尼爾，你他媽的模型在哪裡？」他對著眼前的客人大吼。

全場一片寂靜。根本就沒有什麼模型，這正是重點所在。世界和人類複雜得難以想像，這個難題本來就無法破解。佛格森還來不及完整表達這個想法，達利歐又重複了一遍。

「你他媽的模型在哪裡？」

這時，佛格森發覺自己短期內是不可能受橋水聘用了。他採取典型的英式反擊，轉頭看著達利歐，鼻子微微一哼，慎重地說：「我一直都覺得，只要有人開始罵髒話，就代表他們的論點站不住腳了。」

教授結束演說，直接走向門口。回到家不久後，一名曾是他學生的橋水員工聯絡了他，說在佛格森離開後，所有人尚未離場，達利歐立即發起了表決，這場辯論是他贏了，還是客人贏了？

表決結果，當然是達利歐獲勝。

⥮

佛格森的反應似乎是在意料之外。達利歐向來都能說服外人相信他所建立制度的價值。

當時，達利歐的生活順風順水，也有助於推廣他的理念。橋水公司規模達到了歷史新高：二〇一二年底管理的資產超過一千四百一十億美元，而且還持續地擴張。新的資金從教師退休金、美國中西部甚至倫敦交通局⑩（管理鐵路工人退休金的倫敦地方政府單位）源源不絕地流入。橋水的旗艦基金差點遭遇十多年來的首次虧損，但投資人和達利歐都不在意。二〇一二年，Pure Alpha 僅上漲〇．六%，但達利歐仍獲得十七億美元的年薪。他把該年的低迷表現，歸咎於對自己缺乏信心。他告訴客戶⑪，問題在於「資金配置相對較少」。換句話說，橋水認為自己沒錯，但太過謹慎。

還有一個因素也在分散達利歐對公司投資的注意力。錢成了問題，而且是他自己的錢。達利歐為橋水籌措更多資金時，同時也在忙著提自己的錢。

套用華爾街的術話，達利歐面臨的是流動性問題。他在橋水有數十億美元的財富動不了。而不同於橋水替客戶買賣的股票、債券和其他相對容易出售的資產，達利歐沒有簡單的方法把他對公司名義上的所有權，轉化為實際的收益。雖然具體價值並不清楚，但橋水絕對相當值錢：二〇一二年證明了一件事，那就是達利歐可以在不為客戶賺大錢的情況下，繼續吸收數十億美元的年度管理費用。當時沒有直接了當的方法來計算橋水的價值，也無法保證達利歐一手打造的公司，在他卸任後可以持續存在。對沖基金與名廚開的高級餐廳不無相似之處：少了門口上方招牌名字，客人可能就不會再光顧了。達利歐深知，對沖基金交棒給下一代接班人時，最常見的結果是走下坡，而不是蓬勃發展。

達利歐宣布自己不打算離開橋水，設法要規避這個問題。他說橋水只是在經歷他所謂的「有計畫的過渡期」[12]，從原來的管理團隊（主要是達利歐）過渡到下一個詹森爲首的團隊。儘管他表示，自己留下是出於對投資的熱愛，但還有一個同樣充分的理由：橋水很可能只有在他掌舵時才能價值連城。想要從公司所有權中獲得最高報酬，他需要再續留一段時間。

爲了尋找買家，達利歐動用了他的人脈。橋水聯絡了堪薩斯州威奇托市（Wichita）的億萬富翁兄弟查爾斯．科赫和大衛．科赫（Koch），請對方投資來買斷他的股權。橋水還派遣詹森和普林斯前往偏遠的德州拉伯克市（Lubbock），懇請德州教師退休體系（Teacher Retirement System）的董事會入股。達利歐則親自處理最遠的拜訪：中國、中東和新加坡。他飛往新加坡，帶著一支小團隊與總理夫人進行私人會面，她管理該國巨型主權財富基金淡馬錫控股（Temasek Holdings）。達利歐稍微聊了聊投資圈，然後長篇大論地介紹橋水員工評分系統，沒發現有根麵條掛在他的領帶上。

達利歐向大家介紹了他最新、最厲害的發明：稱作「集點器」（Dot Collector）的軟體應用程式。這款軟體預先安裝在每位橋水員工的iPad上，隨時隨地都在運作。集點器[13]是棒球卡系統的進階升級版，統整了全公司員工給予彼此的每條回饋（稱作點數），並按照七十七個人格特質類別給予整體評分，像是「凡事講求眞相」和「深入了解經濟機器的運作模式」。達利歐在新加坡表示，集點器最值得期待的創舉是，他終於找到了適當平衡所有資料的方法。橋水工程師團隊獨家找到了關鍵因素：「可信度」。一旦可信度納入方程式，橋水公司部分員工的點數就可以對評分產生大幅影響，確保橋水可信度最高的員工聲音不會被掩蓋。可信度正是維持唯才是用的關鍵。

同一趟旅程中，達利歐接受了新加坡一家當地報社的採訪[14]，提到他對財富及精品的矛盾心理：「地位是不健康的，我不愛奢侈品。」他指了指手腕上價值一百五十美元的Orvis手錶說：「金錢本身並不是目標。」

達利歐的推銷對象除了掌控著世界上最龐大的財富外，還有一個共同點：他們都是橋水的客戶，有些已投資了數十億美元到公司的基金中。但這次的機會不一樣，達利歐並不是要幫助他們把資產分散在全球市場，而是在建議他們直接把資產交給他。而交換條件是，達利歐向這些長期客戶承諾分享最為稀缺的商品：他的對沖基金。他表示，橋水是經營多年的機構，投資流程系統化、可重複驗證，並且按照別家公司無法匹敵的規則運作。這個論點十分有力，因此對於大型投資人來說，橋水不僅僅是投資經理人，還是預設最安全的選擇。專門替財力雄厚企業進行投資的圈子開始流傳一句話：「沒有人會因為聘用橋水公司而被開除。」換句話說，即使基金表現不佳，選擇橋水這個可靠招牌來管理資金也是無可厚非的事。

重要的是，按照這樣的思維，即使創辦人終究會離開，也並不重要。達利歐留下了《原則》，這能保證橋水未來的領導者會永遠受惠於創辦人的指示。

這次全球的遊說行動果然奏效。新加坡的政府基金同意認購達利歐一小部分的橋水所有權。德州教師⓯退休體系也加入這個行列：這個教職員的公共養老基金向達利歐支付了二億五千萬美元，認購橋水二．五%的私募股權。換算下來，這代表橋水一〇〇%的股權價值為一百億美元。達利歐仍擁有超過一半的股權。因此，他原本名義上的所有權換來十分具體的價值。

達利歐買了新房子來慶祝自己賺進的收益。這位戴著一百五十美元手錶的男人，買下美國有史以來最貴的獨棟住宅[16]，名爲紅櫸莊園（Copper Beech Farm），雖然聽起來鄉村樸素，但其實腹地占五十一英畝，是座法國文藝復興風格的莊園，俯瞰康乃狄克州格林威治一英里長的私人海濱。車道長達一千八百英尺長，因此外頭看不到莊園，隱蔽性佳，唯有某些角度可以看到鐘樓從樹梢露出。達利歐還一併買下[17]海岸附近數座私人島嶼，總價爲一億二千萬美元。

然而在接受媒體採訪時，達利歐卻一直表示對成功帶來的物質享受不感興趣。他委託製作了一部三十分鐘的YouTube影片，親自配上旁白，講解他的經濟機器理論，裡頭搭配卡通人物和古怪的西部風格配樂。達利歐在旁白中說道：「經濟就像一台單純的機器，可惜很多人都不懂它，造成一大堆不必要的經濟磨難。我感到自己肩負重大的責任感。」

這部身價億萬的對沖基金老闆給予免費建議的影片立即引起轟動，觀看數接近一百萬時，查理．羅斯邀請達利歐上《CBS晨間新聞》接受採訪，這是以美國中部觀眾爲主的全國性節目。達利歐欣然答應了，這是至今他上過受眾最廣泛的媒體平台，讓他有機會在民眾面前打造慈善億萬富翁的形象。羅斯坐在對面，二人都身著深色西裝，達利歐身子向前傾，目不轉睛，開始了他平時介紹橋水的演說，CBS在螢幕上打出字幕：「瑞．達利歐之道」[18]。

「基本上，我們深入探討大家思考方式的不同、每個人的優勢，還有各自的特質，」達利歐說，「這就好比加入知識版本的海豹特種部隊，這就類似那種體驗。關鍵問題是，你能不能克服虛榮心帶來的障礙？這很痛苦。海豹部隊面對身體的痛，這裡要面對精神的痛。你克服得了虛榮心的障礙嗎？你能發現眞相嗎？」

羅斯迅速換到更宏觀的問題，似乎顯示他察覺達利歐聲稱克服了自滿，卻坐在這裡接受數百萬觀衆的訪問，說來不免諷刺。

「你說必須放下虛榮心，但是你自己的內心不就也存在虛榮心嗎？」

達利歐打斷了羅斯。「當然不是！」他拉長音回答，用力搖著頭。

「等等，我的理解是，因爲你想成爲最大又最厲害的對沖基金，當然就會滿足虛榮心——」

「不對。」

羅斯提出了他的證據：「所以你不想成爲最大又最厲害的對沖基金，而是想告訴大家說『我定義了什麼是經濟機器，這就是世界經濟運作的方式。我來闡述給你們聽，經濟就是這樣運作，不是那樣運作』。」

「這算是虛榮心嗎？」達利歐回應道。

「我要問的是，爲什麼這不算是虛榮心？」

「嗯，我認爲這可能要看背後的動機，大家可能會覺得這是虛榮心。」

「這樣利他嗎？」

「利他啊。」

「眞的嗎？」達利歐的聲音突然拉高，聽得出不耐煩。「眞的。」他停頓了一下。「我六十四歲了，我不想要害怕了，不要害怕開誠布公。」

「你這麼有成就了，還想要什麼呢？」

「我只想要不斷進化，一切都只是個人的進化。我認爲一切事物的自然秩序，就是你要面對不同的挑戰，克服這些挑戰後再進化。」

⇌

CBS的專訪讓達利歐的「經濟機器如何運作」影片觀看次數爆增。（羅斯的主持搭檔蓋爾·金〔Gayle King〕甚至之後在節目上說：「現在我很想去看他的YouTube影片耶。」）觀看次數先突破了一百萬、然後是五百萬、一千萬，最後超越二千五百萬。達利歐在全球累積大量支持者，包括學生、專業投資人和家庭主婦，全都著迷於這位分享成功祕訣的億萬富翁對沖基金經理人。陌生人會在公共場合找他攀談、感謝他的洞見，或要求簽名或合照。電子郵件如雪片般飛來，當初長島的桿弟儼然已成爲了名人。

達利歐的哈佛商學院同學庫賓吃驚地看著這個轉變。身爲接連成立許多新創公司的創辦人，庫賓的同學人脈不乏許多成功人士，但達利歐的知名度來到全新的境界。二人的度假（通常與妻子同行）行程變得更加精彩，因爲在部分國家，達利歐現在等於是來訪的達官顯貴。在以色列旅行時，庫賓夫婦和達利歐夫婦會見該國前總理西蒙・佩雷斯（Shimon Peres）。庫賓只能憑空想像進入目炫神迷的名流圈的感覺。

但即使是在度假，達利歐似乎不改其好辯的性格。他們在燥熱如常的以色列夏天旅行時，耶路撒冷中心古蹟西牆（Western Wall）這個熱門宗教場所特別炎熱難耐。烈日當空，男女按照猶太習俗分開靠近牆壁，庫賓本以爲會按照傳統快速寫下一張紙條，然後塞入牆壁的縫隙中。沒想到，達利歐卻與一名陌生人（衆多在牆邊祈禱的東正教猶太教徒之一）展開了熱烈的對話。庫賓聽得到對話的片段。

「你爲什麼要祈禱？」達利歐問道。「你從中得到什麼？」

庫賓忍不住暗自發笑。他們身處以色列最著名的景點，天氣酷熱難耐，而達利歐還花時間質問陌生人。

但更多時候，只有達利歐、庫賓和數名船員，他們在全球各地島嶼之間航行，只要達利歐聽說哪裡有絕佳潛水地點就到那裡。他們跟巨型魷魚擦身而過後，看準時間造訪巴西外海的費爾南多・迪諾羅尼亞（Fernando de Noronha）偏遠群島，欣賞長吻飛旋海豚。

儘管達利歐的遊艇擁有一流的葡萄酒收藏，但庫賓說他更常追求全新的體驗，而不是好好放鬆或純粹休閒：「他開船出海不是爲了娛樂，而是一定有特定目的。」

庫賓發現，達利歐習慣凡事獨立完成。在哥斯大黎加附近的一次航行中，二人與一組專業潛水教練同行。之所以必須要潛水員同行，是因爲達利歐執意要潛水看白鰭礁鯊。白鰭礁鯊大約五英尺長，全身呈流線型，喜歡在近海底珊瑚礁附近停留，鮮少接近水面。白天，這些鯊魚在洞穴中休息，所以最佳觀察時間是晚上，牠們會出來獵食。潛水教練給了達利歐和庫賓明確的指示：待在鯊魚上方就好，不要潛到牠們下面，否則鯊魚會誤以為你是獵物，發動攻擊。

「你事情講一遍就可以了。」庫賓說。

達利歐和庫賓穿好裝備、接上氧氣罐，跟著教練潛入水中，來到表面下平靜的水域。教練選擇的地點很好，出現了很多鯊魚。庫賓在水中滑行了一會，欣賞著眼前景色，然後注意到達利歐迅速潛到鯊魚下方，想要從更近的距離觀看——剛剛好就是教練告誡的事。

達利歐的教練猛然把他拉到水面（庫賓說「眞的是一把抓住」），然後把濕淋淋的他拉向遊艇。在檢查了達利歐一番後，這位專業潛水員搖著頭走向庫賓的教練。

「我以前就看過這種情況，」教練說，「結果人沒了，只剩下氧氣罐。」

另一位教練回應道：「我還見過牠們連氧氣罐也呑進肚子咧。」

第14章 未來之書

達利歐不在橋水的日子，等於給葛雷格・詹森大好機會。也許是爲了證明他能在創辦人缺席時代理職務，詹森盡力模仿老闆的作風。

首先最明顯的步驟，就是建立自己的權力基礎。除了他常常在家舉辦派對有助於此，某年他還私人包機帶一群忠心耿耿的部屬去看超級盃（Super Bowl）。每個人都想持續獲得詹森的青睞，然後受邀加入他的圈子；橋水部分女性員工甚至自稱「葛雷格的天使」。但他的人際影響力還不夠，達利歐掌握著公司資金，而眾所周知的是，這位橋水創辦人常常心血來潮就幫員工加薪或減薪。看樣子，詹森認爲自己也可以成爲金主。他開始自掏腰包給投資團隊成員發放數百萬美元的獎金，這個罕見的舉動讓部分員工更不願意得罪他。

他還找到了方法讓達利歐幫投資部門員工加薪。即使是以對沖基金的標準來看，橋水有項公司政策依然特別嚴格，即禁止員工以個人帳戶進行交易，以防他們運用橋水這家全球最大對沖基金的專業來謀取私利。然而，詹森明白，即使是公司最資淺的分析師，也亟欲利用自己的判斷進行個人交易，於是他說服達利歐採用變通辦法，稱作「交易遊戲」。橋水投資部門員工可以進行虛擬交易

（例如賭某支股票會上漲），而達利歐則進行相反的押注。達利歐其實就是扮演市場的角色：如果股票上漲，達利歐就付出差價；如果下跌，橋水員工就欠達利歐錢。這個提議正中達利歐的競爭心態，他便同意了。

一旦滿足了投資部門員工，詹森把目標轉向橋水其他部門。有鑑於達利歐對《原則》評分制度的重視，詹森指定保羅・麥克道爾直接向他報告也就不足為奇了。接著，詹森開始用更多自己的人馬填補公司職位。二〇一三年初，他找來麥可・克萊恩（J. Michael Cline）擔任橋水副董事長。克萊恩是一位經驗老道的企業家和私募股權主管，曾共同創立電影售票商Fandango，不過他打造的信用卡服務集團卻因為在急診室、癌症病房和醫院產房中追繳欠款太過積極而陷入法律糾紛❶。當時五十多歲的克萊恩肩膀寬大、有一頭濃密的黑髮，全身散發著自信感，決策鮮少拖泥帶水。他看起來不太可能在橋水人事紛爭中退縮。在橋水的面談過程中，克萊恩提到自己喜歡「負面的通盤評估」，即四處探聽新員工或商業夥伴最難堪的回饋。克萊恩說，這是真正了解一個人的唯一辦法。詹森深感興趣地說：「我們簡直是靈魂伴侶，思考模式一模一樣。」

為了與克萊恩搭檔，詹森需要遂行他意志的人，取代離開的戰友科米。克萊恩提了一個名字：資深管理顧問凱文・坎貝爾（Kevin Campbell）。坎貝爾走進房間時，往往能吸引全場的注意力。一位橋水員工曾讚許地說，「他的體重一百八十公斤，跟熊一樣精力充沛。」坎貝爾馬上就錄取了。

坎貝爾的任務是清空身旁的勢力。艾琳・穆雷在「**艾琳的謊言**」這場審判之後遭到降職，但仍然留在公司，正設法爭取恢復共同執行長的頭銜。她有直屬卡蒂娜．史特凡諾娃的支持，而且詹森極爲不爽的是，達利歐好像還是會對史特凡諾娃心軟。另一個明顯的威脅是大衛．麥考米克，他與前朋友朱利安．麥克鬧翻後，依然穩居高層主管行列。

詹森在所有人面前都占上風，沒有人比他更了解《原則》，每個人也都知道達利歐有多重視凡事都要遵守《原則》。詹森示範了一個榜樣：雖然私下遵守《原則》值得讚賞，但最大的收穫還是儘可能大聲地到處宣揚，而且最好達利歐在場。達利歐有次差旅回來時，詹森採取了行動。

這原本是場普通的彙報會議，要向達利歐報告他不在期間發生的事，而且出席人數不少。而在達利歐面前，本來就沒有小型會議這回事。這次會議的不尋常之處在於，就在會議開始前數分鐘，全體員工收到一項調查：你的休假紀錄是否正確？這個問題明確到很奇怪。

詹森和穆雷分別走進會議室，二人身旁都是自己的人馬，就像拳擊手被十來個隊友圍繞著走向擂台。穆雷坐在詹森對面，爲「深挖」做好心理準備。然而，詹森卻開始朝她身邊的男性部屬說話，他在橋水任職五年了。詹森開始問話時，語氣還算愉快。

「最近還好嗎？有休假放鬆一下嗎？」

「就是打打高爾夫，這兒打打、那兒打打。」

「你休假休了多久呀？」

「跟平時差不多。」

在場的人回憶說，詹森的眼中閃過一絲光芒。他偷瞄了達利歐一眼，然後看了看穆雷，又快速掃視了一下角落裡記錄整個過程的攝影機。他看起來想好好利用這一刻，便慢慢地拿起面前一個資料夾，再放手任它重重地落在桌上，碰的一聲劃破全場的寂靜。他再開口時，語氣一點也不友善，反而還帶著酸溜溜的口吻。

「你的特休最多三個半星期，但是你六個星期沒進辦公室了。」詹森指著資料夾，證據就在裡面，他事先請團隊檢查了監視器影片。

「我不確定這件事情適合在現在的場合討論，」這名員工不滿地說，「也許我們可以私下再談——」

達利歐站了起來，打斷了對話。「這看起來不太妙喔。到底是怎麼一回事啊，你人在不在這裡？」

「我覺得我們應該繼續開會。」那名男性員工說。

「我們現在就應該解決這個問題。」詹森說。

他叫來了凱文．坎貝爾，詹森倚重的那名身形高大、聲音低沉的新員工。坎貝爾把矛頭轉向穆雷，語帶嚴肅地說，這是管理上的問題，應該說缺乏管理。穆雷識人不明、工作分配不當，甚至沒注意到他們是否有上班。這違反了一條關鍵的原則：「認清管理、過度管理和放任不管之間的區別。」

達利歐滿臉好奇地轉向穆雷。她幾乎說不出話來，她說，這擺明是一場暗算。詹森甚至沒有給她時間，好好檢視他引以爲傲的證據資料夾。達利歐同意給她一個晚上來審閱資料，並指示她和該名員工隔天在管理委員會面前接受完整的公審。詹森著手準備交叉質詢。

但他完全沒有機會。隔天太陽還沒升起，該名員工就聘請了律師，談妥了一筆有償離職。這名員工直接去見達利歐，說整個過程是一場鬧劇：「提問的人就是執行的人，根本是黑箱作業。」

如今沒有人可以調查，達利歐對這件事的興趣明顯消失了。他先前已對穆雷進行過公審，太快又進行一次很可能不好玩。隔天，詹森精力充沛地出現，準備給予穆雷致命一擊，但沒有人可以給他教訓了。本來可以在他的功勳簿上添加一筆的機會，就此從指縫中溜走了。

⇆

橋水公司內有許多人，無論是詹森的朋友還是敵人，都認為他留下來的原因人盡皆知。自從達利歐二〇〇九年宣布即將退休以來，四年過去了，許多人（包括詹森在內）仍然說得好像這件事可能隨時發生。詹森只需要耐心等待就好，直到達利歐主動選擇離開，或因為不可抗力地離開。詹森將順理成章地接班。

確實有幾次，接班一事好像很快就會發生。二〇一三年六月❷，達利歐收到了一個可怕的醫療診斷：巴瑞氏食道症（Barrett's esophagus）。這是很容易就會導致致命癌症的組織病變。他得知自己最多只剩三年可活，確診隔天他在日記中寫道：「這個消息讓我更加關注人生的終點。」

達利歐在橋水內部分享了這個消息，也因此好一陣子獲得了員工的同情。對許多人來說，達利歐坦承自己的脆弱，反而顯得平易近人，也凸顯了他常說的話，即橋水這個地方可以打造有意義的關係。他們就像見證了達利歐十分私密的決定。

達利歐召集了他的主要副手，包括詹森，說自己再度感到卸任的衝動。在達利歐後來公開發布、經剪輯過的錄音中，那場談話如下：

「我想以眞正負責任的態度來進行這件事情。我眞的很在乎橋水，我在乎你們每一個人。」

他這番話在會議室引起了此起彼落的認同聲。

「大家都必須習慣我不在身邊，我們要一起度過這段時期。你們能坐在這間會議室裡面，是因爲我把你們當家人看待，我可以跟你們坦誠交流，我可以信任你們，我們在某種程度上投入了……」

此處，達利歐可能是話沒說完，或具體時間那段被剪掉了。

他又說：「現實是很美好的。」

不到五週，達利歐就得到了一個新的診斷結果。他諮詢過多位醫生，最終動了個小手術，發現預後不如之前預想那麼糟糕。他沒有罹患致命癌症的高風險。於是，他從橋水卸任的衝動似乎又消失了。

儘管達利歐交棒給詹森一事似乎永遠停滯不前，但詹森一直有優渥的薪資聊以慰藉。光是二〇一一年、二〇一二年和二〇一三年這三年間，根據產業研究機構Alpha的報告，他的總收入達到八億一千五百萬美元❸。雖然這只是達利歐薪水的一小部分，卻也足以讓詹森躋身業內所得最高的對沖基金經理人行列——甚至超過許多掌舵自家基金的經理人。

然而，只有少數人知道他留任的另一個原因。達利歐設計了一個複雜的機制：詹森表面上賺得愈多，實際上欠得也愈多。達利歐要求，詹森繼續受僱的條件就是必須逐步買斷達利歐的所有權。詹森根本沒有那麼多錢，所以由橋水借錢給他❹，就是每年轉讓一小部分所有權，慢慢累積巨額債務，而債主恰好就是達利歐這個大股東。隨著橋水公司估值的上升，詹森的債務也隨之飆升。達利歐把公司的部分股份賣給德州教師退休體系時，不僅他自己的股份受到影響；由於橋水現在更值錢了，這也讓詹森要付的貸款更加龐大。

這個機制的結果就是，在外人眼中詹森個人薪資看似豐厚，其實都用來償還貸款了。看似屬於詹森的收入，大部分是要償還他欠達利歐的錢，而且是透過橋水當作中介（剩下有部分則是用於支付詹森給員工的獎金）。這個情況給詹森帶來了龐大壓力，他必須保持橋水的投資持續賺錢。而他也的確辦到了，但僅僅只是勉強達標。二〇一三年Pure Alpha基金只成長五%，二〇一四年更只有四%，而All-Weather基金則在盈虧之間震盪。對詹森來說，這正是橋水自豪的投資系統失利的最糟糕時機。

在這段業績低迷期間，達利歐的私人財務幕僚安排了一次與詹森的會面。幕僚團隊注意到詹森的債務不斷累積，憂心達利歐和詹森的命運逐漸糾纏在一塊。假如詹森無法還清債務，可能會對達利歐的財富造成重大損失。幕僚們表示，他們的任務就是防止這種情況發生。

他們要求詹森提供抵押品當作貸款擔保。

詹森茫然地盯著他們說：「我什麼都沒有，只有房子而已。」

最後大家同意❺，暫時擱置這個問題。

⥃

詹森別無選擇，只能在橋水更加努力工作，希望達利歐能信守承諾退休。詹森家中派對變得愈來愈長、愈來愈頻繁，幾乎每逢週五晚上都有狂歡活動。他重新與前女友薩曼莎·霍蘭德來往，她仍在橋水工作，六位數的年薪多少彌補了她先前被調查的屈辱。根據認識二人的員工回憶，詹森開始向霍蘭德傾訴心事，包括自己在公司的沮喪。二人會一起嘲笑達利歐的雙重面具——在媒體專訪和醫療診斷後展現同情又善良的一面，以及他們在橋水經常看到的冷酷一面。二人先前談戀愛竟然都能安全下莊，反而讓這次重修舊好更加刺激。

詹森在霍蘭德身上，彷彿看見一個完全站在他這邊、值得信賴的對象。雖然他有機會近距離觀察達利歐，但霍蘭德讓他了解到基層員工的視角。他告訴霍蘭德，基層員工都十分害怕得罪達利歐，把詹森當成他們最大的希望，期盼他開創更加理智的時代。所有人都在等待他坐上橋水大位，詹森也因爲肩負著衆人的使命，而感到信心倍增。他需要橋水的程度，不亞於橋水需要他的程度。

達利歐退休過渡期持續多年下來，幾乎不可能強行推動接班這件事，尤其是橋水的投資績效欠佳時更不可能。達利歐需要親眼看到他的接班人已經準備好接管公司。詹森環顧公司上下，將目光落在達利歐最看重的領域：《原則》。如果詹森能找到方法，向達利歐證明《原則》可以放心交給他，那也許就萬事俱足了。

《原則》的內容一直在不斷擴充。二〇一〇年只是八十三頁的著作[6]，到了隔年已增加到一百一十頁[7]，發給員工的某個版本[8]甚至來到二百零八頁。橋水有一個團隊專門負責協助達利歐更新內容。經過長時間的開發後，「痛苦按鈕」演變成了「痛苦＋反思＝進步」的動態版本。這包括了可以三百六十度扭動的轉盤，讓員工在被調查、診斷或單純被批評時輸入他們當前的不滿程度，達利歐說：「就像一個心理學家。[9]」另外還有「仲裁器」（Dispute Resolver），要員工輸入爭論雙方的觀點，理論上能根據《原則》來判斷誰才是對的。而最普及的是「集點器」，這是保羅．麥克道爾協助開發的評分工具，達利歐曾在新加坡向客戶演示過。而記點逐漸成爲橋水員工近乎上癮的行爲。橋水工程師進行了分析，發現平均每二十分鐘，員工就會打開這個App一次，不是替別人評分，就是查看自己的評分。

達利歐對於公司iPad上不斷擴充的《原則》相關工具開心不已。這些種種的App過去統稱爲「諸侯」（Vassal），現在則有了新的名字：「未來之書」。儘管這些App對外界仍然保密，但橋水內部卻頻頻提到[10]「未來之書」的前景。達利歐經常說，一旦這本書完成，他就不再需要管理橋水了。

說《原則》是一本書其實有點誤導，因爲《原則》的核心是仍在開發中的軟體，達利歐稱之爲「Prince」，即「Principles」（原則）一詞縮寫。Prince的目標是成爲類似蘋果產品上Siri的語音啓動助理。全世界有數十億消費者會跟Siri對話來獲得問題的答案，Prince也同樣會成爲按照《原則》來回答問題的唯一來源。這個產品最初計畫在橋水內部使用，達利歐希望日後推廣到全世界。他對橋水的團隊說：「未來之書」會像蘋果第一代iPhone的發明一樣締造歷史。如果這聽起來太過牽強，達利歐便會指出，史蒂夫・賈伯斯在改變世界的過程中，也曾面對許多唱衰他的人，但仍堅持到底。

在向橋水的技術團隊（包括保羅・麥克道爾）說明任務時，達利歐的摘要是：「你正在和妻子吵架，你拿起iPad，然後說『Prince，我該怎麼辦？』」

麥克道爾回應道：「瑞，如果我跟妻子吵架到一半拿出iPad說這句話，幾秒鐘後我的臉就會變成iPad的形狀啦。」

達利歐板著臉沒笑。

⇆

對達利歐來說，一旦「未來之書」投入使用，就會解決橋水剩下最緊迫的問題，就再也沒有藉口背離《原則》。Prince會成爲達利歐在每次會議中的代言人，這項新科技似乎也能解決詹森的困境。有了Prince在場，也許達利歐會發覺自己不用事必躬親。

因此，二人出於不同的動機，但都在追求同一個目標。

身爲全球最大對沖基金，橋水爲「未來之書」大開支票，先砸下數百萬美元，然後又砸下數千萬美元，聘請工程師、設計師、技術文件撰寫師，以及購買所需的各項設備。表面上，任何想法都值得認眞對待，也都能獲得資金支持。一名員工提到可以呑下膠囊，電子傳輸血壓、胃酸濃度和其他健康指標。這些資料可能十分有用，例如診斷員工時，就可以看出這個人是否眞的適應橋水的制度，無法隱藏痛苦或其他身體反應了。另一名員工說，他讀過提到頭巾和頭套的內容，用來即時檢測腦波活動和頭皮張力。達利歐對這兩個點子都回應得很熱絡，希望裝置能顯示杏仁核是否如他常說的受到不當刺激，詹森也盡責地允許員工探討這些想法。

對於這項大型專案，達利歐追求著明星般的光環。他告訴部分員工，「未來之書」是他參與過最重要的專案，希望可以轟轟烈烈地推出。二〇一三年聖誕節後某個早上，他興奮地衝進橋水總部。原來在前天晚上，他看了一部獲得奧斯卡提名的新電影《雲端情人》（*Her*），故事是一名孤獨的單身男子（由瓦昆・菲尼克斯飾演）愛上了像Siri般的虛擬助理（由史嘉蕾・喬韓森配音）。達利歐顯然也受到喬韓森性感的聲音所吸引。達利歐說：「我們去找她吧，付錢請她來幫Prince配音。」

但橋水員工卻遲遲得不到喬韓森經紀人的回覆。

詹森招募另一位大人物倒成功了。Siri是經歷二十多年⓫、將近五十個不同版本才最終問世，詹森不打算等Prince那麼久。在他的牽線下，橋水請來知名電腦科學家大衛・費魯奇（David Ferrucci）來參與這個專案。費魯奇在人工智慧領域像是名人般的存在。他曾在IBM工作，率領的團隊打造出會自動回答的電腦系統「華生」（Watson），成功在《危險境地》益智節目上競賽。

費魯奇公開表示⓬，自己很高興能加入橋水，協助建立總體經濟模型來預測市場走向。這十分有道理，換作是其他對沖基金，想必會欣然讓費魯奇從事投資工作，運用他的才能為公司客戶賺錢。但詹森選擇了另一個方向，讓費魯奇負責率領新團隊，工作屬於高度機密，團隊名字頗為奇怪，叫作「系統化智慧實驗室」（Systematized Intelligence Lab），主要任務是給「未來之書」裡的Prince和iPad App添加人工智慧。費魯奇儘管表面上躍躍欲試，其實與橋水投資引擎的核心業務維持相當大的距離。

在費魯奇開始工作的同時，詹森擬定了自己的最終卸任計畫。他打算將公司的業務一分為二：一半是由詹森領導的對沖基金公司，另一半稱為NewCo.掌管《原則》及相關軟體，包括「未來之書」。在達利歐的許可下，詹森安排了數十名橋水員工，研究如何在二家公司之間適當調度人員和資源。他聘請了顧問，勾勒出詳細的計畫。詹森向公司員工表示，NewCo.不僅僅是《原則》的歸宿，也是達利歐卸任的去處。詹森希望這位橋水創辦人會對「未來之書」期待不已，進而樂意從對沖基金的工作畢業，把母公司留給他。最終，詹森就會登上王座。

這個看似互利的計畫結果卻瓦解了，過程也非常符合橋水風格：區區一顆小石子就引發了雪崩。

二〇一四年初的問題出在觀望宅（橋水在當地的豪宅）的網路。達利歐在豪宅中連不到自己的手機，於是他要求擬定解決方案。這個請求逐級下達到二名房地產部門的基層員工。這二名員工和他們的主管在得到達利歐的同意後，打算升級房子的網路鋪線。他們做了成本的功課，然後到達利歐的辦公室報告估價：四千五百美元。

達利歐從椅子上跳起來說：「葛雷格人咧？」

達利歐朝詹森的辦公室走去，部屬們不甘願地跟在後頭。他沒有敲門就推開了門。整群人低著頭跟著擠了進去。

達利歐指著他的房地產主管說：「這傢伙太扯了，他根本不懂管理。」

詹森嚇了一跳，抬頭疑惑地看著。

達利歐嚷嚷著，說單純的網路升級不可能要花四千五百美元。對他來說，這明顯是《原則》可以解決的問題。如果這是詹森的決定，那問題本身肯定沒有得到適當的處理或診斷。

「葛雷格，這件事情你是怎麼管的啊？」

詹森一直在經營橋水這家管理著一千五百億美元資產的對沖基金，其中包括了快速成長的科技部門，員工人數已有一千五百人，並且還在持續增加中。二〇一四年[13]，達利歐的年薪是十一億美元，等於每分鐘就能進帳數千美元，而這筆網路升級費用跟詹森日常派對的酒水帳單差不多。即使詹森明白《原則》重視小錯誤，這件事也似乎不值得他和達利歐特別關注，只像達利歐在找藉口挑毛病。

但這樣的回答一定過不了關。詹森只能略為結巴地說，他沒有密切留意這件事，但從現在開始一定會好好追蹤。

他其實不必白費唇舌。達利歐就像狗咬住骨頭一樣，開始緊抓著詹森身為執行長的工作不放。達利歐擱置不久前批准的NewCo.計畫。詹森默默地生著悶氣，覺得達利歐是在維護個人身為公司唯一老闆的地位。

確實，到了二〇一四年中，達利歐好像看什麼事都不順眼。根據手邊的證據，他將責任歸咎於詹森。在某種程度上，他也沒說錯。詹森的投資效益明顯是一大痛處。達利歐把橋水引以為傲的投資系統（等於精力充沛的純種馬）交給了他，但現在該系統卻跑得像一匹母馬。Pure Alpha基金的低個位數報酬率不僅跟不上蓬勃發展的全球經濟，甚至比所有對沖基金的平均績效還要差。達利歐在公開場合幾乎不表露擔憂，但在橋水的投資會議上，他經常抱怨自己把公司交到「白痴」手上，對投資團隊大發雷霆。他下令展開新一輪的成本追減措施。

由於有糾錯紀錄，達利歐可以找到大量公司出問題的證據。其中一個問題是橋水數百部公司內部電話顯示。從橋水公司內部撥打外線電話時，對方顯示螢幕上出現的公司名稱被切斷成

「Bridgewater Ass」（譯按：字面上像是橋水王八蛋）。沒有人對此迅速承擔責任時，公司便展開了調查，伴隨一連串的深挖。與此同時，顯示名稱卻始終沒有改變。

食物問題再次成爲令人頭痛的問題。爲了緩解達利歐對成本的擔憂，橋水換了一家更便宜的外燴公司。糾錯紀錄馬上就申訴滿滿，抱怨沙拉吧原本漂亮的切片酪梨，被糊糊的現成酪梨醬之類的產品所取代，顏色老是呈現各種褐色。晚餐供應的情況也沒有好轉，這通常是只提供給加班員工的外賣。有名員工點了糙米飯，但打開外賣盒時，卻發現裡面是普通的白飯。這個問題也被記錄在案。許多橋水員工堅信這種食物是在殘害感官，有名資淺員工挑了某天自助餐廳的幾樣食物打包裝箱，用內部郵件寄給達利歐本人。這樣用字面來詮釋《原則》裡「嘗嘗湯的味道」奏效了，達利歐把這個視爲求救的訊號，說要親自監督針對餐飲服務問題的診斷。

達利歐介入帶來二個結果。首先，達利歐指示動用更高預算，聘請另一家外燴公司。食物品質大幅改善，達利歐也可以自詡解決了問題。

對於知情人士來說，還有一個意想不到的後果發生在負責總務（包括自助餐廳）的主管身上。他幾乎每天都要面對達利歐和他直屬部下針對公司設施不良的關注。根據當天在場的二人回憶，在經過幾週的例行調查後，這位總務主管在辦公桌前突然倒下，簡直要喘不過氣、緊抓胸口。救護車隨後來到辦公室把他抬走。他的心臟病發作，所幸活了下來，但之後沒有在橋水待太久。

即使是《原則》的死忠支持者，許多人見到同事被抬走的場景都感到十分不安，但鮮少有人公開表達。這類牢騷往往會得到一個現成的比喻，這個比喻在達利歐對員工的演說中，以及接受查理・羅斯採訪都曾使用，出現過幾十次甚至上百次。達利歐說，在橋水工作就像加入海豹特種部隊，只有最強悍的人才能生存下來。對於堅持下來的人來說，收穫就是「有意義的工作和有意義的關係」。他把這個最終目標稱作「另一邊」。想要到達另一邊，就需要經過《原則》訓練、調查、記點等重重考驗。達利歐對自我勵志專家東尼・羅賓斯說⑭：「如果你到達了另一邊、度過了考驗、擁有了這些關係，那就很有力量了。」

而誰理應早就遠遠在「另一邊」了？非詹森莫屬。他從實習生開始就一直在公司工作，但他新聘的副董事長麥可・克萊恩卻持相反看法。他在橋水這家最大對沖基金遇到的同事，似乎並不是被達利歐掛在嘴邊的終極目標所驅動。除了任何營利企業員工都會視為明顯誘因的金錢，克萊恩得出的結論是，員工還受到另一項因素的鞭策：恐懼。這不僅是害怕被控違反《原則》某條而遭到羞辱或指責，同時揮之不去的恐懼是，在橋水工作是這輩子自我提升的唯一機會，未能達標就等於默認自己能力不足。橋水沒有模糊的中間地帶，只有分成自己人和其他人。達利歐的「海豹特種部隊」才不會與普通小卒來往。

克萊恩跟一位同事說：「這就是被放逐的感覺，沒有人想被逐出這個特殊的地方，這正是鞭策著許多橋水員工的恐懼。而且這裡就像一台碎木機，你必須離碎木機愈遠愈好，因為一旦袖子被捲進去，你就完蛋了。」

在身旁人的眼中，克萊恩好像認爲自己超越了這些不安全感。他是詹森親自挑選來協助管理公司的人，詹森想必視他爲自己人。克萊恩在向橋水老員工講解正確的工作方法時，老是說得手舞足蹈，順利地朝著「另一邊」前進。

但克萊恩最終也被捲入碎木機。他職涯的殞落始於一場會議，與達利歐關係密切的年輕橋水員工珍・希利也參加了。克萊恩跟希利說明如何妥善進行工作時，俯身把手放在她露出的膝蓋上⓯。他繼續說話，而希利卻僵坐在位子上，好像在等待這刻結束。

希利離開會議後，告訴達利歐這件事。他坐著聽完，然後說：「妳應該覺得受寵若驚啊。」這位橋水明日之星遭遇的事很快就傳開了，公司裡接二連三有女同事去找她聊聊，全都鼓勵她追究此事，在公司內部發聲。她們很肯定，希利是達利歐的愛將，絕對會支持她。但希利的反應卻充滿矛盾，她覺得那只是沒幾分鐘的事，但如果她堅持投訴，一定會要不斷回想這個經驗。如果達利歐用他過去的方法來裁決，可能得耗上數個月進行錄影、蒐證和交叉質詢。

想到這點，希利就覺得頭痛。

希利決定⓰不予以追究，克萊恩就此逃過公審，但由於對達利歐的心腹做得太過分，他的名聲還是受到影響，在橋水任職不滿一年就離開了。

⥂

對詹森來說，克萊恩離職無疑是雙重打擊。部分原因再明顯不過：詹森引介來的死黨兼好夥伴，離開時居然如此不光彩，等於給了達利歐新的藉口來更加嚴厲地要求詹森。

詹森的另一個問題是，他再度跟薩曼莎．霍蘭德私下交往，公司裡除了少數人外都不曉得。雖然霍蘭德獲得升遷，但詹森的頭銜仍然遠遠高於她的位階，而且執行長終究是老闆。根據一名了解二人互動的人回憶，這次他們談戀愛明顯更加小心。他們在橋水公司走廊經過彼此身旁時，頂多有默契地眼神交流一下。他們不會在公司活動中約會，即使在其他員工周圍也很低調。一旦離開公司，有了安全距離，詹森就會放鬆戒心、拚命喝酒，向霍蘭德抱怨讓達利歐卸任簡直比登天還難。

幾週過去了，他們的警惕性也隨之下降。二〇一四年某個晚上，霍蘭德和詹森跟一群同事到紐約市區聚會。酒過三巡，時間漸晚，離開時大家分頭上了計程車。詹森和霍蘭德與幾名同事共乘一輛車，但他們仍大剌剌地表現得很親密。最後，他們叫司機停在一家飯店前，讓他們下車。

沒多久，達利歐得知詹森又故態復萌了，便把這位長期副手拉到一邊，進行男人之間的談話。謠言是真的嗎？詹森否認了。他告訴達利歐，雖然他和霍蘭德有很深的情感，但他們從未發生過性關係，甚至差得遠了。二人的關係純粹是同事情誼，僅此而已。

達利歐也把霍蘭德叫來問話。她走進辦公室時，滿臉藏不住緊張，十分不習慣受到橋水創辦人密切關注。她想必知道，自己說的話可能會被拿來跟詹森的話兩相比較，但詹森經常自詡為《原則》的榜樣，她可以預設他會據實以告。

達利歐問霍蘭德，她和詹森之間是否有任何成人的關係。她日後跟朋友們說，她當時心想「信任眞相」，即引用了《原則》內容。因此，她給予肯定的回答，二人正在漸漸培養感情。他們花了很多時間相處，還去飯店開房間，意圖很明顯了。他們本來會發生性關係，但詹森醉到無法進行。

霍蘭德以爲整件事就此結束。她誠實回答了，已無其他事可以告知。但達利歐顯然依舊心煩，看起來不是因爲上級與部屬出現戀情，而是因爲二個版本的事件存在分歧。《原則》提到：「如果出現重大分歧，就必須加以解決。」達利歐交給橋水倫理委員會處理此案，要求他們得出結論。

倫理委員會是由三名橋水資深男性員工所組成，包括達利歐在內（穆雷因爲「**艾琳的謊言**」事件被排除在外）。由於一切要公開透明，詹森和霍蘭德當面對質。詹森說二人只是朋友時，霍蘭德坐著目瞪口呆。她拿出飯店客房收據，證明他們曾共處一室。詹森說這證明不了什麼。她內心升起一股怒火，但也開始感到擔心。達利歐看起來無法接受詹森這個由他提拔到權力高位、甚至一起度假的人，居然當面撒謊。達利歐後來跟一些人說，由於達利歐個人的層級評分系統，橋水軟體判定詹森是公司數一數二可信的員工。假如詹森眞的在撒謊，對於整個系統的可靠度，或達利歐的判斷力又有什麼影響？

霍蘭德離開倫理委員會會議時，原以爲自己會被解僱。沒想到，達利歐要求再跟她會面。這次她獨自前往，準備再次回顧整件事的來龍去脈。但達利歐卻說，他宣布這次的審理無效。他似乎無法決定該相信誰的說詞，但現狀不能持續膠著下去。他提議，霍蘭德就拿幾個月的薪水當作遣散費，然後自願離職。

霍蘭德表示她要聘請律師。

「妳爲什麼會需要律師啊?」達利歐回答。

⇆

霍蘭德打電話給她所知紅遍半邊天的律師:葛洛麗亞・奧雷德(Gloria Allred)。奧雷德因爲專門替性騷擾受害者打官司而出名,馬上答應當她的辯護律師。奧雷德事務所一位律師與達利歐通電話,講了非常久,詳細向他說明他與橋水的潛在法律責任,表示他不僅忽視了調查此類職場不當行爲的所有標準程序,像是自己著手調查而非交由人資部門處理,還可能損害了霍蘭德的聲譽。倫理委員會名字聽起來琅琅上口,但在法律上儼然是噩夢。霍蘭德的律師說,在任何情況下,都不適合由三位沒有受過相關訓練的年長男性質問一位女性與執行長的關係。奧雷德的事務所向達利歐保證,他們絕對會公開提起訴訟。

電話結束後,霍蘭德的手機響起,是奧雷德事務所的來電。那位律師告訴她,橋水提供大約三年的薪水讓她安靜地離開,交換條件是霍蘭德要放棄任何索賠,並同意永遠不會公開談論她的經驗。律師提醒她,如果她堅持要公開,橋水肯定會追究她的責任。

霍蘭德接受了這個和解方案。那天下午,橋水的保全站在她的辦公桌旁,看著她收拾好東西。保全護送她經過沉默的同事,來到停車場的車子旁。在橋水工作了將近十年後,霍蘭德再也沒有回去過。她用部分和解金買了一輛荒原路華(Land Rover)。

然而，橋水仍然緊盯著她的動向。雖然她不能告訴前同事自己離開的理由，但同事們好像聽說了某個版本的事件經過。每隔數個月，她就會收到LinkedIn（她留有個人資料的專業社群網站）的一連串通知，提醒她有來自橋水公司的陌生人突然點選她的帳戶。她無奈地接受了自己在知情人士之間，留下了不良的名聲。

由於霍蘭德不能向潛在雇主透露離開上一份工作的眞正原因，她發覺自己在求職面試時只能說些籠統的話，讓人以爲她也是在全球最大對沖基金工作失敗的案例。這個早期橋水認定是明日之星的女性，後來好多年求職都屢屢碰壁。她好不容易找到工作時，年薪只有以前的一小部分。

二〇一四年年中，霍蘭德離開橋水時，獲得了一百多萬美元的和解金⓱。那年，葛雷格・詹森的年薪⓲爲四億美元。二人再也沒有說過話。詹森保住了飯碗，但達利歐協助他掩蓋了詹森急於保密的問題，詹森想必很清楚，自己早晚要付出代價。

第15章 大義滅親

霍蘭德的離職並未引發太多關注。不論是自願還是非自願，橋水員工突然沒由來地離開公司的情況並不罕見。

在橋水，你不是自己人就是其他人。有時，達利歐會把前員工比喻成離婚的另一半，他說詢問這些人對公司的看法，就好比在問離婚的人他們前夫或前妻是什麼樣的人。

離職員工幾乎無一例外地被迫簽署為期二年的競業禁止條款，宣告不為任何潛在競爭對手工作，這個範疇不僅包括其他對沖基金，還包括許多金融服務公司。這類合約禁止前員工向未來雇主透露離職細節，只能模糊帶過原因，而合約涵蓋範圍廣泛到難以執行，但無論如何，員工還是會乖乖簽署，認為得罪橋水通常沒有好處。一名員工在二〇一四年被解聘，後來發現只有自己單方面保持沉默。她在紐約一家金融公司面試下一份工作時，告訴人才招募主管她曾在橋水工作，說橋水一定會確認她的在職期間。那位主管後來打電話告訴她，核實工作經驗反而被橋水痛罵一頓。她聽說橋水有名員工對她未來的雇主說：「他媽的，你幹嘛僱用她啊？你知道這樣是在跟橋水過不去嗎？」

卡蒂娜．史特凡諾娃自己也曾把橋水的棄子排除在生活之外，她深知這家對沖基金可以多麼公開貶低前員工。因此，她覺得霍蘭德離職居然如此悄無聲息，格外奇怪。史特凡諾娃和霍蘭德關係友好，雖然稱不上知己，但她曉得霍蘭德與詹森異常親近。像她這樣的人無緣無故消失實在說不通。史特凡諾娃懷疑，詹森一定牽涉其中。這不僅僅是合理的猜測，史特凡諾娃與詹森之間也有一段過去。

11

自從詹森升任執行長以來，史特凡諾娃一直在尋找自己在橋水的職涯升遷之路。雖然她可以說自己是橋水管理委員會的幕僚，但詹森的頭銜更大、薪水更高和個性更大方。史特凡諾娃依然是冰雪女王。大家都知道她與達利歐關係不錯，但也僅限於此。她從來不主動舉辦派對，即使眞的舉辦，參加人數想必也寥寥無幾。

史特凡諾娃現在也有了兩個孩子，鮮少參加橋水頻繁的慶祝活動。然而，有個週五晚上，公司邀請員工留在辦公室慶祝公司達成某個里程碑。史特凡諾娃端著一杯酒，看著周圍的喧鬧逐漸升溫。數個小時後，史特凡諾娃因爲社交額度超越多年來的總和而疲憊不堪，開始找藉口離開。

突然，她覺得有人抓了一下她的屁股。她猛然轉身、準備開罵，卻發現是詹森本人，他口齒不清，臉上掛著歪斜的笑容。史特凡諾娃推斷，詹森一定喝醉了，與話都說不好的人吵架毫無意義，史特凡諾娃選擇離開。

但這件事史特凡諾娃覺得實在噁心，加上她也對友人承認，有點想趁機對這個早就超越自己的老對手打擊一番，便向橋水申訴詹森毛手毛腳的行為。也許，她寄望於自己與達利歐關係友好，期待公司會認眞處理這件事，召開全面公審，畢竟達利歐先前針對許多小型違規都是如此。

達利歐最後告訴史特凡諾娃，他要求橋水錄影團隊調閱派對上所有能取得的錄影畫面，結果卻一無所獲。畫面中並沒有看到詹森和史特凡諾娃之間有任何接觸。達利歐告訴她，沒有證據支持她的說法。

史特凡諾娃決定算了。

但她還是覺得霍蘭德的離開事有蹊蹺。在霍蘭德離職後，史特凡諾娃繼續探聽內幕消息。她私下詢問上司艾琳・穆雷，但穆雷也沒有答案。顯然，這二位女性都被蒙在鼓裡。

對史特凡諾娃來說，這個感覺似曾相識。自從躲到洗手間裡聽達利歐吟唱那首下流的詩作後，她就遠離了這位創辦人的核心圈子。她的工作愈來愈是穆雷指派的同步進行專案，調查公司不同部門的管理情況。史特凡諾娃剛完成一項專案，新一輪的專案調度就會開始。雖然這讓她與達利歐保持安全距離，但她也感到焦躁不安。這位哈佛商學院校友來橋水是爲了成爲億萬富翁，雖然她在距離橋水總部約二十分鐘車程的康乃狄克州小鎭過著舒適的郊區生活，但遠遠不及達利歐或詹森的水準。一天又一天過去，她升官發財的機會也愈來愈渺茫。

史特凡諾娃開始加強個人帳戶的交易力道，拿自己的資金投資。這在橋水是允許的事，也不值得大驚小怪。橋水跟大多數對沖基金一樣，訂定了個人交易的相關規定。除了要求員工向公司提供個人委託紀錄的權限外，該規定主要分成二個部分。第一，員工必須保證不利用自身對橋水投資的了解來進行個人交易，目的是防止類似以下情事，例如員工搶先在橋水之前大量買入某個貨幣，而後受惠於橋水數十億資金流入、帶動價格上漲。這個規定對史特凡諾娃來說很容易遵守，因爲她並不了解橋水的投資計畫。第二，員工在執行每筆個人交易前，必須書面通知公司法遵部門，等待批准。這部分的規定經常被忽視。待批准的交易累積很多，時間可能長達數天，但華爾街交易員都想在適當價格買賣，因此這簡直像一輩子那麼久。史特凡諾娃等人經常在交易後收到至少一次警告，因爲他們在法遵部門批准之前就急著進行交易。

史特凡諾娃的二項投資分別是由美國政府資助的房貸巨頭房利美（Fannie Mae）和房地美（Freddie Mac），價格波動特別劇烈。這些股票是對沖基金常見的投資，只不過橋水並沒有公開持有部位。二〇〇八年金融危機後，房利美和房地美一直處於動盪之中，當時政府官員將二間公司的利收歸美國財政部所有。而隨後的訴訟可能會推翻這項舉措，導致股價飆升。史特凡諾娃認爲這個機率很大，於是就幫自己買了一些股票。

因此，史特凡諾娃某天低頭看著手機，發現收件匣閃現一條即時新聞時，她驚嚇不已：國會已針對脫手房利美和房地美，完成跨黨派協議❶。她立即想到了自己的投資組合。如果這項協議通過，她的股票可能就會變得一文不值。她需要快點賣股票，便寫信給橋水法遵部門，請求批准。

沒有回應。

所以她第二天又寫了一封信。

仍然沒有回應。

史特凡諾娃努力不去偷看她的投資組合，但她實在沒辦法，便不斷查看價格，看著它隨著房利美和房地美股票價格暴跌而縮水。隨著一分一秒過去，她的錢即將付諸東流。她再度寫了信，依然無消無息。

最後她再也等不下去了，未經許可❷就賣出了股票。她等待著公司的回信，想必會針對這次違規略施薄懲。

然而，她卻被叫去跟達利歐、詹森和一群人開會。達利歐開場確認會議正在錄音。達利歐表示，會議的主題是「你信任卡蒂娜嗎？」

他率先發難，直說自己對史特凡諾娃失去信任，然後他環顧會議室，在場的人很快就達成這個共識。詹森表示，經過調查後，他發現史特凡諾娃多次違反橋水的交易政策，拿出證據顯示史特凡諾娃曾多次收到交易違規的警告。史特凡諾娃現在很清楚自己的下場，她違反了規定，根據《原則》就是不值得信任的卑鄙小人。她被開除了，沒有遣散費，只有數天的時間可以把工作收尾。

在橋水工作近十年後，史特凡諾娃只剩下最後一張牌可以打：她與達利歐的關係。她刻意虛張聲勢，說自己知道霍蘭德和詹森之間的來龍去脈，然後列舉了多年來的各種不滿，包括達利歐不顧她當時懷孕早已是公開的祕密，還持續散布她在審問過程中哭泣的錄音；觀望宅的派對常常找脫衣舞者；女性在團隊建造活動中被迫脫掉上衣；詹森也有自己不堪的過往。

她說，詹森的事特別讓她難受。她記得當時問達利歐，爲什麼好像公司每個人都可以被取代，只有這個他視如己出的心腹例外？

達利歐叫她不要轉移話題。他說，現在討論的是她的行爲，而不是其他人的問題*。

史特凡諾娃回以陰沉的眼神。「如果你繼續這樣下去，沒有女人會想在這裡工作。」

聽到此話，達利歐無言以對。他同意應該把她開除，而這次談話就是史特凡諾娃在橋水的最後一天。她離開時，留下了二個影響深遠的內部案例。第一個名爲「痛苦＋反思＝進步」，內容是她遭受達利歐的言語攻擊，仍然提供給公司所有員工觀看，如今又加入了第二個案例❸，就是她因爲交易違規而被公開處刑。錄音中沒有她對公司文化的任何不滿，只有達利歐對她的種種指責。這個案例名爲「你信任卡蒂娜嗎？」附帶一份問卷，詢問觀看的員工是否同意她應該被開除。

幾乎所有人都回答不信任史特凡諾娃，也同意開除她。

⥂

也許對史特凡諾娃來說，詹森又一次全身而退，但詹森卻告訴朋友們，自己的感覺並非如此。達利歐隨心所欲地來去橋水。他已不是一次、而是兩次都要達利歐出面保他。如今，他欠老闆更多

---

*達利歐和橋水的律師表示：「史特凡諾娃直到橋水決定解僱她後才提出關於詹森的投訴。橋水當時對史特凡諾娃的投訴進行調查後，確定該投訴是假的。」

人情了。掌管橋水的那天似乎離詹森愈來愈遠。

拍拍屁股走人並不可行。詹森的個人財務與公司的財務、甚至是達利歐的財務都密不可分（因爲詹森從橋水得到的貸款，其實就是由達利歐本人出借），直接離開橋水可能就是一場財務大災難。詹森加倍專注於橋水的投資，經常缺席達利歐可能會出席的會議，表面藉口是投資團隊需要他。

結果到了二〇一四年夏天，在達利歐聲稱退休近五年後，他又以強勢姿態重新掌控局面。按照以往的模式，他對於自己退出橋水管理高層期間所發生的事大動干戈。下令進行新一輪的深挖整頓，糾正理論上由詹森監督的部門。每天似乎都是一樣的過程，達利歐會打開糾錯紀錄，專注於某個申訴事件，然後傳喚相關人等在攝影機前接受調查。由於詹森名義上仍然是公司負責人，所以他也經常被傳喚。他往往會拖著步伐、肩膀下垂地走進會議室，爲自己名義上管理監督失職作證。在達利歐眼中，好像再小的問題都值得關注。即使是公用印表機內留下的一張紙，都可能成爲調查的理由。這是根據一項官方政策：「無人認領的列印作業都必須登記在糾錯紀錄中。」

幾週後，這類情況實在讓人受夠了。橋水有一千六百名全職員工，每天好像都有一樣多的問題冒出來。達利歐召開橋水全員大會。總務部門員工盡量找了最大會議室，椅子能塞多少算多少，在角落替攝影組騰出空間，方便錄下達利歐發言給無法到場的員工。大家一個接一個地走進會議室，彼此緊張地交談，等著聽公司創辦人致詞。詹森坐在前排，偶爾低下頭、表情木然，達利歐隨後出現。

達利歐說，橋水辜負了創辦人的苦心，更嚴重的是辜負了《原則》，所以要好好大力整頓，由上到下，每個人都要參與，接下來會有更多的調查、更多的診斷，以及新一批公開處刑，一切都是按照《原則》的規定，持續到公司重新站穩腳步爲止。

達利歐停頓了一下，向攝影師示意說：「現在把鏡頭對準我。」

攝影師忙亂一陣後，移近了一些。

達利歐直視鏡頭。他的語氣平淡，不帶情感地說：「現場有三分之二的人應該被炒掉。」會議室傳來短暫窸窸窣窣的交談聲。一位在場的前員工記得，當時不曉得是該笑還是該哭。但大家很快就明白，老闆不是在開玩笑。達利歐提到他內心十分痛苦，但不得不採取這個步驟，也知道這個痛苦絕對值得，一切都是爲了達成必要的目標。

他迅速地向周圍的人比了個開槍的手勢說：「有時候，你必須願意射殺你所愛的人。」

這句話立即加進《原則》之中。

「但是我們還是要愛這些人。」達利歐離開了講台，員工排隊離開會議室時，氣氛比剛來時安靜許多。詹森不禁納悶，達利歐最新一條原則是否就是衝著自己而來。

第16章 人工智慧

雖然最新的《原則》提到了「射殺」，但幸好並非是字面上的意思。新一輪的開除行動隨即開始，不少都是首次在剛問世的《未來之書》協助下進行。主管們拿出各自的iPad，按照集點器的評分對員工進行排名，再開除評分低於平均的員工。整個過程冷酷得不帶人性、只論數字，強調嚴肅看待《原則》、不惜一切代價評分的重要性。

保羅．麥克道爾既驚訝又恐懼地觀察著這一切。除了達利歐以外，橋水的評分系統主要出自麥克道爾之手。他當初把棒球卡系統從概念轉爲現實，並調整了評分的加權，讓達利歐的意見比其他人更有分量。現在麥克道爾負責設計以《原則》爲本的軟體應用程式。從任何標準來看，這實現了麥克道爾六年前加入橋水時，達利歐所勾勒出的願景。橋水管理階層像機器一樣運作，而麥克道爾組裝起整條生產線。

麥克道爾看著自己的發明匆匆上路時，他不禁感到胃部一陣翻攪。達利歐和《原則》信徒們分散到公司各個角落，拿著麥克道爾的工具，射殺他們所愛的人。員工只要走進會議室，看到主管滿面愁容地坐著，iPad上顯示集點器，準備宣讀其中的統計資料，就知道自己的終點不遠了。麥克道爾研發的系統既是法官、陪審團、也是劊子手。

麥克道爾跟朋友們說，最讓他困擾的是，這個把單獨資料點整合成全面評分的工具，其實先前沒有經過獨立的測試階段。麥克道爾進行的少量即時分析顯示，科學上實在差強人意。員工在彼此評分時，往往會緊跟現有的分數。舉例來說，如果一名員工在「努力與人同步」這個類別的平均得分爲七分，那大多數新評分都會介於六分到八分。這個系統不但沒有鼓勵人們說出殘酷的眞相，反而支持他們隱瞞眞相，或至少維持現狀。「扣點」（down-dotting）（橋水術語，意思是給低分）會導致同事極有可能以牙還牙，造成雙方評分持續下降。因此，維持現狀才是王道。達利歐是會給予嚴厲評分的人之一。員工們都害怕達利歐批判力十足的低分，因爲這馬上會大幅拉低員工的平均分數，導致其他人看到這個全新的低分基準線，也跟進給予類似的低分。這種群起效尤的局面難以阻擋，完全是記點記到死。

麥克道爾看到收件匣有個會議邀請，並沒有感到特別的恐懼。詹森在找一群人跟凱文．坎貝爾聊天，就是那名體格魁梧的管理顧問，受聘擔任共同營運長。坎貝爾的職權範圍包括ＩＴ部門，所以麥克道爾理應在場（根據《原則》，不得在別人背後討論他的工作表現）。麥克道爾等人聽說坎貝爾受不了橋水的評分系統。即使是小決定也要對相關點數進行長時間的檢視，而坎貝爾身爲經驗豐富的專業人士，直截了當地表示自己很想化繁爲簡。雖然麥克道爾私下大致同意這項觀點，卻不敢大聲說出這種話，更不可能付諸行動了。接下來的發展，讓他想起了保持沉默的好處。

坎貝爾大手大腳地走進房間，發現詹森坐在會議桌主位，麥克道爾和其他數人坐在兩側。詹森伸手拿起對講機，讓達利歐加入會議。等達利歐上線後，詹森就把注意力轉向營運長坎貝爾，要求他彙報工作進度。

坎貝爾表示，他在持續精簡橋水的各項流程。

詹森等了一會，然後在對話中拋出了危險的話題。

他說，他聽說坎貝爾一直在向其他人抱怨，在橋水光是完成簡單的任務都曠日費時。

「你爲什麼沒有跟我和瑞報告呢？」詹森問道，「你明明在談別人做出的決定，爲什麼沒有讓他們在場？」

坎貝爾緊張地結巴起來。他說自己想先四處徵求意見，然後提到一名同事的看法跟坎貝爾所見略同。

詹森打斷了坎貝爾的話，表示他已聽過坎貝爾提到的那段對話錄音。詹森說，聽到二個部屬聊得一副比達利歐等橋水管理高層更懂得如何經營公司，簡直是奇恥大辱。詹森表示，坎貝爾大概被他信任的人出賣了。

「你怎麼知道他懂自己在說什麼？」詹森問道，「你不可以信任他。」

坎貝爾開始在座位上不安地移動身體，說話的速度隨之加快，聲音也開始沙啞。他設法說明自己在錄音中所說的話。「我沒想到你會去聽錄音。」他看起來在忍住眼淚。

「你有沒有想到並不重要。」詹森說。

坎貝爾環顧四周，好像想要搬救兵，但他遍尋不著，於是開始抽泣。這個景象讓人不忍直視，會議室內頓時安靜下來，只剩下整棟大樓裡最高大的男人雙手摀臉的哭泣聲。

忽然，達利歐的聲音透過喇叭傳來，部分受到靜電干擾，發出刺耳的雜音，彷彿有個大家原本忘了的徘徊鬼魂突然造訪。「凱文現在情緒很激動嗎？」

「非常激動。」詹森面無表情地說。

坎貝爾說要去廁所，暫時離開會議室。

數分鐘後，麥克道爾跟著他去了廁所。麥克道爾打開門，發現這位主管正低頭面對洗手台，往臉上潑冷水，努力調整呼吸。水從他的下巴滴落，坎貝爾抬頭看著麥克道爾。

「這眞的是太……太多了。」坎貝爾斷斷續續，邊說邊喘氣。「各種對我的攻擊……從四面八方……不停的來。」

坎貝爾回到會議室，向在場的人說了差不多的話。但爲時已晚。在這段期間，他已因爲無法接受嚴厲的回饋而被扣點了，傷害已然造成。這個事件也促成了一個案例，他的抽泣聲播放給全公司每個人聽。《原則》多了一條，禁止橋水任何人宣稱自己負擔太重，看起來正是因爲坎貝爾的關係。坎貝爾沒有等到最後的「處決」，成了二〇一四年底前❶數百名辭職或被逼走的員工之一。

橋水備受讚譽的新一批主管中，仍有部分人和底下數百名員工留了下來。他們每年領取數百萬美元的薪水，在不同會議室之間來去，鸚鵡學舌般重複橋水的哲學，他們看起來樂於坐領高薪，直到後來《原則》的矛頭也指向自己。

其中一位就是尼克·肯納（Niko Canner），他曾是執行長人選之一，在哈佛商學院的橋水案例研究中擔任主角，在其中被捧爲對達利歐說眞話的榜樣。肯納慣性地畢恭畢敬，鮮少說反對達利歐的話，但他還是喪失自己的定位，因爲達利歐明顯對他厭煩，先是稱肯納爲「應聲蟲」——科米也曾被冠上這個難聽的稱號——後來更想出了新的貶義詞，叫「畫雲人」。達利歐告訴肯納，畫雲人太過於理想化，不會親臨現場或了解工作的具體細節。如果你要帶畫雲人一起去露營，他們絕對搞不清楚該帶什麼用品。橋水公司向來以量化決策爲傲，但達利歐親自取了個嘲諷的綽號，雖然只是主觀的評價，卻在公司內部是個大汙點，畫雲人在橋水沒有前途。肯納便辭職了。

肯納在公司裡人緣不錯，因爲多年工作盡責，大家舉辦了歡送會，地點在「觀望宅」，達利歐在內的許多橋水高層主管都出席了。達利歐拿著酒杯在客廳慢慢繞圈，然後走到站在壁爐旁的肯納身邊。

當時站在他們附近的員工說，達利歐攪動著馬丁尼裡的橄欖，問道：「你會怎麼總結自己在橋水的工作經驗？」

肯納維持一貫地和氣，只說了些籠統的話：「我學到了很多啊，帶走很多寶貴的經驗，我相信將來可以用來幫助其他人。」

這答案錯了。達利歐皺起眉頭，不滿肯納似乎在暗示自己會成爲橋水代言人。「對外不准聊到我們。」

「不會啦，我同意，絕對不會透露任何敏感資訊。」

「我不是只在說敏感的事情，我是說任何事都不准，我不希望你聊到橋水公司。」達利歐喝了口酒。

肯納再度解釋：「瑞，我絕對會拿捏分寸，絕對不會洩露敏感資訊。」

「從今天起，你不准對任何人聊到任何橋水的事情。」

「我需要能夠提到自己過去的工作經驗啊，你可以放心，我一定會考慮得很周到，只會說好話。」

達利歐把馬丁尼差不多喝光了，看了看杯底剩下的渣。他抬頭直視肯納：「我再清楚地說一次：不管你對外界說了什麼，我們都會加倍奉還。」

當晚歡送會差不多要收尾時，達利歐宣布他有個驚喜，是要紀念肯納在橋水這段時光的禮物。他賣了點關子，接著拿出數個包裝精美、書本大小看起來很重的盒子：「這是最棒的禮物！」

達利歐笑容滿面，在眾人注視下，肯納打開了那些盒子，但看到裡面的東西時，他的表情有一瞬間垮了下來，但很快就擠出了笑容。肯納拿出裡面的東西，包括一份由樹脂永久封存的肯納橋水棒球卡，上面滿滿的低分。達利歐還單獨列出了肯納的缺點，以及他收到的負面評價。

肯納發表了長篇大論，感謝收到這份禮物。

達利歐回應道：「就像我常說的嘛，你收到最棒的禮物，就是了解自己的缺點。」

達利歐對於衡量別人缺點的準確度非常有自信，但並非人人都認同。曾任IBM科學家暨華生發明者大衛．費魯奇在橋水建立了實驗室，如今已成立二年多，安全級別堪比中情局黑牢。費魯奇的系統化智慧實驗室完全被四面高牆隔離在其他部門之外，門禁森嚴。除了費魯奇的團隊成員，極少有人獲准加入，公司內幾乎沒人知道裡面在做什麼。少數能加入的成員之中，有些是來自億萬富翁彼得．泰爾（Peter Thiel）的神祕資料分析公司帕蘭泰爾（Palantir）的顧問❷。帕蘭泰爾以協助追捕、擊斃賓拉登而聞名，鮮少公開談論他們提供客戶的服務，甚至從未公開承認替橋水工作。這樣保密到家的方式，增添了費魯奇團隊刻意營造的神祕感。

實驗室門後的祕密活動仍在繼續，但是另一種類型的謎團。身為世界頂尖人工智慧專家，費魯奇告訴同事，根本不知道如何開始把硬科學套用到達利歐和麥克道爾打造的《未來之書》；《未來之書》充滿偽科學，外表用一層哲學包裝罷了。在費魯奇來協助之前，似乎沒有進行過雙盲測試、匿名問卷調查，甚至沒有簡單的回歸分析來證明採用《原則》的方法能帶來更好的結果（「我不相信回歸分析。」達利歐對提出這個建議的員工說）。即使草草看一下資料，也顯示相反的結果橋水公司花在《原則》上的時間愈多（包括相關爭論、記點、審判和公開處刑），公司的投資表現似乎愈差。金融危機後的六年內，Pure Alpha只有二年表現不錯，卻有四年表現不佳。這可能只是單純的相關性，但即使不是電腦科學家，也能看出這個趨勢令人憂心。

對於費魯奇和同事們來說，合理的做法是把他部分專業知識用於投資，為橋水亟需協助的領域帶來新靈感。然而，詹森不願聽取任何建議來調動這位重要人才。他需要費魯奇解決《原則》軟體的問題，這樣達利歐才能終於放心地永久離開橋水。最重要的是，仍在開發中的Prince工具必須能正常運作，一定要找到方法來提問，並且按照《原則》獲得答案。

費魯奇認眞嘗試了。他仿照IBM打造超級電腦華生擊敗二位《危險境地》冠軍的做法。打造華生的第一步❸，就是蒐集必要的原始知識庫，根據特定線索來產出答案。IBM工程師向電腦輸入了數百萬份取材自百科全書、詞典、同義詞詞典、報章雜誌和書籍的文件，只爲了協助華生「種下」基礎智能。費魯奇的團隊❹便如法炮製在《未來之書》上，先是列出了集點器中的特質，然後在詞典中查詢。他問道：「『創造力』是什麼意思？」而《韋氏詞典》的答案是：「**創造的能力**」。他又查詢「**橫向思考**」這項特質，定義是「解決問題的方法之一，即在不同想法之間，找到非比尋常、意想不到的關聯。」。費魯奇接著去查詢「**連結開放思維的問題**」，以此類推一項項特質去嘗試。數小時、數天、數週過去，卻徒勞無功。費魯奇的團隊難以把看似相互重疊的各種特質區分開來。

於是，費魯奇嘗試了另一個方法。說不定橋水特質無法以現有資源輕易去界定。但達利歐是發明的人，肯定能將把這些特質加以分辨。費魯奇決定運用達利歐自己的定義來訓練系統。他與團隊從橋水的透明圖書館（會議影音資料庫）抽樣了數百小時的影片，試圖追蹤達利歐引用《原則》時的固定模式。費魯奇實驗室的員工還翻閱了橋水多年的舊有管理訓練影片，即所有員工都要接受測驗的影片，還費盡苦心地記錄哪些原則派上用場，以及使用的情境。研究團隊藉此打造了許多單字雲，即不同大小的單字視覺化圖像。單字愈大，在對話中使用頻率就愈高。單字雲的概念應用於集點器時，用意是要顯示使用特定用詞的員工，是否經常在某個特質中獲得高分。廣泛來說，費魯奇希望能訓練電腦閱讀或聆聽一段文本，理解假如有些詞彙以特定順序出現，所討論的主題就是出自《原則》。如果科學家們能掌握這個方法，等於可以打造電腦版的達利歐本人*。

這個目標最後難以實現，理論似乎都無法奏效。這位訓練電腦回答世界上任何主題冷知識的IBM華生發明家，卻完全無法理解達利歐的思考過程。針對達利歐何時會擴充《原則》內容，費魯奇的團隊無法找到明顯又足以預測的行爲模式。員工評分或點數同樣缺乏邏輯證據。這位人工智慧專家告訴同事，他逐漸體悟到一件事：達利歐的系統❺中，人爲因素多於人工智慧。

二〇一四年聖誕節前幾天，即費魯奇在橋水任職二年後，他與達利歐坐下來開會❻，提出了小小的不滿。除了達利歐，還有一大群人與費魯奇一起檢視《未來之書》的進展。就像多年前與麥克道爾開會一樣，達利歐開始向費魯奇指出特定橋水員工評分的問題。達利歐說，有些人的評分過高，這一定是軟體出錯。費魯奇安靜地坐著，思索著這番回饋。

說到一半，達利歐突然停下來，然後對費魯奇說：「我在告訴你修正的方向，你沒有寫下來。」

「我正在聽你的意見。」

達利歐歪著頭說：「你是替我工作耶。」

* 費魯奇的女發言人在一封電子郵件中寫道：「使用量化調查資料採用產業標準的統計方法找出統計上顯著的差異。」被要求進一步說明時，她拒絕了。

「我是替葛雷格工作。」

「不對，你替我工作。」達利歐氣惱地揮了揮雙手，隨後轉向在場十幾個人。「有多少人覺得大衛是用正確的方式看待問題啊？」達利歐一名助理忙著在 iPad 上輸入提示詞，幫大家建立即時的表決，結果是費魯奇沒有用正確的方式看待問題。

達利歐繼續說，指出有些人的部分特質評分太離譜。他列出了自己的調整清單：「這才是我想看到的。」

費魯奇的回答跟悄悄話差不多：「那個演算法沒有效度啊。」

達利歐詫異地仰起頭。

費魯奇的雙眼泛淚❼，說話的聲音顫抖著：「瑞，這不科學啊。」團隊不能光是按照達利歐的突發奇想就做出改變。「我不是這樣工作的啊，不可能就這樣聽從指示。」

會議室的氛圍似乎發生了變化。在場員工曾見過達利歐無數次痛斥下屬，但這次不是他熟悉的領域，他沒資格與擁有博士學位的人爭論電腦科學。

費魯奇從會議室走到停車場，怒火全寫在臉上。他開車離開，看樣子要成爲最新一位打算辭職的橋水員工。

⥮

費魯奇可能離開公司的消息，被當成像火災警鈴大響一樣嚴重。對外界來說，這位科學家是僅次達利歐最知名的橋水員工。量化驅動的投資方式是未來的趨勢，任何對沖基金同業都會欣喜若狂地搶著聘用費魯奇。橋水不願屆時還要向客戶和外界說明，爲何公司讓這位ＩＢＭ華生的發明家失望離開，尤其是如果費魯奇認爲達利歐的管理系統在亂搞，那就更不堪了。

聖誕節的隔天，費魯奇接獲通知，達利歐想再次談話，這次是透過電話，不會有人圍在會議桌旁，也不會有錄音供所有人聆聽。他們兩個人可以坦率地討論如何繼續合作。

「我沒辦法再繼續下去了。」費魯奇告訴達利歐。

達利歐問有無辦法能讓費魯奇回心轉意。

費魯奇對這個問題早有準備。他有意成立新創公司，名字是Elemental Cognition（譯按：直譯爲「本元思維」）❽，與橋水或投資完全無關。這家公司會利用華生底層科技，教導電腦理解常識與人類直覺。這不僅僅是透過網絡搜尋知識或閱讀所有現存書籍就能實現，本元思維的目標需要掌握時間、因果關係和社交互動等基本概念，有賴昂貴又高階的超級運算和一群博士級研究人員。這一切都會耗資龐大，還不見得會成功。

「我來贊助你。」達利歐說。他願意從橋水拿出數千萬美元，但附帶一個條件。費魯奇只能把一半的時間用於他的新創公司。「另一半時間，你要聽我的安排。」

費魯奇接受了這個交易。

第17章 毫無原則

隨著二〇一五年進入下半年度，橋水基金似乎重拾昔日輝煌。

二〇一五年初，在競爭對手們紛紛陷入困境之際，橋水的主要對沖基金Pure Alpha表現亮眼。該年一月，瑞士央行❶突然宣布放棄瑞郎與歐元掛鉤的匯率上限，改為自由浮動，震驚全球。此舉導致歐元兌瑞郎暴跌三成，讓許多預期現狀會維持下去的投資人損失慘重，至少有一家大型對沖基金❷不堪損失而被迫結束營業。然而，橋水早就反其道而行，堅持公司一貫深入研究經濟史的策略，在央行宣布決策前就已做空歐元兌瑞郎。結果，Pure Alpha槓桿版本❸在一月份飆升八%，賺進約五十億美元，已超過前一年獲利的二倍。這驚人的成績再次向客戶證明，為何他們願意把資金交給這家全球最大的對沖基金。對達利歐來說，雖然不是年年都能締造紀錄，但在金融災難來臨時，他好像都有辦法略勝一籌。

該年也是達利歐與哈佛同窗共同成立橋水進出口業務的四十週年，於是他決定隆重慶祝一番❹。橋水在公司園區搭建了一個巨大帳篷，擺放超過一千五百張木椅，員工們肩併肩擠滿整個帳篷。攝影團隊在帳篷後方和兩側架設攝影機，捕捉一位位橋水高層主管在聚光燈下站上舞台，細數橋水文化的優點，台下員工莫不給予熱情的掌聲。

達利歐坐在前排專屬的座位上，抬頭瞧著這場盛會。未來接班人詹森發表演說時，他的臉上流露出滿意的神情，彷彿那些話是由他親自撰寫。

詹森說：「橋水的成功來自各個人才在公開透明、唯才是用的環境中激烈競爭，這讓我們獲得難以獨自想出的靈感。這種競爭造就了不可思議的成果。」

他接著表示：「每個人都要面對自我，加以反省。只要看清自己的本質和需要改進的地方，就是十分珍貴的禮物❺。」

最後輪到達利歐上台，大帳篷內的歡呼聲不絕於耳。他幾乎沒提到金融或投資（能舉辦這場盛會持續到夜晚的原因），而是感慨地說起橋水未來有一天會不再由他掌舵。他略微朝詹森點點頭，對在場的徒子徒孫說：

「我希望你們獨立思考，而不要盲從。我希望幫助你們找到機率最大的最佳答案，就算你個人不認同也沒關係。我希望你們完全保持開闊的心胸，營造創意擇優的環境，才能擺脫固有觀念的束縛……我想要幫助你們所有人勇於面對挑戰、不斷進化，把人生活得精彩。」

台下掌聲如雷。

離帳篷不遠處，一座新紀念碑剛好趕在這場盛會開始前落成。那是一根木製圖騰柱，達利歐也有參與設計，上頭刻著橋水的沿革。達利歐稱作「接力棒」，象徵要傳承給橋水後代的傳統。他有一位副手特別重視這個紀念碑，常帶新員工到柱子前，要求他們面對圖騰柱說出自己最大的弱點，當為報到後的第一項任務*。

派對結束時，所有人按照指示伸手到椅子下方，拿出事先調好的「神風特攻隊」調酒，柑橘口味，正是達利歐的最愛。在場的人共同舉杯、一飲而盡。

⥂

隨著資金湧入、信心重振、加上「接力棒」，達利歐再次著手調整身邊的核心團隊。這次他不再滿足於穆雷和麥考米克等華爾街二線人物，而是直接打電話給在慈善圈認識的比爾・蓋茲，請他推薦人選。蓋茲推薦了他在微軟的前副手克雷格・蒙迪（Craig Mundie）。達利歐和蒙迪二人因為都熱愛大海而一見如故，達利歐隨即聘請他擔任橋水的新任副董事長。蒙迪迅速推薦了好幾位新顧問，其中包括國家安全局前局長暨退役將領基思・亞歷山大（Keith Alexander）。達利歐一向欽佩軍人，加上擔心公司遭人窺探，便以約四百萬美元的年薪聘請亞歷山大負責安全事務。

這個新團隊的第三位成員是賴瑞・卡普（Larry Culp），他先前在大型企業丹納赫（Danaher）擔任執行長十四年，成果卓著。卡普獲聘為橋水管理委員會幕僚，等試用過後再擔任長期職位。

這些出現在橋水新面孔，反映了公司一直存在的矛盾。儘管達利歐口中談著遠大又系統化的管

*達利歐的律師表示，接力棒的想法起源於橋水的「社群團隊」。律師說達利歐「並未提出或贊同新人應該處理這根柱子的想法。」

理結構，但實際上員工的去留往往取決於這位創辦人的一時興起。達利歐要什麼就有什麼，不僅僅是公司的門面，更如過去數年一再證明的是，無論在公開場合如何粉飾，他都對管理階層的決策握有否決權。

最爲明顯之處，就是橋水和達利歐對於國際強人日益濃厚的興趣。自一九八〇年代末期以來，達利歐就確信美國正處於不可逆的衰落之中，經濟上如此，文化上更是如此。他認爲美國政治正慢慢墮落成沒有意義的口水戰，最終可能導致另一場內戰❻。有時，他自稱是「經濟醫生」❼，有藥方可以治癒這一切。

達利歐不再寄望於美國霸權，而是在海外尋找更好的模式效法。他感覺特別欣賞由強大獨裁者統治的社會。由於橋水長期爲新加坡政府基金管理資產，因此達利歐與李光耀成爲朋友。李光耀擔任新加坡總理長達三十一年，是個滿有爭議的政治人物，長期執政雖爲國家帶來穩定，卻是以犧牲自由爲代價。李光耀實質上透過一黨專政統治❽、箝制言論自由、否定民主的價值。他禁止販售口香糖、支持用鞭刑懲罰犯下破壞公物罪的青少年，並囚禁少數勇於發聲的政敵。達利歐對這些通通視而不見。在他眼中，李光耀把新加坡從落後之地轉變爲世界首要金融中心。達利歐曾形容李光耀是「傳奇般的英雄」❾，以及領導者的楷模。

在李光耀去世前不久，二人曾在達利歐紐約公寓共進晚餐，討論了❿世界上優異領導者的模範。身處曼哈頓時尚之地，李光耀給出了出乎意料的答案：俄羅斯總統普丁（Vladimir Putin）。李光耀說⓫，普丁在蘇聯解體後的混亂中，穩定了俄羅斯局勢。對達利歐來說，這個類比再適合不過了。他同樣經歷了一段動盪期才穩住橋水公司的腳步。

達利歐轉而把注意力放在見普丁上頭，近乎走火入魔。他要求橋水的客服團隊動用海外人脈爲他牽線。但這比想像中困難許多，普丁鮮少接見美國企業大佬，即使是知名如橋水創辦人達利歐也一樣。透過數名中間人，達利歐表示自己願意接受考驗。他邀請普丁最要好的盟友、俄羅斯聯邦儲蓄銀行（Sberbank）執行長赫爾曼・葛瑞夫（Herman Gref）⓬參觀橋水總部。二〇一五年春天，葛瑞夫率領一個小型代表團到訪，立即有人護送他會見達利歐。達利歐向他炫耀著橋水的員工評分工具，說明橋水的一切都按嚴格的規則運作。達利歐提議，他可以爲俄羅斯建立類似的系統。葛瑞夫展露了興趣，他也許能在普丁常去的度假勝地索契（Sochi）宮殿爲達利歐引薦。

接下來數天，達利歐幾乎按捺不住興奮之情。然而，每次他向團隊詢問最新情況時，得到的回覆都是與普丁的會面再次延期。經過屢次被忽視後，達利歐把目光轉向遠東另一個由強人統治的強權。

⥂

數十年來，達利歐一直對中國著迷，遠早於西方企業人士普遍關注這個不斷成長的國家。在中國，他發現自己不同的興趣完美結合。集體主義社會的文化要求公民爲了國家和規定，犧牲自我短期利益和滿足感，以換取長期收穫的願景。達利歐在二〇一九年與一名橋水員工錄製的影片中⓭就說到：「好奇心讓我接觸到中國人，我眞的很喜歡也很欣賞他們的品格，還有他們重視的那種人與人之間的關係。」他後來在訪談中還提到：「如果你要考慮是選擇更獨裁的體制，還是更民主的領導體制，你得爲自己做出選擇。不要因爲有部分缺點而否定，就當成是中國的獨有特色，凡事都要去看大局。我覺得，中國或儒家的處世方式有許多値得肯定的地方。」

達利歐的思維中不乏中國式的思考方式。

一九八四年，達利歐首次造訪中國[14]，代表團中還有他的妻子。對一位哈佛商學院畢業生來說，儘管他已與富裕望族聯姻，這次的經驗依然讓他大開眼界。代表團會見了中信集團的代表，即日後跨足房地產、銀行、金屬等多個產業的中國大型國營企業。但在當年，達利歐彷彿來自另一個星球。他從美國帶來了計算機當作贈禮，中信的高層主管們從未見過這種東西。達利歐站在辦公室窗前，指著周圍傳統的**低矮胡同**，預測不久後這裡將會矗立起摩天大樓。「你不了解中國啦。」他的東道主們說。

達利歐持續參訪學習，逐漸融入這個對外人極度不信任的社會。當家中三子十一歲時，達利歐把他送到北京，與當地接待家庭同住[15]，就讀當地學校。當時的生活條件相當艱苦：整棟公寓一週只有兩次熱水供應，學校大部分時間沒有暖氣，學生們不得不穿著外套上課。達利歐去探望兒子時，父子倆在紫禁城的大太陽底下瞇著眼[16]，在中華人民共和國國父毛澤東的六英尺高照片前合影。在一群中國人中，他們是唯一的西方面孔。

他兒子一說有興趣更常回中國，達利歐就開始把事業與個人生活結合。除了資助兒子成立中國關懷基金會（爲中國殘障兒童建立孤兒院），達利歐也加倍努力向財力雄厚、但相對封閉的中國政府機關募資。他會在會議中提醒官員代表，投資橋水的財產並非單純流向美國，有次就說：「不管你們支付多少費用，我都會親自回捐⓱給中國。」這個提案果然奏效，橋水向中國政府單位募集超過一百億美元的資金，包括中國投資有限責任公司這家主權財富基金和坐擁數兆美元的國家外匯管理局（SAFE）等。

橋水與政府單位的關係，替達利歐打開了一扇通往中國政治核心的大門。他與後來擔任中國國家副主席的王岐山成爲好友。王岐山是公認中國第二號人物，負責領導中共反貪腐工作。王岐山的做事風格與橋水如出一轍；在一次與自家副手們的會議上，他居然拿出了他們自身違規行爲的檔案。《經濟學人》的報導指出，王岐山的目的⓲似乎是「嚇嚇執法人員」，還說「未能揭露高層腐敗……一律視爲『失職』」。該雜誌把王岐山形容爲中國最讓人懼怕的男人。

達利歐把王岐山稱作朋友、英雄，還有「了不起的正面力量」。每次達利歐造訪中國，二人都至少會面一小時，討論哲學和世界秩序。達利歐送給王岐山一本他曾送詹森的書《千面英雄》。王岐山的回禮是認同達利歐極爲重視的一條原則：「痛苦＋反思＝進步。」王岐山在一次會面中告訴達利歐：「如果衝突在惡化之前就解決了，那就不會有英雄了。」

透過王岐山，達利歐了解到中國治理架構的複雜運作。中國正在擴大⓳所謂的社會信用體系，政府設法追蹤每個公民的個人行爲，從胡亂穿越馬路這種小違規開始，以這些資料計算出綜合評分，決定這個人是否能獲得貸款、工作或其他福利。中國政府表示，這個制度的目標是要樹立「誠信文化」[20]。達利歐想必看到這跟他所提倡的絕對眞相和透明化兩相呼應，以及他在橋水不斷擴大的評分工具和軟體系統，按照員工的性格和所謂的能力加以分類。

中國政府就像橋水一樣，是由許多成員重疊的委員會所組成，全部都向習近平主席彙報。最高機關是每五年召開一次的全國代表大會，其次是大約每年召開一次的中央委員會。日常權力掌握在政治局和政治局常務委員會手中，常委會是在習近平領導下制定政策的機構，實質管理著整個國家。習近平定期要求政治局成員進行他所謂的「自我批評」[21]，以重申對他的忠誠。政治局常委會只有七名成員，達利歐朋友王岐山就是其中之一。

二〇一五年，達利歐受到中國制度的啓發，想在康乃狄克州重現部分類似的制度。他並沒有告知客戶或大衆，而是在橋水內部徵求願意按照《原則》來重塑公司的年輕員工。這份工作很有吸引力，肯定能有機會讓達利歐刮目相看。自願者會進入一批讓人眼花繚亂的全新執法團隊，這些團隊的頭銜十分直接：「原則隊長」是經評估後最了解達利歐的人，前往公司各個部門，負責評估員工是否在日常工作中遵循《原則》；「稽查員」負責監督達利歐沒有直接管理的部門主管；「監督員」的職責難以明確定義，主要是向達利歐回報其他新團隊的情況*。一名員工說：「最慘的就是監督員比我還早發現問題。」

達利歐新設立最重要的[22]單位稱作「政治局」，借用了中國共產黨決策機關的名字，這個詞

*達利歐的律師表示這些團隊之間存在重疊，他們的「工作任務是回答員工問題並指導他們。」

最早是俄羅斯布爾什維克黨（Bolsheviks）所發明。橋水政治局約有二十四名成員，大多二、三十歲。他們由達利歐親自挑選，獲得廣泛權力在公司內部進行調查。雖然理論上是爲了調解爭議，但政治局往往製造新的爭議。這些成員會不請自來地闖入會議或事後聽錄音，並對同事進行評分。凡是有人提出異議，他們會在傳到達利歐辦公桌上之前，就加以攔截壓下來。這根本是夢想成眞，現在達利歐到處都有眼線和耳目。

⇆

詹森警惕地看著這些新機構突然冒出來，這些也是對他未來職涯的威脅。達利歐每成立一個新單位，四十歲的詹森就離最終目標愈來愈遠。六年前達利歐宣布詹森是他的接班人，但如今卻比以往都更加投入公司營運。對外界來說，一切好像都沒有改變。詹森仍然是執行長，在橋水所有老員工之中，沒有人能像他一樣長期留任。然而，他坐上大位一事明顯變不重要了。儘管詹森在達利歐身邊近二十年，但這些新成立的委員會代表《原則》象徵控制的手段，只有達利歐才能有效運用。

二〇一五年一天又一天過去，詹森承受的壓力也持續增加。他的電腦螢幕上即時顯示著橋水的投資績效，顯示從年初瑞郎交易成功的亮眼表現後，整體績效趨勢已然下滑。橋水基金的優勢正在慢慢消失，再次成爲達利歐近來預測全球景氣低迷的犧牲品。那年三月，達利歐跟客戶說，他看到了與當年經濟大蕭條末期類似的情況。他在一封外流到媒體的客戶通訊報中寫道：「我想提醒各位注意，這次跟一九三七年那次有多相似。」達利歐指出[23]，當時股市在一年內暴跌超過五成，這等於在預言同樣的情況可能再次發生，結果並沒有發生。詹森的電腦螢幕上，顯示了達利歐抱持悲觀態度的影響，公司的旗艦基金持續做空。從春天到夏天，橋水的資金緩慢流失[24]，讓本來可能成果豐碩的一年，成了平淡無奇的一年。

達利歐依然堅持他的路線。按照他的說法，危險正在逼近。這個信念似乎在七月得到了證實，當時中國股市暴跌，上海交易所主要指數縮水三分之一。這次暴跌發生在達利歐自認了解的國家，讓他大感震驚。達利歐在新的客戶通訊報中寫道：「我們對中國的看法[25]改變了，現在再也沒有安全的投資地點了。」他又提出了蕭條出現的可能。「即使在股市中沒有虧損的人心理也會受到影響，這些影響會對經濟活動產生抑制作用。」這份通訊報也傳到了媒體手中，許多報導都說這是北京經濟面臨災難的徵兆。

達利歐的發言無異於他多年來對美國等西方經濟體的評論。然而在中國，這些言論卻有不同的解讀：批評經濟的批評就等於批評國家，這不容外國人置喙，尤其達利歐又自稱是跟中國關係密切的專家。中國國家外匯管理局和中信集團的代表打電話給橋水，警告說他們正面臨上頭施壓，得與全球最大對沖基金劃清界線。達利歐四處打電話告訴中國政府高層，他仍然十分崇拜該國領導官員。橋水的ＩＴ團隊還發現，公司電腦網路速度異常緩慢，懷疑中國駭客[26]可能對橋水展開網路報復攻擊。

僅僅過了一天，達利歐就指示公關團隊發布聲明，收回[27]先前的說法：「雖然給橋水客戶的報告屬於私人通訊，也希望持續保密，但瑞．達利歐和橋水公司認為，他們的思考轉變被拿來大作文章，希望加以澄清。」部分聲明內容如上，但傷害已造成。橋水捲土重來之年，迅速偏離原來的軌道。

這次惹毛中國人的事件，讓達利歐的震驚與憤怒溢於言表。他無法也不願接受是自己的話語引發這場風波，也在一次次的會議中抱怨媒體忽視了他長期對中國的支持，把他誤解成想利用外國經濟困境大賺一筆的交易員。達利歐再次開始把自己稱作經濟醫生，說他只是根據客觀事實提供合理的診斷。橋水沒有人敢提醒他，醫生不會靠猜測患者的病情好壞來賺錢，但橋水的基金卻經常做多或做空人民幣。

在接下來的日子裡，達利歐本就急躁的脾氣更是變本加厲。他在走過橋水總部連接二棟建築的室內橋時，注意到柔軟的木地板上有淺淺的凹痕，便下令調查；在得知這些凹痕是由高跟鞋所造成後，他立即制定了一條新規定，發送電子郵件給全公司：橋水禁止穿高跟鞋[28]。

達利歐居然要親自處理地板凹痕的事，再次提醒了他公司管理狀況不佳。二〇一五年感恩節前後，達利歐召集了橋水最新的高層主管卡普，以及詹森等其他主管，希望聽聽卡普計畫如何運用達利歐新設立的《原則》委員會來整頓公司。但卡普報告的資訊完全不同：他告訴達利歐，橋水有太多人的職責和頭銜模糊不清，只是整天聽別人的錄音、找機會陷害同事。卡普建議達利重質不重量，讓一個人負責就好，給他一些空間做事。過去近十年來，達利歐一直在做完全相反的事。

達利歐回應了這位新幕僚做出回應：問題顯然出在卡普身上。卡普無法理解橋水的高級管理系統。他說：「你沒辦法理解這個概念。」

達利歐開除了卡普，隨後站起來，離開了房間*。

在場其他人默默地消化著橋水剛發生的「處刑」，卡普則目瞪口呆。他誠實地把看法說出來，聲稱重視坦率回饋的老闆卻突然要他滾蛋。

詹森見過這類情況太多次了，立即著手收拾殘局，對卡普說：「瑞有時候眞的很難搞。」詹森表示，達利歐並不了解公司的具體運作細節，也不知道《原則》在實務上的功效。詹森提醒卡普，沒有人會比詹森自己更失望，他等了好久都還沒等到達利歐交出公司鑰匙。

跟卡普談話不久後，詹森又犯了個更大的錯：他在最不適當的地點，對一個根本不該相信的人說了更多不該說的話。在橋水管理委員會的一次例行會議後（會議全程錄音，所有人都可以事後聆聽），詹森把穆雷拉到一邊告訴她「瑞瘋了」，還說他們倆不需要達利歐都可以把公司經營得更好。

---

*卡普將成為通用電氣公司的CEO。他從未公開確認他是否在橋水工作過，更不用談論這段經驗。這家對沖基金也沒有出現在他官方的通用電氣公司傳記中。

詹森這番話其實是呼應多年來抱怨。但他犯了個日後會懊悔的錯誤，就是他沒有意識到橋水已不可同日而語。《原則》不再是達利歐視如己出的心腹能控制的東西，橋水現在有一整個專門打壓潛在異端的團隊。數天內，詹森與卡普閒聊的錄音就傳到了這支團隊手中。穆雷也許看到了機會，想報復詹森在她先前被詹姆斯・科米公審時助紂爲虐，她確保達利歐知道詹森對她說的字字句句全被錄了下來。

一名年輕橋水員工把對話內容謄打成逐字稿，寄給達利歐，並附上一條訊息：預定接班人在您背後說壞話，此舉嚴重違反《原則》。

達利歐立即命令政治局，全力對付詹森這位得力助手。

⥂

一夜之間，達利歐和詹森之間的嫌隙彷彿呑噬了整個橋水。達利歐對詹森進行了橋水史上前所未有的公審。他召集了一群新的《原則》信徒，痛斥這個不久前的當然接班人選。

數名在場人士回憶道，達利歐公開說：「葛雷格是個陰險的小人。」

這並非隨口說說。《原則》明確指出，在別人背後說三道四就是小人。過去有人因爲這個違規行爲被開除，可說是數一數二嚴重的過錯。而詹森不僅僅是閒聊而已，簡直是肆無忌憚地抱怨達利歐，彷彿自己不會被抓包。

詹森對身邊的人說，他認爲自己是對的，達利歐確實可能很難搞，就像他跟卡普說的一樣。如果詹森誠實面對自己，他的確相信他和穆雷假如沒有達利歐不斷干涉，可以把橋水經營得有聲有色。詹森可以辯稱，他公開反對達利歐，其實是在按照《原則》作者的初衷使用《原則》。如果《原則》眞的有價值，就可以用來推翻原本的作者。

因此詹森努力要說服達利歐，這些話不僅是眞相，更是達利歐鼓勵每個人公開分享的殘酷眞相。詹森說他先前甚至就跟達利歐提過這些想法，詹森還設法反擊，要求同事們當場投票，表決達利歐是否遵守他常掛在嘴邊的公司交接計畫。

達利歐才不願意就範。他四兩撥千斤，擱置了詹森的表決要求（有人記得達利歐當時說：「也許他是對的，也許他是錯的」）。達利歐命令政治局找出透明圖書館中詹森的錄音檔，尋找這個年輕人之前暗地裡說老闆壞話的證據。達利歐叫政治局整理了一系列錄音檔，都是疑似詹森背著達利歐說他壞話，然後在公司內廣爲傳播。政治局向橋水數百名員工發送了大量證據，數百名員工得以閱讀二人來往的歷史紀錄。達利歐還私下提醒詹森，橋水從未公開詹姆斯．科米調查詹森與霍蘭德關係的錄音檔，那次調查最後以祕密和解收場，但至今仍鮮爲人知。

當前局勢似乎對詹森愈來愈不利。

詹森的回應和許多被公審過的人一樣：他哭了。在公審的某一天，他在橋水的攝影機環繞下，直接在達利歐面前啜泣，乞求原諒：「橋水就是我的一切，我好愛這個地方。假如我做錯了事情，絕對不是故意的。」

在達利歐的指示下，詹森情緒崩潰的錄影被寄給橋水內部的特定團隊，其中包括投資團隊，詹森的員工和親信被迫觀看直屬上司和楷模承受煎熬。一位觀看過錄影的人回憶道：「沒有人看過葛雷格這麼傷心又絕望，他眞的哭得好慘。」

達利歐原本可以把詹森從橋水開除，別人都因爲更小的違規就被解僱了。但詹森可不是一般員工，他儼然是達利歐的家人。對達利歐來說，更務實的說法是把詹森的缺點塑造成英雄之旅的一環，可以讓他跌落谷底又重新站起來。如果連詹森都能從深淵爬回來，那橋水的任何員工在被逼到絕境時都可以堅持下去。詹森的崩潰可以當作橋水員工抗壓性的榜樣。

達利歐自稱這是個兩全其美的決定：他拔掉詹森的執行長頭銜，只讓他當共同投資長。這明擺著是降職，媒體也沒在客氣，直接報導：驚爆！達利歐居然把自己的接班人給降職了！

詹森突然請了個長假，是他多年來第一次請這麼久的假。

橋水同事多半都不知道他何時回來，甚至不確定他還會不會回來。有些人猜想，他只是想要圖個清靜，說不定會覺得人生苦短，不值得繼續在橋水受達利歐的氣。結果呢？詹森跑去大玩特玩。他飛到了拉斯維加斯，通宵達旦地打撲克牌。他連家人都不管，也沒說何時回來。等他回來後，只跟朋友們說，自己對達利歐的看法再也不一樣了。

詹森不在公司期間，達利歐也沒閒著，他在暗地搞鬼。橋水內部有些人只聽說了達利歐和詹森之間起了點衝突，因爲相關的影片和文件只在政治局和高層主管之間流傳。橋水內外出現各種小道消息，有些對於達利歐和《原則》的評價並不好。達利歐一直標榜橋水是個極度透明的地方，但如果公司二大重要人物之間的衝突，只有少數人知道內情，哪裡還算是透明呢？

於是，達利歐宣布進入「緊急狀態」，眞的稱之為「戒嚴」時刻㉙。同時，他還想出了一條《原則》㉚，迥異於他以前主張的崇高信念：「唯有能負責任地處理資訊的人，才應該得到完全透明的資訊。假如你覺得對方不能妥善處理，那就不要提供透明的資訊。」

這條原則能回溯，因此達利歐和詹森之間的攤牌也算。員工們還在納悶詹森躲去哪裡度假，但在公司的透明圖書館裡絕對找不到答案。套句達利歐的話，橋水公司裡只有大約一〇％的人「可以信任」，值得托付全部的眞相。其他人則是承受不了。

達利歐還悄悄組織了二十來人的團隊，準備研究公司新章程㉛，把整套《原則》加上一些治理公司的具體規定。這個章程會說明哪些日常分歧可以辯論、哪些要投票決定，還給下一任執行長極大權力，而詹森看來是再也當不成執行長了；因為達利歐刻意在章程裡載明㉜，詹森不准再當上執行長。

第18章 生存之道

司機開著豪華休旅車，沿著墨西哥的班德拉斯灣（Bahia de Banderas）海岸開了一個小時，路況並不平穩，坐在後座的男人雖然覺得不便，但也留下深刻的印象。

飛越大半個地球來到巴亞爾塔港（Puerto Vallarta）後，葛雷格・詹森肯定巴不得要來杯酒。他滿頭大汗地下了車，走上大理石台階，進入這棟靠iPod致富蓋起來的宅邸。

說是「宅邸」可能略嫌委婉，不過要是按照屋主喬恩・魯賓斯坦（Jon Rubinsten）意思稱作「牧場」，就有點謙虛過頭了。這座占地一萬六千平方英尺的莊園共有七間臥室❶、二百零六英尺的私人海灘、多座游泳池，還有傭人宿舍區。詹森住在客房區，早上起床時，不得不繞過散布在庭院裡真人大小的雕像。

詹森其實很高興能找到藉口離開橋水公司。但無論環境多好，這趟出差對他來說還是很丟臉；達利歐派他來墨西哥是爲了討好魯賓斯坦這位科技業大咖，因爲他正在考慮加入橋水當下一任領導者，這就好像叫你前女友幫忙介紹新對象一樣尷尬。

當時，魯賓斯坦過著隨心所欲的生活。他身材瘦高，看起來從猶太成年禮之後就沒變過，比詹森年長十八歲。他最早是在蘋果公司打響名號，因為幫賈伯斯開發了第一代iPod，因此人稱「iPod教父」（Podfather）。不過時間一久，魯賓斯坦在蘋果內部漸漸被當成務實但有點煩人的老古板。他經常跟賈伯斯和其他高層主管大吵架，反對各種他認為難以量產的設計改良。十六年後，賈伯斯覺得魯賓斯坦太自以為是了，二人就此分道揚鑣。賈伯斯說：「他老是研究得不夠深入❷，不夠積極。」

光是在蘋果最後三年，魯賓斯坦就拿到了價值八千三百萬美元的認股權憑證。所以，他才有錢買下這座「牧場」。

離開蘋果後，魯賓斯坦一直找不到另一個職涯重大突破。他從科技巨擘蘋果，跳槽去當競爭對手Palm的執行長，這徹底葬送了他和賈伯斯的友誼（二人從此再也沒說過話）❸。Palm的手機事業一敗塗地，後來賣給惠普（HP）後，魯賓斯坦也離職了。從那時起，他就一直在各種意義上的放假，因此成了橋水高層主管汰換計畫的絕佳人選。

達利歐可能不知道、也不在乎魯賓斯坦後半職涯起起落落，甚至對他一無所知。但達利歐肯定知道魯賓斯坦曾跟賈伯斯共事過，而且聘請魯賓斯坦的主意是來自內部新成員克雷格・蒙迪，他是微軟前策略長，也是比爾・蓋茲的長期心腹。蒙迪在橋水有個新頭銜，叫作副董事長。這些科技大佬正是達利歐想找的人，協助把《原則》轉變為適合所有人使用的軟體。

魯賓斯坦願意放手一試，同意每週工作七天，交換條件是橋水承諾在頭兩年給他高達五千萬美元的報酬。不同於賴瑞・卡普的是，他不介意共享執行長的職位（艾琳・穆雷會共同擔任）。魯賓斯坦負責ＩＴ部門，包括無比重要的iPad評分系統。

詹森帶著值得振奮的消息，從魯賓斯坦的牧場回到了西港鎮。

二〇一六年五月，就在詹森與達利歐面對面衝突、被迫休假後回來的數週內，魯賓斯坦正式加入了橋水。這位新聘營運長兼共同執行長一到公司，就感覺整件事不太對勁。達利歐狠狠教訓詹森後意氣風發，比魯賓斯坦想像中還要投入公司運作。詹森在墨西哥時看起來親切開朗，但回到康乃狄克後簡直判若兩人，開會老是遲到，還不敢正眼看達利歐。

魯賓斯坦希望能有過渡期，讓他有時間來適應新環境，想默默展開工作，但達利歐另有打算；他還在爲媒體用頭條新聞報導詹森遭降職，感到十分不爽，所以急著要發布消息來反制。他叫下屬寫一封客戶信❹介紹新聘高階主管，指示公關團隊把信洩露給記者。這封信很快就被節錄，登上了全球各大報紙。

信中寫道：「科技對於橋水各個部門都極其重要，特別是因爲我們未來數年的主要策略，就是繼續完善在投資領域非常成功的系統化決策過程，進而將其拓展到管理高層。」

魯賓斯坦的手機馬上被訊息轟炸，全都在祝賀他進入全球最大對沖基金工作。

魯賓斯坦本以爲，這樣高調亮相至少讓他有權力直接去解決橋水的科技問題。結果，他卻只拿到一台iPad，直接被送進個人《原則》訓練營。魯賓斯坦一頭霧水地坐著，看著橋水員工接二連三，輪流向他灌輸公司的理念。他們播放了投影片和影片，內容是員工被上司（包括達利歐）診斷和調查。魯賓斯坦立刻心生反感，他的前老闆賈伯斯雖然說話難聽人盡皆知，但從不說這是根據什麼高尚的理念。受訓幾天後，魯賓斯坦跟所有新員工一樣要做《原則》測驗。他如實作答，結果得知沒通過測驗。他對一位新同事說：「這一切都太離譜了吧。」

達利歐得知自己剛聘來的明星員工在訓練中表現不佳後，便要求跟他私下聊聊。魯賓斯坦想起自己才學到，橋水創辦人就愛聽血淋淋的實話，就決定把內心話告訴達利歐：

「你的《原則》有三百七十五條，那些不能叫作原則。豐田（Toyota）有十四條原則，亞馬遜（Amazon）有十四條，聖經只有十條。三百七十五條不可能是原則，根本是使用說明書。」

達利歐只怪自己，他說：「是我的錯，不該指望你這麼快就能了解這麼複雜的系統。《原則》不能只是單純死背就立刻吸收，唯一了解的方法就是去親身實踐。」達利歐把《原則》稱作「生存之道」。

就在這時，魯賓斯坦心想：「**慘了**。」

⥂

聘請魯賓斯坦並不是達利歐改變輿論的唯一手段。就在這位蘋果前主管審視橋水狀況時，達利歐也努力重新說出自己的故事，而且還找了幫手。

二〇一六年五月，也就是魯賓斯坦剛來的那個月，達利歐飛到洛杉磯參加在比佛利希爾頓飯店（Beverly Hilton）舉行的米爾肯研究院（Milken Institute）這家智庫的年會，並且上台接受訪問。主持人❺是哈佛教授羅伯特・凱根，他曾參訪過橋水公司，還在自己的書中予以盛讚。達利歐先滔滔不絕地談論橋水如何在企業文化中培養謙遜（「這只是在心理上很不容易……一旦你開始用不同的態度看待，就會變得很愉悅，所以痛苦會轉爲愉悅」），凱根接著低頭❻看了看筆記，好像是直接照稿讀出來：

「我最近看到一個研究顯示，千禧世代最想要更多的回饋。聽起來橋水會是千禧世代的天堂喔。」

達利歐對此露出微笑。

凱根問達利歐，什麼是對橋水最常見的誤解？

達利歐微笑著回答，顯然對這個問題早有準備：「其中一個常見的誤解是說，橋水是邪教。」台下身價不菲的觀眾，發出了然於心的笑聲。「爲什麼不是邪教呢？」凱根問。

「我們恰恰相反，我們鼓勵獨立思考，而且是你知道自己有權利、也有義務去理解一切，這是一種文化。」達利歐後來補充說：「你可以把它想成是法律制度之類的東西。」

回到總部，魯賓斯坦不禁納悶到底有何制度可言。橋水這家對沖基金花了數千萬美元開發《原則》評分系統，但魯賓斯坦設法調查該系統的實際功用時，得到的回答卻只有說系統衡量「可信度」。許多人告訴他，這個系統納入了ＩＢＭ前科學家大衛・費魯奇的祕密公式，費魯奇幾乎沒向人透露是如何運算。這立即引發了魯賓斯坦的懷疑，因為他這輩子都在和費魯奇這類研究人員共事。按照魯賓斯坦的經驗，企業內部的科學家通常會向高層鉅細靡遺地說明自己的工作，要叫他們好好閉嘴才難。

魯賓斯坦可不是什麼小職員，所以他親自找上費魯奇。二人寒暄一陣後，魯賓斯坦拋出了他最想問的問題：「你是怎麼計算可信度的？」

費魯奇短暫地不與他眼神接觸：「我不會告訴你啦。」

「為什麼？」

「我沒臉說。」

直到數個月後，魯賓斯坦才終於得到答案。

⥄

而了解可信度一切內幕的人，其實職等遠遠在魯賓斯坦之下，正在努力證明自己的價值。隨著魯賓斯坦、克雷格・蒙迪和費魯奇這三位科技鬼才的加入，保羅・麥克道爾面臨喪失個人定位的風險。雖然他仍然不定期主導《原則》訓練課程，但他已從ＩＴ主管轉為達利歐非正式隨從，凡是達利歐需要向客戶或其他訪客炫耀公司文化和工具時，他就要負責幫忙。麥克道爾本來就不擅長寒暄交際，如今聊起橋水文化的優點時，更是在強顏歡笑。但對達利歐來說，麥克道爾是名理想的部屬，有時還能充當陪襯。麥克道爾在公司待得夠久，可以面不改色地承受達利歐的批評，而且看起來年紀和達利歐差不多，理論上可以成爲平輩。有次向潛在俄羅斯投資人（俄羅斯聯邦儲蓄銀行）進行簡報時，麥克道爾無法搞定遠端連線。達利歐當著大家的面叫他「孬種」。麥克道爾怒火中燒，但還是要俄羅斯人放心，說達利歐只是在示範橋水的生存之道。

一旦不用跟老闆演戲時，麥克道爾就帶著小團隊拚命趕工，設法完成《未來之書》。這個軟體系統本來理應是橋水所有人事評分和管理工具的大集合，但現在有了好幾個新名字。有一陣子，達利歐取了iPrinciples這個名字，明顯是向蘋果致敬，後來這個系統又改名叫Principles Operating System，簡稱PriOS。在向客戶介紹PriOS時，達利歐經常運用汽車導航系統的比喻。他說，這個系統運作得非常出色又穩定，橋水甚至願意分享給客戶，但當然要收費。

達利歐在一次客戶會議上吹噓❼說，比爾．蓋茲和伊隆．馬斯克都測試過這套系統並給予肯定。達利歐希望客戶與其他公司，都能運用這套系統管理員工，把橋水的發明帶到美國每個職場。

達利歐表示：「這個系統會像GPS一樣幫你做決定。就像GPS會告訴你『向右轉』、『向左轉』一樣，套用在管理上，這個系統可以說『面試這個人』、『開除那個人』、『檢查這個人是否誠實』或『進行討論』。我覺得這個方法對你們非常、非常有價值。」

達利歐說PriOS不帶任何情緒，就跟他一樣。「我處理所有事情都是透過『創意擇優』的方式，我只要最棒的創意脫穎而出就好，不一定非得是我的構想。如果有人比我懂，我很樂意被糾正。」

客戶問道：「是誰發明這個系統？你用了哪位專家呢？」

「就是我本人❽。說眞的，方法就是我每次在工作的時候，都會寫下自己在做什麼、還有爲什麼要這麼做，然後叫別人把它轉換成公式。」達利歐回答。「最不可思議的是，這個機器本身一直在進化，還會自己給出進化的指示，就像我的腦袋一樣。」

雖然達利歐對客戶談論PriOS時，講得好像系統即將就要完成了，但麥克道爾肯定知道眞相。PriOS就是一場災難，只能進行最簡單的任務，例如搜尋某個詞彙是否出現在《原則》中，再顯示相關內容，但在預測達利歐的選擇上，能力跟公司裡任何員工差不多。這就好像麥克道爾在嘗試替一個超級惡搞的賽車遊戲寫導航程式，但是遊戲裡的路都歪七扭八，轉到最後卻是死路一條，即使你看到前面有橋梁，以爲要通過危險路段了，結果卻發現橋梁才蓋了一半。

麥克道爾這個軟體愈拖愈久，他就愈倒楣，他也不能一直拖下去。最後不得不交差了，達利歐叫他把最新版本帶到橋水管理會議上。這些會議在橋水可是大事，只有像達利歐、詹森、費魯奇這些高層主管才能參加，而且還有攝影師全程錄影，讓其他員工也能觀看。沒有人想錯過這個機會，全都等著看誰會被達利歐罵得狗血淋頭。

那天，沒多久就很清楚是誰要倒大楣了。麥克道爾走到桌邊，給每個成員都發了一台安裝了PriOS軟體最新版本的iPad。這個軟體理應要深入剖析特定類別，判斷不同類別之間的連結（例如「堅持眞相」的分數低，是否在「長期整合能力」的分數也低），也理應要能評估員工是否需要補修

《原則》課程，甚至是否該換工作。但實際上，這個系統頂多就是半成品，動不動就當機，無法一直即時更新分數。最慘的是，麥克道爾跟達利歐努力了好幾年、耗費大量時間，還是找不出達利歐那套價值觀背後的邏輯一致性。PriOS簡直就是個廢物。

大家折騰了數分鐘後，達利歐在主位上大吼一聲：「保羅・麥克道爾人在哪裡？」

麥克道爾兩手撐著桌子，勉力站了起來。

達利歐罵說：「你把自己的專業給搞砸了。」

麥克道爾心裡多少也同意，自己確實沒做好。但他不敢說的是，他覺得達利歐要的東西根本就做不出來，假如在眾人面前指出這點，下場肯定不會太好看。所以他只好引用《原則》，跟達利歐說，他正深挖團隊中是誰表現差，目前鎖定一名成員，準備要採取行動了，但他沒指名道姓。

達利歐問：「你扣他錢了嗎？」

麥克道爾只好承認還沒有。

「你這主管做得很差勁。」

麥克道爾知道接下來要倒楣了。達利歐命令政治局重新調查，決定如何處置麥克道爾。麥克道爾在橋水待了八年，看過太多人被公審，也看過別人奮力一搏，但結果仍然完蛋。他決定表達悔意。

「瑞，你儘管發動調查。我想你應該會發現我有一堆缺點，還有很多地方應該做得更好。這個過程雖然會很難受，但是我最後會愈來愈好。」

達利歐似乎沒料到他會這麼說。這樣他就不是因爲打倒對手，而是對手投降才贏了。達利歐隔著桌子，瞪著麥克道爾好一段時間，然後說：「你的問題就是不夠狠，你不是王八蛋，可是我要的是王八蛋。」

麥克道爾不知道該回什麼，乾脆保持沉默。

達利歐只好對著空氣說：「我眞想踹爆他老二！」

第19章 惡性循環

喬．斯威特（Joe Sweet）第一次接到橋水的人才招募電話時，時機還真是剛好。當年他二十九歲，正準備離開康乃狄克州斯托斯（Storrs）的房子，以及即將辦理離婚的妻子。斯托斯是康乃狄克大學的所在地，他在那裡拿了四個學位，其中包括ＭＢＡ。辦理離婚期間，外表膽小怕事的斯威特去看了數次心理諮商，稍微更加認識自己。他告訴橋水的面試官，這段經驗教會他運用新方法理解自己的缺點。斯威特當時不知道，這番話正中橋水信徒的下懷。他很快就錄取到人才團隊，負責招聘和留住員工，年薪六位數，如果年度考核拿到至少三分（滿分五分），還可以另外拿獎金，遠比他在寧靜的斯托斯賺得太多了。

二〇一六年春天，斯威特剛進橋水時，一切都按慣例進行。他研讀《原則》、上完保羅．麥克道爾的文化訓練課，看了許多介紹橋水職場生活的影片。起初，一切感覺像是天堂。斯威特習慣有問必答，絕對誠實，在橋水這種特質特別受到肯定。他跟其他員工一樣，幾乎每天都要看所謂的「管理原則訓練」案例研究，還要做測驗拿分數。他仔細研究《原則》，知道橋水希望看到的答案。到職前數週，他棒球卡上的綠點驟增，代表滿是正面回饋。

一切都在達利歐要對人才團隊進行「深挖」時改變了。斯威特以前沒怎麼聽過這個術語，但他在求學期間讀過不少企業行話，知道這是委婉用詞。在深挖開始前，他換了一個部門，在大衛・費魯奇的系統化智慧實驗室擔任基層職位。該部門負責達利歐的《原則》軟體，斯威特覺得這樣便能參與公司核心事業。沒想到，軟體團隊反而讓他更加一頭霧水。有次開會，同事們爲了區分達利歐打造的二個評分類別：「整合情境」和「長期整合能力」，爭論得不可開交。在外人眼中，可能覺得吵這個很荒謬，但對完全摸不著頭緒的斯威特來說，這可是十分嚴肅的事。突然間，他的棒球卡上紅點滿天飛。他想要趕緊踩煞車、向周圍同事求助，但他們都說剛開始適應不良很正常。

斯威特試著結交朋友，但團隊似乎把他當成了累贅。更糟的是，一位跨性別女同事抱怨了好幾週，說她的評分卡沒顯示她的性別認同，結果她有天突然人間蒸發。該團隊收到橋水法律部門的電子郵件，要求保留所有跟這位前同事的通聯紀錄。斯威特心想，這最後也許會達成和解。整個團隊都有點驚慌失措、疑神疑鬼。

斯威特的時間愈來愈常被身旁同事的負面評價給占據。他後來回憶說，感覺自己「活得很糟糕，永遠不會進步」。每天太陽還沒出來，斯威特就覺得自己待在谷底。他連起床都很不容易，得強迫自己吃東西。他沒辦法辭職，因爲背負著離婚的開銷，擔心如果太快離開，就得交回簽約獎金。

斯威特第一次有自殺的念頭，是坐在橋水的辦公桌前❶。他腦子裡浮現各種慘死的畫面。一下子想像自己踏上自家附近的鐵軌，被區間列車撞得粉碎，一下子想像把丙烯繩子綁在橋水總部的露台上，從大樓側面自縊身亡。

這些念頭對斯威特來說十分陌生，他前往人資部門求助，告訴一位和善的員工，自己腦中出現了自殘的畫面。該員工表示，橋水有辦法解決這種棘手問題，便介紹他去看心理師。斯威特覺得有點奇怪，這好像在暗示問題出在他身上，而不是公司的問題。

斯威特去看了心理師，列舉了自己生活中種種憂心的變化。他鬱鬱寡歡、孤單又想自殺，比以前嚴重多了。一聽到斯威特在橋水工作，心理師似乎一點也不意外，建議斯威特到當地醫院接受爲期十二週的門診密集治療。斯威特還第一次服用精神藥物。

接下來三個月，斯威特看了許多心理師和社工。他向所有人說明橋水的環境，包括不斷互相評分的制度，也欣慰地發現自己對職場環境的反應其實很正常。有位心理師聽完斯威特的描述後說，這個工作氛圍很像是自我毀滅的惡性循環。另一位心理師則說，這聽起來像是亞斯伯格症患者所設計的制度。

三個月後，斯威特回到橋水，心理狀態穩定多了。他可以坐在辦公室裡，不再有自殺的念頭。自從加入橋水後，這是他第一次感到希望。但這份平靜沒持續多久。當時，費魯奇團隊承受著時間壓力，趕著要完成名叫「合流」（Allstream）的專案，目的是把所有記點整合成單一資料點，意思就是員工在公司價值的綜合評分。據說，「合流」是達利歐的優先要務，必須立刻完成。斯威特不知道的是，這個專案換了好幾個名字，在過去十年一直是達利歐的夢魘：老是在開發中，完成日遙遙無期。

休息一陣子後重拾信心的斯威特，決定對此說幾句話。橋水跟許多大公司一樣，定期會向員工發送問卷調查，斯威特寫了以下這段話：

我覺得這些工具有時會引發惡意，由於爲了達到「糾錯紀錄」的標準，或是「平衡」記點嚴厲度，有些人會接二連三對犯明顯錯誤的人扣分……有些「管理原則訓練」案例中，員工被批評的原因是負面記點不夠多，但我認爲這只會讓問題更嚴重。橋水有不少人需要接受精神治療，包括我自己在內，因爲這些工具造成負面回饋的循環，加深原有的不安全感，讓人覺得自己沒有價值……我跟很多同事聊過，他們都繼續默默忍受憂鬱和焦慮。

斯威特沒收到任何回覆，倒是多了不少工作。數週過去，他的憂鬱症狀又開始悄悄復發。他睡不好、吃不下，坐在辦公桌前還會不自主地發抖。更糟的是，達利歐很受不了「合流」專案進度緩慢，愈來愈催促團隊。他們獲派一個新專案，達利歐稱作「影片書」，要把橋水的案例研究集結，以每份七十五美元的價格賣給社會大衆。斯威特神經緊繃，工作也受到影響。某天下午，斯威特處理某個專案時犯了錯，老闆當著整個團隊對他咆哮，事後同事們乖乖地幫他扣點。斯威特感覺自己又掉進憂鬱的洞裡了。

在情況再度惡化之前，斯威特又去了趟人資部門，見到之前同一位女員工。他講了老闆發飆的事，覺得同事們爲了自保而落井下石。他問能否暫時私下給他回饋。

對方立刻拒絕了。「這是橋水的標準作業，你確定自己真的想要留在這裡嗎？」

斯威特申請調到壓力較小的採購部門，想從事對內的工作，結果被拒絕了，部分原因是他的評分太低，他的主管並不推薦他，說他缺乏「高層次思維」。

斯威特的選擇愈來愈少。在替團隊計算橋水的評分資料時，他偶然發現公司內部年度員工考核的研究。斯威特本來希望能拿到三分，畢竟滿分是五分，這應該是平均水準，但資料顯示並非如此，橋水員工平均只會拿到二分。如果真的如此，那他的獎金差不多是沒指望了，而且不只是他而已，幾乎所有人都拿不到。

進橋水快滿一年時，斯威特三度前往人資部門。他說，橋水的文化對他的健康產生不良影響，問公司能不能想想辦法。人資提議，如果他主動辭職，就可以讓他多享有數個月的公司健康保險。斯威特答應了。

此後，他再也沒有過自殺的念頭。

第20章 自己人

鮪魚起司三明治的香氣飄向西港鎮雪伍德餐館（Sherwood Diner）隱祕包廂裡的三個人。這裡是卡蒂娜·史特凡諾娃挑的便宜餐館，十二月初的週間平日不太可能有橋水員工來用餐。她獨自坐在桌子一側，挺直腰桿，打扮得有點過於正式，還化好了妝，她平常根本懶得化妝。她桌上的咖啡很爛，但她約出來的人好像更爛。

達利歐坐在她對面，氣得發抖，緊緊抓著一個便宜的瓷製馬克杯，大吼道：「妳爲什麼要這樣對我?!」

史特凡諾娃不禁再次懷疑，自己是否能順利擺脫達利歐和橋水。她不得不承認，這部分也是自己的錯。

離開橋水後的這些年，史特凡諾娃一直在利用跟前東家的關係。這並不意外，她跟許多離開橋水的人一樣，除了這家對沖基金以外，沒有做過其他華爾街的工作，所以說穿了就是從零開始。但史特凡諾娃跟達利歐的關係特殊，二人一直保持聯絡。這讓她得以獲得金融業的部分顧問工作，充實了履歷。二〇一五年，在離職幾個月後，她在紐約成立自己的投資基金，取名馬托資本（Marto

Capital）。在行銷文件中，史特凡諾娃形容自己❶「在橋水公司九年，擔任高層主管和管理委員會幕僚，直接向執行長報告，並且曾擔任投資和管理的領導角色」。其實，她離重要的投資職位還差得遠，不過這個說詞奏效了。她從投資人身上籌得數億美元，一本金融雜誌寫道❷，有些投資人因爲「馬托跟達利歐和橋水關係密切而受吸引」。對於初出茅廬的投資人來說，這一大筆錢算是個不錯的開始。

除了吹噓自己的橋水背景外，史特凡諾娃保險起見，還留了一手，就是薩曼莎・霍蘭德。霍蘭德自從跟詹森有一腿後，達成和解離開橋水，就一直找不到工作。和解金只夠支付三年薪水，終究是花完了。她無法告訴潛在雇主真正的離職原因，因此很難解釋自己的履歷。走投無路之際，她打電話給史特凡諾娃，史特凡諾娃保證幫她找新工作。史特凡諾娃下次見到達利歐時，提到自己跟霍蘭德仍有聯絡。達利歐沒有明顯反應，但史特凡諾娃確定他聽懂了話中話：史特凡諾娃仍在替橋水保守祕密。

史特凡諾娃的新基金起步不順，績效表現跟同業相比只是平平，這對新公司來說並不夠好。史特凡諾娃開始接到投資人想撤資的電話。

需要新出路的史特凡諾娃仿效達利歐，想把自己塑造成高階思想家。她向媒體發送市場研究❸，在《富比士》網站上撰寫投資建議，也跟記者打好關係。她的時機不錯：金融圈女性太少的問題愈來愈受關注，史特凡諾娃很樂意填補這個空缺。她在一次受訪❹中表示：「我希望自己今天做的事情，不只對我有意義，而是對我的女兒也有意義。」她爲金融圈密切關注的《機構投資人》

（*Institutional Investor*）雜誌寫了一篇專欄❺，標題為〈揭露瑞．達利歐的職場生活〉，內容百般奉承。她提到：「如果沒有跟瑞一起奮戰，親眼見證他如何應對挑戰，如果沒有受到他的核心價值觀所薰陶，我想自己不會有今天的成就。」史特凡諾娃每次都會在發表前，把專欄文章草稿寄給達利歐審閱，他也都核可了。

她沒發覺，她已在達利歐的心上了。

⇆

在他們餐館碰面前數週，史特凡諾娃忽然收到達利歐的電子郵件。當時離股市開盤還不到一小時，史特凡諾娃本來想為即將到來的交易日做準備。這封郵件只有三句話，卻讓她停下手邊的事。「我需要你來一趟。」達利歐寫道，提議跟她和大衛．麥考米克會面。他寫道這「攸關妳的事業」，是「你會想了解的急事」。

史特凡諾娃花了大半天時間絞盡腦汁，猜想達利歐的意圖。她從訊息中嗅到了一絲危險。達利歐的電子郵件寫得馬虎人盡皆知，常常不分晝夜地寫一堆言不及義的廢話，但這封郵件看起來精確又出奇地簡短。她不明白他為何想把她引誘回西港鎮。她發誓自己再也不回橋水了，但她也不能無視達利歐，特別是他還提到了她的事業。

傍晚時分，史特凡諾娃回了一封她希望措詞中性的回覆：「我想跟你和橋水保持長期的良好關係。我相信，你從創業初期就明白了，我們每天時間都不夠用，特地去橋水一趟會有困難。我們能不能換個地方？」

達利歐回覆：「卡蒂娜，這件事情很急，你潛在客戶打電話來，向我打聽你和你團隊的情況。電話打來了就得處理，你延後討論的話，對你我都沒好處，強烈建議你儘快過來。」

史特凡諾娃看不出有什麼退路，回覆道：「如果你需要我幫忙，我願意幫忙。」她請助理安排時間打電話。

這招沒用。不到一小時後，達利歐又回信了，把副本寄給麥考米克。他寫道自己接到客戶電話，「他們要我確認，妳跟他們說的是不是眞的，像是你是投資部門重要人物，還問妳爲什麼離職。如果告訴他們實話（其實妳沒參與投資決策，我們終止僱傭關係是因爲妳違反了交易政策），想必會對妳造成很大的問題。」

史特凡諾娃心涼了半截。達利歐說得沒錯，她確實違反了交易政策，但在她看來，橋水明明有人犯了類似的錯誤卻保住了飯碗。據她所知，這些人後來都沒有申訴被老闆吃豆腐，而達利歐也沒提這件事。

她諮詢了律師，共同撰寫了回信，否認有任何不實陳述，而且提議在紐約她的地盤喝咖啡碰面。她在結尾寫道：「我眞的很希望，我們能一直當朋友。」

達利歐的回覆又揭露了更複雜的問題。「我沒辦法說謊……我也知道有些事情，不管是妳或我都不願意在電子郵件裡討論……對我們來說，這些都事關重大，得在安全的環境裡來來回回討論。

如果我們不見面，那我就只能在非常直接、資訊不充分又缺乏協調的情況下來處理這些問題，我知道妳不希望我這麼做吧。那就直接告訴我，妳願不願意親自過來討論這些事情，要來還是不要來？」

史特凡諾娃立即把達利歐的回覆轉給律師。

「這語氣蠻直接的，」律師跟她說，「妳確定不想去嗎？」

「我才不要去。你不知道我當初經歷過什麼事情，也不知道他們會對進去的人做出什麼事情。」

⥂

保羅・麥克道爾也陷入了自己的掙扎。他告訴同事，他愈來愈覺得自己好像活在一個心理實驗裡，而且結局註定要失敗。

在達利歐公開羞辱麥克道爾幾天後，他下令拍攝一段訓練影片，內容是那次回饋。這個要求頗爲奇怪，很多親眼目睹或稍後看到二人互動的員工都覺得很不舒服，甚至驚嚇不已，但達利歐似乎並不這麼認爲。原因很快就出來了。發給全公司員工強制觀看的版本，把會議重塑成了另一番光景。經過大量的剪輯，整支影片只呈現達利歐要求麥克道爾爲自己的管理不足負責，詳細討論麥克道爾何以沒有遵循《原則》，特別是要求自己和他人當責的部分。影片既沒有收錄髒話，也沒有提到睪丸和肢體暴力。

麥克道爾在橋水的地位繼續下滑，在被達利歐當衆指責表現不佳後，麥克道爾注意到自己的棒球卡評分直線下降，好像大部分的同事都落井下石；一旦聞到了血腥味，橋水的鯊魚們就都出動了。

麥克道爾這輩子第一次開始體驗到何謂疑神疑鬼和失眠，他得要熬到半夜過後才睡得著，醒來時會大冒冷汗地，擔心同事們覺得他在破壞達利歐的畢生心血。

這些擔憂並非完全沒有道理。比麥克道爾小好幾歲的橋水主管，開始對他太過關注。麥克道爾很不自在，因爲這位主管曾主導二名同事的解僱，只因爲他們下班後在餐廳吃漢堡時抱怨過他（他的說詞是，那兩名同事在他背後說三道四）。當麥克道爾本人協助設計的評分工具「集點器」，通知他被這位主管的重重扣點時，麥克道爾更加擔心了。那位主管寫道：「**我說不上來，可是總覺得保羅不是自己人，好像沒有真正融入。**」

麥克道爾內心的反應是：「**幹，他盯上我了。**」

麥克道爾最後的救命稻草，就是從亂七八糟的PriOS專案中找能派得上用場的東西。他找電腦科學家費魯奇商量，但費魯奇沒興趣多花時間理會；他好像也懶得再找可靠的方法，來預測或自動化達利歐的決策。

麥克道爾接連數個晚上輾轉難眠，擔心自己可能被開除。他的直屬長官就是達利歐，公司內部都知道，老闆只要脫口一句話，任何人都可能捲鋪蓋走路。

不久後，達利歐又要求回報PriOS的開發進度，就把麥克道爾等一小群人叫來。他們乖乖地走進達利歐那間可以看到池塘的寬敞會議室，帶來了壞消息：PriOS仍然不管用。橋水的改革只能在少了PriOS的情況下繼續進行。

達利歐重複了之前的診斷：「看吧，保羅，你不會管人欸。」

麥克道爾好像頓時理智斷線，緊緊抓住面前的桌子，惡狠狠地盯著達利歐。

「瑞，我知道。」麥克道爾的聲音激動。「我、他媽的、就是、不會、管人。」

會議室內一片寂靜。麥克道爾曾教過他們所有人《原則》，他看起來一直都是最不可能崩潰的人。

麥克道爾繼續說：「我他媽的什麼都做不好，我他媽的一無是處！」

達利歐幾乎一動也不動。「對，你說得對，但現在不是發脾氣的時候。」

「我早就該對你發脾氣了！」麥克道爾咆哮道，連他自己都快認不得自己的聲音。

「我明白了，你有很多責任，下面有很多事情要管。」達利歐建議，麥克道爾需要公司其他人的密切監督與協助。

接下來數週，麥克道爾一直想不透自己是怎麼逃過一劫。他最後跟朋友們說了二種可能的理由。他原本就一直在想，達利歐是真的在乎PriOS在特定時限內完成，還是只想看看怎麼樣才會擊潰堅不可摧的麥克道爾。

麥克道爾後來苦笑著跟朋友說另一個可能的理由，假如麥克道爾不懂得如何管人，那按照《原則》就應該調查他的上級是否監管不力，意思就是要調查達利歐本人。

史特凡諾娃和達利歐又來回通了數封郵件，才敲定見面的時間和地點。在她明確表示不會去總部後，達利歐建議他們約在觀望宅見面，那是多年前公司員工團隊建造活動時，他唱那首下流航海歌的地方。史特凡諾娃藉故說沒辦法，她努力說服最新主管寵兒麥考米克，說一切只能按她的條件見面。

「有鑑於我離職前的經驗，」史特凡諾娃寫給麥考米克，「你就不難理解爲何我不想回去辦公室。」

看來這招奏效了。三人在雪伍德餐廳碰面吃早餐。史特凡諾娃認爲，這個樸素的場所會是與康乃狄克州首富見面時，算是相對中立的地點。她的猜測沒錯。達利歐、史特凡諾娃和麥考米克坐在擁擠的包廂裡，周圍的退休老人都沒打擾他們。

三人剛點完咖啡，達利歐就開門見山了。他不只想談史特凡諾娃違反交易規定的事，還對她指控詹森的事很激動。麥考米克告訴史特凡諾娃，他聽說有記者在打聽詹森和橋水其他人不當行爲的指控。史特凡諾娃一點也不意外，她自己也接到過幾位記者的電話，不過她沒有主動透露有關自己經驗的資訊。

麥考米克剛把情況總結一遍，達利歐就緊緊抓住面前的便宜馬克杯，插嘴說道：「妳爲什麼要這樣對我?!」

史特凡諾娃再次被達利歐嚇到了，她知道達利歐從未完全相信她被詹森吃豆腐的證詞，但她萬萬沒想到，達利歐會被這件事給得罪。

「妳一定要跟他們講，葛雷格沒做過這種事情。」達利歐說。

這打破了史特凡諾娃的沉默。她提醒達利歐，自己沒有收回過那番話。

「也許妳記錯了啊。」達利歐說。

史特凡諾娃向他保證自己沒記錯。

麥考米克插話，身子向前傾：「也許，問題在於妳沒有在公開場合幫我們撐腰。」

史特凡諾娃終於明白這次會面為何如此緊急。她的履歷和事業都不會威脅到橋水，達利歐和麥考米克只是想提醒她一件事：假如她不乖乖聽話，他們有能力毀掉她的事業。她草草吃完了早餐，就開車回紐約，驚魂未定。下次再有記者問起詹森的事，她就再也沒回電話了❻*。

---

*達利歐的律師表示：「並沒有想要摧毀卡蒂娜和她公司的意圖。」並補充說，橋水的創始人「在這次早餐後以多種方式支援了史特凡諾娃女士。」

第21章 「瑞，這根本是個宗教啊。」

二〇一六年中，一群工人接連兩年在橋水旁的草地上搭起巨大帳篷。不同於十五個月前的四十週年慶，這次鮮少人知道其中原因。對許多人來說，答案揭曉時不會太愉快。

這時慶祝似乎很奇怪。橋水主要的對沖基金Pure Alpha已連續五年表現不佳。有家報紙說：「達利歐失去點石成金❶的魔法了。」而原因不明。達利歐仍然不看好美國經濟，但美國一再打臉他的預測。二〇一六年中，Pure Alpha槓桿基金下跌❷一二%，公司內部傳出客戶在撤資。達利歐卻另有看法。他打電話給長期投資人說，有鑑於橋水數十年的紀錄，現在正是加大投資力道的好機會，還說橋水難得有能力管理更多資金。

九月中，帳篷終於完工。達利歐不賣關子了，發大會邀請給全體員工，會議主題是橋水的未來。

員工們紛紛進入帳篷後，發現這不同於去年的週年慶派對，既沒有華麗吊燈和軌道燈，瞄了座位下也沒看到預調好的藏酒，望向人群可看到本來外向活潑的詹森表情凝重。他依然承受著長期的懲罰，只保住了共同投資長的職位。唯一與去年一樣的是攝影師們無所不在，在替橋水的透明圖書館錄影。

達利歐微笑著，毫不拐彎地說：「你們走運了，我們要進行大改造。」

至少有一個人偷看iPad上的《原則》，想找「**改造**」這個詞，卻沒有找到。但在場的人都知道，看似最無害的字眼往往帶來最混亂的結果。

達利歐說，這次要改造的不是地方，而是要改造人。橋水已有一千七百名全職員工，還有數不清的約聘員工，公司變得龐大又難以管理。他說爲了保護橋水所有人，許多在場的人必須丟掉工作。

達利歐繼續說：「在場不是所有人都能留下來，大部分的人都保不住飯碗。」他似乎愈說愈起勁，笑著談爲何員工們「很走運」。接下來幾週他們還有機會，這就像眞人實境秀《我要活下去》（*Survivor*），參賽者互相鬥智，看誰撐得比較久，過程說不定還會很好玩。「最棒的是你會更了解自己。」

這番話呼應了《原則》的崇高理想。對許多眞正的信徒來說，不論老少，這番演講實在打動人心。他們認爲，自己很幸運能在重視自我提升的地方工作，把這次改造當作成長旅程的下一步。不少人相信自己必定能留下，而會被淘汰的是其他人。橋水近期投資表現不佳，也佐證了橋水需要修正方向的論點。雖然在場沒多少人了解橋水的投資策略，但如果公司投資績效好轉，所有人都可能加薪。

改造的第一步就值得讓人樂觀。橋水要求每個人列出公司的不良管理案例與不良管理者。在這個經典的橋水練習中，每個人又有機會抱怨他人的工作，大部分的人都很放心地犧牲同事們。

然而數天過後，達利歐一名推手不小心把計畫要旨的電子郵件寄給公司裡一大群人，改造會促進個人成長的幻想就此破滅了。

郵件中寫道，這個計畫類似《飢餓遊戲》（*The Hunger Games*）的情節，即孩子彼此獵殺以求生存的反烏托邦故事。該員試圖收回郵件，但爲時已晚。達利歐也沒有想對這封郵件加以澄清。橋水內部的氣氛轉爲陰沉，生存競賽開始了。

⇄

那年十月，科幻在橋水內部成爲現實。雖然有人覺得《飢餓遊戲》的比喻太誇張，畢竟沒有人眞的會被殺死，但另一部電視影集《黑鏡》（*Black Mirror*）播出時，內容相似得不可思議。《黑鏡》是部探討科技負面影響的科幻影集。十月中，正值改造高峰，《黑鏡》剛好播出新一季首集〈急轉直下〉（Nosedive），背景是一個架空世界，公民每次互動都會用一到五分互評。女主角（由布萊絲・達拉斯・霍華飾演）太過執著於自己的評分，到頭來遭遇一連串不幸，分數下滑再暴跌，周圍的人都認定她是軟柿子。該集結尾是她被捕入獄。這集與橋水太過相似，詭異到公司內部不禁有人懷疑，是否有人向編劇通風報信。

當然，科幻影集與橋水公司之間存在著許多差異。《黑鏡》的評分系統幾乎是合情合理，很容易就看出個人分數下降的原因，但橋水的評分則變得更加不透明。

達利歐在大帳篷宣布改造計畫後，徹底放棄了佯裝公開透明的假象。數天後，他召集高層主管（包括共同執行長艾琳．穆雷和喬恩．魯賓斯坦）到橋水的四面玻璃會議室討論未來計畫。達利歐站在白板前，速速寫下誰留誰走時，其他人注意到走廊上突然熱鬧起來。橋水員工迫不及待想一窺自己的去留，好像都在偷看達利歐潦草的筆跡，希望預知自己的命運。達利歐立即派人買了一大捆厚牛皮紙，貼滿會議室的玻璃來擋住員工的視線，以免看見裡頭的討論。

在會議室內，達利歐指示原則隊長、監督員、政治局和其他核心團隊全力行動，准許自由調查任何疑似表現欠佳的員工。

達利歐也藉機削減成本，打算把年薪超過七十萬美元的人薪水砍半，減少的部分放入獎勵計畫，只有在數年後符合難以實現的條件才能領到。改造計畫的部分有了新代號：N計畫。N代表十一月，即達利歐希望完成整頓的時間。當時只剩不到一個月。

那要如何達標呢？PriOS。大規模裁員本來應該是由達利歐開發中軟體系統派上用場的絕佳時刻。他先前告訴客戶，PriOS應該能提供一步步的指示，告訴橋水誰該留下、誰該調職、誰該開除。

當然，除了達利歐以外，幾乎所有人都知道這個系統做不到。一如往常，沒有人有勇氣告訴他真相，尤其他如今又在隨便找理由裁員。

保羅・麥克道爾告訴同事，他懷疑自己可能會被開除。他忍受著橋水職場生活的屈辱，部分原因就是高薪。他在附近最貴的「川普公園」（Trump Parc）大廈買了二戶，打通成一戶（他在加拿大老家也有房子）。他猜想沒有其他工作能給他接近橋水的薪水了，如果他被發現花了將近十年開發的先進人格評判軟體，至今仍然無法運作，就更不必妄想了。

改造開始不久的一天早上，麥克道爾的手機響了，是達利歐要他「反思」自己在橋水的角色。麥克道爾覺得危險逼近，達利歐幾乎只有聊到心痛的事才會使用這個詞，就像《原則》中所說：「痛苦＋反思＝進步」。麥克道爾打了一份摘要，部分主張他在橋水工作多年後，達利歐早已充分了解他的優缺點。他靜靜等待風暴來臨。

讓麥克道爾意外的是，達利歐好像平靜地接受了他的反思，還要求見面。麥克道爾深吸一口氣，走向達利歐的辦公室。

達利歐正等著他。「你漏掉一件你眞的非常擅長的事情，你超級會帶人的啊。」

麥克道爾明顯鬆了口氣。他喜歡在《原則》訓練營當老師，也樂於跟新人相處，只是日後他們會被橋水的職場消磨掉心志。他很高興能多花點時間陪陪他們。

但達利歐還沒說完：「我要說的是，你的薪水會大幅削減喔。」

麥克道爾心一沉，詢問會減多少。

「一半。」

「瑞，我有其他負擔耶。我才剛買了房子——」

達利歐面無表情地打斷他：「我就只能給這麼多，你要辛苦點了。」

麥克道爾整個人洩氣不已，他後來告訴友人們，他覺得達利歐是在實現之前說要踹爆他老二的願望。

達利歐繼續說：「你沒辦法管人啊，你自己也這麼說過。」

麥克道爾後來被降職、有了新上司，職等比達利歐低了好幾級。麥克道爾不只失去了一半薪水，還失去了達利歐帶來的保護傘，畢竟橋水只有達利歐的話才算數。如今，麥克道爾孤立無援了。

⇆

雖然麥克道爾不是在「改造」中失業的數百名橋水大家庭成員之一，但有二位達利歐重金聘請的人在這一年裡載浮載沉。

其中一位是蓋茲推薦給達利歐的微軟前高層主管克雷格·蒙迪。他當上橋水副董事長，直屬上司就是達利歐。這二人看起來處得不錯，只要跟他們聊上幾句，就知道他們都有遊艇，也愛聊遊艇的事。不過蒙迪畢竟是新人，沒摸清楚達利歐善變的個性。歷史果然一再重演，他犯了個錯誤，居然跟詹森抱怨共同執行長穆雷快退休了，沒能力搞定經營全球最大對沖基金牽扯的複雜層面。

詹森聽了覺得不敢置信。居然有人會輕率到敢在他面前講人閒話？原本是公認接班人的他才剛因爲這種事被調查，度過這輩子最不堪的一年。詹森馬上告訴穆雷，有段錄音她可能會想聽一聽。穆雷聽完就轉給達利歐，達利歐二話不說就舉行公審，宣布要開除蒙迪❸。

蒙迪丟完臉後，蘋果公司前紅人魯賓斯坦就更加孤單了。他覺得自己像在過雙面人生：一個是朋友、甚至老婆眼中的橋水：績效好、要求高、充滿了頂尖的人才。蘋果的前同事問他，怎麼才能像他一樣成功地從科技業轉換跑道到金融業。另一個是他每天看到的眞相。從最近的投資績效判斷，橋水推出的對沖基金實在糟糕。但魯賓斯坦等人設法跟達利歐談論投資的問題時，達利歐老是敷衍帶過。達利歐都會說，你們應該專心找到公司內部的缺失，運用PriOS把《原則》變得更加系統化。

即使魯賓斯坦覺得可行，他也沒時間好好處理軟體系統。身爲共同執行長的他，老是被指派去看更多《原則》訓練影片，他又老是無法通過測驗。他的棒球卡有一大堆扣點。他的意見常常跟達利歐不同，但根本沒人理。達利歐的政治局開始派人到他的會議做筆記，然後給他更多負面回饋。最後，魯賓斯坦才恍然大悟，解方一直都很清楚。他一定要用《原則》。這本書一直強調，橋水講求絕對眞相與誠實，即使是基層員工也應該說出內心感受。

魯賓斯坦選在十月十三日，也是自己六十歲生日那天開口。他不知道幕僚長還訂了蛋糕和香檳要慶祝。達利歐早就知道這個大日子，安排了一場大會來診斷這位共同執行長的缺點。他邀請了一堆副手，包括政治局、原則隊長和高層主管，包括詹森和老搭檔普林斯（他也被捲進來了）。大家圍著會議桌，批評坐在主位的魯賓斯坦。這就是典型的橋水行刑隊，共同參與公司傳統：好好修理新人。他們首先列舉魯賓斯坦的缺點。

魯賓斯坦不想在六十大壽還得這麼悶，打斷開場白，主動開口說：「各位，」他看了看大家，「這招對我沒有用啦。」

這跟平時的劇本不一樣，按照慣例，當事人該乖乖坐著挨批，痛苦才是讓人進步的機會。根據達利歐教導，不想吃苦的人就是不想進步。

達利歐叫大部分部屬離開會議室，許多政治局成員和原則隊長默默離開，只剩下高層主管，包括達利歐、普林斯、詹森、麥考米克和穆雷，加上數名助理坐著寫筆記。

達利歐比了個手勢，示意魯賓斯坦說完。

魯賓斯坦講出他對現狀的看法。他是來改善橋水的科技，但他說再多軟體或矽谷經驗都解決不了橋水的問題。在蘋果時，賈伯斯教他要萬分專注於使用產品的客戶，蘋果的目標是做出消費者愛用的好產品。但魯賓斯坦覺得，達利歐只顧著取悅自己。

魯賓斯坦說，橋水最大的問題就是《原則》。他說達利歐動不動就增加新原則，各式各樣的內容自相矛盾，簡直就是任人濫用的武器。橋水公司裡成立了政治局、稽核員、原則隊長等一大堆執法團隊，說是要致力於落實開放和真相，結果卻完完全全相反。他們製造了恐懼的氛圍，不斷警告大家，誰不聽話就要立刻倒大楣。魯賓斯坦說，天啊，我們還用厚紙板遮住玻璃會議，連策劃大裁員都偷偷進行，還能說自己是徹底公開透明嗎？

魯賓斯坦最後才解開的謎團是可信度。從一開始，他就搞不懂這個神祕又無所不能的指標，不懂爲何有人在各個類別都能得到高低不等的可信度分數。魯賓斯坦總結，費魯奇的實驗室根本是個幌子。所謂在橋水特定領域可信度坐擁高分的人，並不是憑著複雜的ＡＩ演算法得分，而是把自己變成另一個達利歐來得分。在橋水想要變得可信，祕訣就是仿效公司裡最重要的人。橋水不是靠可信度在運作，是靠信徒在運作。

「瑞，這根本是個宗教啊。」魯賓斯坦說。

達利歐冷靜地坐著，過程中只插了幾句話。魯賓斯坦看起來說完後，達利歐沉默了一下子，開口時語氣平淡、不帶感情。他建議，按照《原則》解決眼前的分歧。《原則》指出，必須找可信的第三方決定怎麼辦。達利歐說，剛好房間裡就有公正的證人，便逐一問橋水高層主管，是否同意魯賓斯坦的看法。

詹森說不同意。

普林斯說不同意。

穆雷說不同意。

麥考米克說不同意。

「看吧，喬恩，是你的觀點錯了。」達利歐說。如今輪到他發言了，他毫不客氣地指出魯賓斯坦的問題，滔滔不絕地說上一個小時、兩個小時、甚至將近三個小時。達利歐拿出魯賓斯坦的棒球上，上面全是代表負面回饋的紅點。他的整體可信度爛到不行。

達利歐說，這次對話正好證明可信度指標的價值。所有人討論了好幾個小時，結果卻是魯賓斯坦的同事都不認同他的看法。假如一開始就看看他的可信度分數，早就得出結論了，大可以節省時間。

二人言詞交鋒時，太陽也慢慢下山，影子愈拉愈長。每個人都看得出來魯賓斯坦在橋水待不久了。他同意再留幾個月，部分是為了給自己留點面子，畢竟當初加入還引起一陣轟動。魯賓斯坦答應，不會公開說出自己對橋水的眞實感受，達利歐則答應付清他剩下二年的薪水，加起來共有數千萬美元；他到任總共才不到一年，而且大家都明白缺乏成果。

診斷結束時，與會主管們開始收拾東西走人，結果忽然有人敲門。魯賓斯坦的幕僚長一直在外面等著，要給他一個生日驚喜。她推進來蛋糕和快變常溫的香檳，帶頭小聲唱著「祝你生日快樂」，魯賓斯坦趕緊草草切了蛋糕。

數個月後，達利歐寫了封信給客戶們，表示魯賓斯坦離職了，指出「我們彼此都同意，他不適合橋水的文化❹。」

魯賓斯坦私下對橋水文化所謂的公開透明，可是一點都不客氣。他跟朋友們都說：「全部是假的啦。」

第四部

第22章 信任圈

華爾街交易員私下都在問同一個問題。

橋水是全球投資圈首屈一指的公司。橋水成立的基金受到大量檢視、追蹤甚至模仿，All Weather基金甚至還催生出整個抄襲產業，叫作風險平價基金，也說自己是能自動交易穩定的多元資產組合。達利歐常在媒體受訪，遇到任何投資話題都能侃侃而談。

那爲何華爾街好像從來沒人看過他們交易呢？

這可引發衆人不小的好奇。雖然橋水位處鄉下，但全球最大對沖基金理應跟華爾街的交易系統相連。想要買賣他們常說的貨幣、股票和債券，總得有投資人站在對立面吧。橋水的公開文件❶顯示，他們跟華爾街所有響亮亮的公司都有生意往來，舉凡高盛（Goldman Sachs）、花旗（Citigroup）、瑞信（Credit Suisse）、摩根大通等等。規模小很多的對沖基金只要隨便傳出一筆交易的風聲，往往就能影響市場；而橋水這麼大，應該是超級鯨魚才對，每次調整投資部位都該掀起大浪，但橋水的影響卻小得像隻魚苗。

三個背景完全不同的男性，運用三種方式想揭開這個謎團。

二〇一五年初，億萬富翁選股人、極度健談的對沖基金經理人比爾・艾克曼（Bill Ackman）先出手。身爲潘興廣場資本管理公司（Pershing Square Capital）創辦人，他一直覺得達利歐公開宣稱的那套量化投資法很空泛、甚至沒道理。他很好奇背後的邏輯，就邀請達利歐在慈善活動上談投資方法。在台上訪談時，艾克曼追問❷橋水如何管理資產，畢竟他們的資產是潘興廣場資本的將近十倍。

達利歐回答：「這個嘛，首先，我想是因爲我可以做多或是做空世界上任何東西。基本上，我會做多流動性高的東西，世界上其他東西都可以做多或是做空，其實我幾乎什麼東西都是做多做空。我不帶任何偏見，所以都是用很基本、但是又很系統化的方法，我們用很多人工智慧的方法來思考投資組合理論。我也用很多金融工程去下一堆不相關的賭注。」

他還說橋水九九％的交易都是按照他長期的遊戲規則自動化。「這些都是我自己的標準，所以我很放心。」

達利歐反過來問艾克曼這個小對手怎麼選投資標的。

「我的投資方式完全相反。」艾克曼說。潘興廣場資本都找少數幾家好公司，僅僅如此而已，標準是評估執行長的領導能力等因素。討論到一半，艾克曼感覺訪談好像偏離主題，想要找些共同點，就換了個策略。他拋給❸達利歐一個簡單的問題，就是商業電視台每小時都會問六七次的問題。他問：「假設你現在要買一種資產、一檔股票、一個市場或是一種貨幣。你會把錢放在哪裡？」

達利歐停頓了一下，然後說：「我不這麼做。」

他說明橋水的三百名投資部門員工每天在幹嘛，描述了資料驅動的方法。在台上，艾克曼說這是「我做過最有意思的訪談了」。但他下台後搖搖頭，跟一名同事發牢騷：「他到底在說什麼東西啊？」

自稱「理性先知」的吉姆．葛蘭特（Jim Grant）看了這場訪談覺得不可思議。葛蘭特跟和善的艾克曼不同，他更像個脾氣不好的老頑固，連領結都不離身。他專門寫《葛蘭特利率觀察報》（*Grant's Interest Rate Observer*）這個晦澀的通訊報，不少認眞的投資人都說自己是忠實讀者（有仰慕者❹說他是「永遠的懷疑論者」）。葛蘭特長期以來都對橋水抱持懷疑態度，特別是他們聲稱用借來的錢下大賭注可以算是低風險。

葛蘭特私下在琢磨某些橋水的黑暗面。他派出最得力的副手去調查這家全球最大對沖基金。二人四處打聽，仔細研究橋水公開文件，偷偷跟客戶、競爭對手和任何可能了解橋水交易情況的人聊天。葛蘭特回憶說，他們一再得到的消息是，「各式各樣的人都意有所指，眞的很不對勁」。二〇一七年十月，葛蘭特用整期❺通訊報的內容專門討論橋水。他寫道，這期的主題是「混淆視聽、奉承諂媚和謎團重重」。

葛蘭特列舉了他所發現一堆說不通的矛盾之處。雖然說要透明，但就連橋水母公司股東（包括員工和客戶）都不會固定收到公司的財報。那點公開的文件也讓人摸不著頭緒。按照葛蘭特的計算，橋水申報文件中列出的管理資產總額，跟公司基金資產對不起來。葛蘭特寫道，達利歐家族的五個信託似乎「各持有至少二五％但不到五〇％的橋水股份，這怎麼算都難以達成」。根據公開披露的資訊，橋水還借錢給自己的會計事務所安侯建業（KPMG），讓資深分析師覺得既危險又不尋常：「我們大膽預測，橋水不會長久。」

這份報告在華爾街和西港鎮丟下震撼彈。葛蘭特整天忙著接❻華爾街不同銀行執行長的電話，他們紛紛打來給予葛蘭特肯定。有些人說他們多年來一直在想同樣的問題。

報告發表的當天晚上八點半，葛蘭特和他太太窩在家裡沙發上，看著紐約洋基隊的球賽。忙了一整天，他決定好好放鬆一下。這時一通陌生號碼從康乃狄克州打來，葛蘭特沒接，讓它進入語音信箱。大約半小時後，他老婆聽到電話傳來嗶聲，表示有人留言了。她走過去按了播放鍵，用擴音播出來。達利歐的聲音響起，嚇了她一跳：

「不知道你看過《葛蘭特利率觀察報》最新一期沒有？」語音留言持續了將近半小時，達利歐鉅細靡遺地抱怨那篇文章。

葛蘭特回憶說：「我覺得毛骨悚然的是，他說話的語氣誇張的平穩，聽不出任何語調高低，也沒有任何情緒波動。」

接下來一週，葛蘭特斷斷續續❼跟橋水的高層主管們通電話。他發覺自己搞錯了❽一些關鍵細節。橋水與會計事務所的關係其實很普通，之前已獲得監管單位核准，至於讓人看不懂的所有權計算問題，是因爲達利歐家族成員擁有的多家單位在財務報表中合併了。葛蘭特打電話到CNBC電視台道歉。他說自己搞錯了，橋水公司在法遵上沒有問題。至於外界對於橋水投資策略的種種疑慮，葛蘭特說他還是一頭霧水。

他說：「在策略方面，我們不可能了解太多，不清楚他們實際上是怎麼進行投資，瑞・達利歐說他知道一千種彼此不相關的交易策略。華爾街沒有人有辦法確認這點。」

最後那句話，達利歐本人知道一千種賺錢方法卻不告訴任何人，引起了波士頓一位金融調查員的興趣。哈利・馬可波羅（Harry Markopolos）對於聲稱有獨特優勢的神祕對沖基金經理人小有研究。一九九〇年代末期，馬可波羅還是個默默無名的分析師，老闆要他複製某個對手看起來很賺錢的交易策略。馬可波羅無法複製，但他發現了些端倪，沒多久就開始跟證券交易委員會（Securities and Exhcange Commission）討論這個明目張膽的騙局。六年後，馬可波羅闖出一番名號[9]，他向證交會呈遞一份報告，標題爲「世界最大對沖基金是個騙局」。馬可波羅對伯尼・麥道夫（Bernie Madoff）的警告獲得證實後，便成了全美名人，隨時都能引起監管單位的關注。

對馬可波羅來說，西港鎮發生的事絕對啓人疑竇。這又是以投資方法聞名的大型對沖基金，但競爭對手似乎都搞不懂。他聯絡了自己的人脈，取得橋水的行銷文件，其中包括「提案書」，就是每家基金給潛在投資人看的PPT。提案書裡有橋水公司投資策略的摘要，以及詳細的基金績效圖表。但對馬可波羅來說，這卻帶來了更多問題。橋水自稱是全球資產管理公司，但提案書裡沒有提到讓公司賺錢或虧錢的任何具體資產。投資績效圖表顯示，橋水鮮少有虧損的年度，即使達利歐的公開預測錯了也一樣。Pure Alpha基金老是能在年底持平。馬可波羅在研讀這些文件時，只覺得內心升起熟悉的異樣感。

他察覺到自己好像要得出很重大的結論，於是翻出了通訊錄來確認自己的想法。他的團隊聯絡上德州對沖基金經理人凱爾・巴斯（Kyle Bass），他以二〇〇八年神準預言次級房貸市場崩盤聞名。巴斯表示，他也一直在思考橋水的交易方式。馬可波羅還去見了綠光資本（Greenlight Capital）這家對沖基金的億萬富翁老闆大衛・艾因霍恩（David Einhorn）[10]，他以發現騙局著稱。艾因霍恩迎接他到辦公室，找了一群綠光分析師坐在一起，並說他們自己也想調查橋水。艾因霍恩眼神看向桌面，雙手托著頭，手肘靠在桌上，仔細聆聽馬可波羅說明他的懷疑。

聽完馬可波羅的話，艾因霍恩興奮地拍了下桌子說：「我就知道！」

這正是馬可波羅需要的鼓勵，於是他寫好一份報告發送給證交會。

他寫道，橋水是個龐氏騙局。

橋水基金並非龐氏騙局。

但達利歐經常描述的也不全然屬實。

證交會和其他監管單位接見了馬可波羅和他的團隊。他的報告向上呈，傳到了前華爾街律師、現任主席傑伊・克萊頓（Jay Clayton）耳中。他跟同事們表示，自己以前也聽聞有關橋水的類似推測。克萊頓指派一個證交會團隊調查此事，要他們務必向橋水提出相關問題。他們結論的一部分指出，橋水這家全球最大對沖基金使用了一系列複雜的財務操作，包括股票選擇權和其他相對難以追蹤的交易工具，來進行看似簡單的投資。這些都不會出現在公開申報文件中，證交會也理解為何競爭對手無法追蹤。

證交會對此感到滿意，不再回應馬可波羅團隊針對最新情況的申請。監管單位沒有對橋水提出公開指控，馬可波羅也改去研究其他事務。

想要完全揭開西港鎮發生的一切，必須從外部轉向內部深處。艾克曼或葛蘭特之所以無法輕易得出答案，部分原因在他們是徹頭徹尾的華爾街內部人士，職涯理念都是嚴謹分析，即靠著努力與聰明才智，便能帶來投資成果。馬可波羅仍然醉心於再添一筆踢爆對沖基金黑幕的事蹟，因此魯莽硬幹。證交會收到馬可波羅的報告時，監管人員其實已調查過橋水了。在麥道夫事件之後，證交會在西港鎮待了一段時間，深入研究了該公司的運作*。他們的任務是釐清橋水是否守法，最後監管人員沒有發現任何理由懷疑有違法行為。按照原本職責所在，證交會自然不會多去關注橋水如何賺錢，只要有確實替客戶進行投資就行。

馬可波羅、艾因霍恩等人誤以為橋水是徹頭徹尾在打假球，部分原因可能是橋水鮮少有人參與公司的日常投資業務。距離橋水總部幾公里遠的辦公大樓裡，都是對橋水交易所知甚少的橋水員工，他們往往也只能從報紙上讀到相關資訊。在橋水全盛時期大約二千名員工中，以及數百名臨時約聘員工，不到二〇%獲派於研究或投資引擎。這些研究人員中，許多人責任的複雜度跟普通大學

---

*橋水和達利歐的律師團表示：「證交會定期檢視橋水這個規模的立案投資顧問，完全合理也值得肯定，這屬於標準流程。」

生差不多。他們埋頭於經濟史研究專案，撰寫報告供達利歐本人審閱和編輯。偶爾，他們的發現會出現在《每日觀察報》上，通常由達利歐、詹森或普林斯署名共同作者。至於這些洞見是否納入橋水的交易，大部分的研究人員都知道別問最好。

只有少數⓫橋水人（不超過十人）有不同的視野。幾乎清一色男性，挑選不僅要看才能，還要看忠誠度。他們以往幾乎都沒有其他工作經驗。達利歐和詹森從橋水投資助理中挑選成員，讓他們進入內部核心。這些幸運兒與達利歐坐下來面談，得以做出選擇：他們可以簽署終身合約，發誓永遠不替其他交易公司工作，成爲少數能看到橋水內部祕密的人，達利歐早年把這個稱之爲「聖杯」。

這群簽約者則是他口中的「信任圈」。

這個提議並不一定是簡單的選擇。鮑勃・艾略特（Bob Elliott）後來成爲僅次於詹森和普林斯的信任圈最資深成員，他年僅二十六歲時，達利歐就向他提出終身合約。

艾略特最想做的事就是破解橋水的投資祕密，就此簽下合約。

⥮

跟可信度一樣，「信任圈」這個詞有點名不副實，因爲隱含的意思是這個團體所有成員平等，彼此密切連結與相互約束。但實際上，信任圈更像是完整的圓圈，圍繞著中心一個獨立人物：達利歐。

橋水如何投資數千億美元呢？分成二個版本：達利歐反覆向大衆和客戶交待的是一個版本，信任圈在閉門造車發生的事屬於另一個版本。

在第一個版本中，橋水推出的對沖基金是「觀念擇優制」。每個投資部門員工或研究人員都可以提出想法，例如某個遙遠國家的債券可能升值或貶值，然後橋水團隊會冷靜地辯論這個論點的優劣，融入對於歷史的通盤研究。投資部門員工如果有準確預測的紀錄，時間一久他們的想法就會獲得更大的加權，以及更多客戶資金的支持。數百家甚至上千家的對沖基金，更不用說金融界其他公司，都運用類似的流程。大型投資公司經常用小額資金支持剛出道的交易員，遇到懂得賺錢的人就加碼投資。這就好比華爾街的「天擇」，只是荷包要夠厚。

這個模式在橋水的主導下愈來愈灑狗血。每週五，達利歐的助理會帶來裝滿公司經濟研究的厚重資料夾，整整三個公事包，由司機迅速送到達利歐家中。這些資料是橋水所謂的「世界大事」會議主軸，會議在每週一上午九點舉行。達利歐、詹森和普林斯坐在總部最大會議室的前方，面前是一排排的員工，偶爾還會出現的報社記者或參訪客戶，這種公開的智力較量想必讓他們大開眼界。在達利歐引導對話走向的同時，攝影機也在記錄，好讓整間公司員工事後觀看。與會者針對當天重大話題和市場走向辯論數小時，週末資料夾內任何文件都可以成爲主題，就連資淺研究人員也有機會運用分析打動達利歐。達利歐告訴一名採訪者：「這個意義遠遠超過我個人、鮑勃和葛雷格，意義絕對不只如此。」這看上去確實是個奇觀。

然而，這幾乎與橋水運用資金的方式完全無關；一位資深投資員工表示：「這只是個幌子。」

有人懷疑達利歐是否真的讀過那些研究資料夾，在會議結束後，信任圈成員會走進少有人踏入的狹小辦公區，而真正的工作才會開始。

十一

「我可以只用一張電子表格⑫來經營這家公司。」詹森曾在酒後對一位朋友說。

詹森那天晚上說的沒錯，橋水備受推崇的投資流程背後的祕密，就是根本沒有祕密可言。達利歐就等於橋水公司，達利歐決定了橋水的投資。當然還有詹森、普林斯和所謂的信任圈其他成員；信任圈這個名稱讓人聯想到某種高級投資智囊團。雖然可能有不只一個人發表意見，但眞正重要的只有一個投資看法。沒有高級的系統、沒有人工智慧、也沒有聖杯。只有達利歐一個人發號施令，可能是面對面下令、電話中下令、在遊艇下令，還有好幾年夏天是從他的西班牙別墅下令*。

達利歐和行銷團隊公開談論 Pure Alpha 時，引用了許多模糊的「訊號」或「指標」來左右對沖基金。一旦訊號閃現時，Pure Alpha 就會按照訊號進行交易，至少提案中是如此說明。這代表該基金不斷搜尋資料，並隨著投資環境的變化而調整。這也有助於說明爲何橋水的交易似乎不會影響市

*達利歐與橋水的律師團表示橋水「不是一言堂，因為九八％的決定都是系統所為。」他們還表示：「所謂達利歐對橋水投資發號施令，完全有違事實。」他們補充道：「橋水有一套嚴格的管控機制來決定交易方式。交易也經常受到稽核，確保一切符合公司交易政策。凡是有所偏離就得由投資長批准。」

場，解答了橋水交易足跡小如魚苗的謎團。橋水行銷人員向客戶說明，橋水專注於其他人看不見的訊號，因此不太可能參與市場快速買賣，也不太可能站在競爭對手的對立面⑬交易。

達利歐本來大可以跳過這些模糊的語言，更簡單地把Pure Alpha描述爲一連串「若P則Q」的交易方法。如果甲事件發生了，乙事件就會隨之而來。對Pure Alpha來說，「若P則Q」的規則指的是如果一個國家的利率下降，那該國貨幣就會貶值。因此，Pure Alpha會做空該國貨幣。另一條規則指出，黃金價格與流通貨幣總量除以黃金存量有關；如果流通中的貨幣增加或減少，那就是買入或賣出黃金的時機。許多規則只是單純跟隨市場趨勢，顯示短期走勢可能反映長期走勢，並且指示跟隨不同市場的動能。只要有一台計算機、熟悉高中程度的相關係數，這些規則多半不會太過複雜*。

橋水的投資規則在成立初期無疑帶來了優勢。無論是新手交易員還是億萬富翁，華爾街大部分的人仍然相信自己直覺的價值。頂尖交易員據說能「讀懂行情」（read the tape），藉由看交易價格和成交量來預測股票未來走勢（譯按：原文指電報機用紙帶傳輸交易資訊，但在達利歐開始工作時這個方式就已過時了）。橋水是最早打造自身經濟成長估值的對沖基金，整合了公開統計資料和市場

*達利歐和橋水的律師團表示：「橋水基金超過九八%的風險預算和報酬都是由系統化交易策略所驅動，至今仍然如此」，並且「嚴格遵守任何類型的自主交易規範。」他們另外也表示：「橋水基金的交易策略屬於系統化且多樣化。」達利歐另一位律師還表示，橋水基金的投資團隊「追蹤重大時事和歷史事件，以理解市場中的因果關係。這些關係隨後在不同的時間區段和地點進行回測，構成驅動橋水九八%市場定位的決策規定。」

調查，稱作「閒置產能測量流程」，因爲這指出哪些國家或市場有充足的產能（又稱閒置產能），可以成長得更快。閒置產能測量流程就是達利歐所謂的規則：如果模型顯示某個遙遠國家即將迎來經濟榮景，橋水就會買入該國的債券或貨幣。達利歐不僅有一套規則，還有遵循這套規則的基金，因此他才與眾不同。這個確實可以稱作他專屬的超越市場策略（Pure Alpha）。

然而多年過去了，達利歐的優勢逐漸減弱，甚至似乎消失了。強大電腦的興起讓任何交易員都能輕易用程式編寫規則，再按照規則交易。網際網路的力量說服投資銀行和交易公司聘請科學家、數學家和程式設計師，深入研究現在世界上任何人都能取得的數位經濟資料。這些競爭對手迅速追上達利歐早年的發現，例如閒置產能測量流程，然後在高頻交易等領域超越了他，這需要消化數秒鐘內變動的資料，例如股票成交量短暫的漲跌。文藝復興科技公司（Renaissance Technologies）這個競爭對手聘請了數十名擁有博士學位的研究人員，建立了擁有數百萬行程式代碼的投資系統。橋水也僱用了許多科學家，但許多人像費魯奇一樣獲派處理公司人事評分工具上，而不是直接協助投資部門。達利歐仍然堅持他歷來的規則（他在一次採訪中表示：「這些規則經得起時間的考驗、放諸四海皆準。」），但經年累月下來，這些規則愈來愈顯得過時，而競爭對手則以更強大的系統大幅進步*。

*二〇二〇年，橋水公司對兩名投資部門前員工提起訴訟，但紐約州仲裁小組做出了對橋水不利的裁決。仲裁小組認定，從本案描述來看，橋水的投資方法「模糊不清」。

小組寫道：「橋水辯稱，其作為對沖基金的經濟成就證明其擁有寶貴的商業機密，但是未提供任何『方法論』的證據。」橋水所謂的商業機密，其實都是「公開資訊，或產業內專業人士普遍可以獲得的資訊」。仲裁小組聽取了詹森在宣誓後的證詞，最後得出結論：「橋水希望身為被告的員工終生為公司效力，並且將離職視為背叛。」

橋水有許多聰明又有抱負的員工，包括信任圈成員，都努力嘗試讓對沖基金擺脫停滯狀態。但橋水規則清單添加新規則的唯一方法，就是取得達利歐、普林斯和詹森的一致批准，而且不是祕密投票。三人會公開辯論建議，但達利歐的意向並不難猜，普林斯和詹森都不常違背上意。達利歐不喜歡他聽不懂的新點子，所以大部分的新規則都很簡單，就是「若P則Q」的邏輯。但這個做法已跟不上外界的快速變化了。二〇一八年，剛加入投資團隊的一名新人覺得傻眼的是，世界最大對沖基金的交易居然還仰賴微軟Excel這個有數十年歷史的舊軟體！這就好比當代飛機都配備噴射引擎了，達利歐還堅持開著萊特兄弟的螺旋槳飛機。

橋水投資部門的工作其實頗無聊，而且多年來都是如此。因此詹森想了個辦法，說服達利歐批准「交易遊戲」：員工可以拿自己的投資想法跟達利歐打賭。假如員工的想法賺錢了，他們就能得到獎金。這個遊戲其實也暴露了一個問題：達利歐根本瞧不起自己的員工。明明這些人應該在爲客戶投資，達利歐卻願意跟他們對賭。對於投資部門的員工來說，這可能是他們在橋水唯一能說出自己投資想法⓮的機會。

跟其他對沖基金不一樣的是，從橋水離職的人鮮少會自己開公司。這不只是因爲橋水會積極用法律手段阻止。更遺憾的是，因爲橋水緊抓著投資要領的權限不放，導致投資團隊成員根本學不到具體的投資知識*。

*達利歐的一位律師表示：「橋水基金的投資助理計畫，對於通過嚴格考核的人來說，是學習宏觀投資的絕佳機會。」

儘管達利歐在公開場合都說大話，但他不可能對自己投資方法效果變差視而不見。他當然也看得懂客觀的數字。二〇一一年到二〇一六年之間，全球各個市場表現優異，但Pure Alpha基金只有個位數報酬，遠低於歷史水準。橋水的投資人問起為何基金表現下滑時，橋水只會年復一年地要他們放心，這個績效還算在長期的預估範圍內。

達利歐和橋水拚命保護的最後一個優勢，就是他們比世界上大部分的投資人坐擁更多資訊，也百般努力要維持下去。這個優勢幾乎沒有其他人能取得，再多研究、科學或分析工具也無法提供。

在華爾街，「資訊優勢」這個詞常帶有不太好的意思。投資人被說具備資訊優勢，就是委婉地暗示他們在進行內線交易，即根據公司內部人士提供的機密資訊非法交易股票。達利歐的資訊優勢雖然同樣私密，但既合法又廣泛。橋水不蒐集任何個別公司的資訊，目標是整個國家的資訊。達利歐大力結交有廣泛人脈的政府官員，從中推測他們計畫如何干預經濟，橋水再利用這些洞見在基金中賺錢。

即使是華爾街大佬，也不容易接觸掌握這類資訊的官員。他們通常是央行行長、政府基金經理人，以及幫助世界領導人投資現金的幕後顧問。達利歐聰明地玩放長線的遊戲，耐心培養軟實力[15]。

而且哪個國家好像都可以，就連哈薩克也不放過。

哈薩克這個中亞國家並不是華爾街人士的首選，由專制政權統治，是世界上最大的內陸國，但地廣人稀，坐擁大量自然資源。二〇一三年，哈薩克開始進行當時最昂貴的石油專案，地點是裏海的巨型油田，協助該國建立了價值七百七十億美元的主權財富基金。這筆錢需要投資在某個地方，橋水客服團隊就在達利歐日程表上，安排與該基金負責人貝里克·奧特穆拉特（Berik Otemurat）會面。奧特穆拉特是一板一眼的文官，十年前他開始工作時只是審計師，如今已率領代表團來見華爾街的大人物們。

達利歐對這個代表團很感興趣。「他們之前在做什麼？」他詢問橋水的行銷團隊。他的部屬回答說，奧特穆拉特會在紐約待幾個小時再前往西港鎮。

「他們怎麼過來？」達利歐又問。

橋水安排了一台賓士和司機。

「幫他們安排直升機。」

花了幾千美元後，三十多歲又留著過時旁分髮型的哈薩克人，帶著部下坐上直升機，從曼哈頓飛往離橋水最近的直升機停機坪（位於康乃狄克州橋港），但早就飛過橋水總部，所以再由司機開著賓士載他們過去。

在如此浮誇的進場後，則是一場非比尋常的簡報，至少不同於奧特穆拉特在紐約的體驗。在紐約，KKR公司共同創辦人亨利·克拉維斯（Henry Kravis）和黑石集團史蒂芬·施瓦茨曼（Stephen Schwarzman）等金融界大亨，請他吃海鱸魚和魚子醬，同時遊說他投資他們的公司，其中一人還提供了一道柳橙榛果拿破崙甜點，外觀略像哈薩克國旗。相較之下，達利歐只在白板上畫了難以理解的圖表，喋喋不休地談論市場的本質。他沒怎麼提到橋水的具體投資方法，但整個過程中，卻有種難以否認的魅力和自信。

橋水的行銷團隊，無論是參加會議還是後來聽錄音的成員，全都見過這一招了。如果使出這一招，那最終目標就不是要拿到錢。因此，奧特穆拉特提出有意投資橋水主要對沖基金一千五百萬美元時，橋水的代表團婉拒了這個提議。一位行銷主管表示：「我們現在不想立刻跟你建立關係，而是想要細水長流。」

在橋水內部，關係就等於權限。為了數百萬美元的投資就大肆慶祝，放棄可能得到數十億美元的機會，未免太小家子氣了。哈薩克的新油田花了十多年才開發出來，工程一再地延宕多次。凡是清楚專案進度的人，都可以相應調整對石油的投資。橋水告訴代表團，公司很樂意就主權財富基金如何投資數十億美元免費提供建議，同時橋水團隊也希望有機會針對當地特色產業提出一些問題。

石油產業的洞見⓰特別寶貴。行銷團隊幫忙準備了一份機密客戶文件，顯示橋水主要對沖基金績效優異年份最賺錢的領域*。「超額收益」（即最賺錢的投資賭注）最大驅動力是大宗商品，橋水可以結合競爭對手使用的統計分析與獨家的眞實世界資訊。在大宗商品中，石油特別容易出現波動，畢竟石油屬於「短期資產」，對價格快速變化非常敏感，因爲只能在地面儲存有限天數。這代

*達利歐和橋水律師團表示，該對沖基金的「競爭優勢是高品質的研究，同時理解全球經濟和市場，再統整成系統化的投資策略。」

表如果供應無法保持穩定（哈薩克就經常在困境中面臨這個風險）價格可能會快速上漲，如果情況相反價格就會下跌，因此即時的最新資訊是關鍵所在。奧特穆拉特和代表團成員們，看起來都很樂意分享。

沒多久，橋水就獲得了雙贏。奧特穆拉特參訪西港鎮數個月後，哈薩克基金再次詢問是否可以投資橋水基金。這次，他們提出的金額遠遠超過一千五百萬美元；這次，橋水就同意了。

⇌

回到美國，達利歐的人脈慢慢消失。在金融危機時期成名後，他輕易就能聯絡到美國聯準會主席伯南克。然而，伯南克的接班人葉倫（Janet Yellen）好像對這位橋水創辦人不太感興趣。達利歐向橋水員工們大發牢騷，說葉倫既不回他的電話也不願意見他。當時聽他抱怨的一名部屬說：「這讓他非常火大。」在葉倫任期內的某次客戶電話會議中，達利歐列出了管理團隊對二十一個不同市場的「關鍵看法」，從巴西貨幣雷亞爾到印度貨幣盧比、再到日本債券。達利歐完全跳過了美元，表示自己無法確定對此的關鍵看法。

達利歐結交國外盟友則較為成功 ⑰。歐洲央行行長義大利籍德拉吉（Mario Draghi）便經常與達利歐聊天、向他請教。在二〇一〇年代中期，達利歐一直建議，德拉吉要導入更多振興措施，這才有助提振歐洲股市、拉低歐元。在那段時期，橋水多半也在賭歐元走軟。達利歐一下子就成為德拉吉的活廣告。達利歐在一份發給國內外記者的公開聲明中寫道：「在每個關鍵時刻，他都做對了事，讓世界更加美好。現在全世界都應該要知道，絕對不要小看馬里奧·德拉吉。」

達利歐對德拉吉的讚譽不僅讓他得以跟歐洲央行打交道，還有助他進入歐洲各國首都。在蘇黎世，達利歐獲得瑞士國家銀行行長湯瑪斯·喬丹（Thomas Jordan）的關注。根據一名居中牽線的橋水前員工表示，達利歐在喬丹面前短暫地擺出政治家的姿態，建議對方如何努力把瑞士經濟與疲軟的歐洲脫鉤。喬丹⑱在二〇一五年初把瑞士法郎與歐元脫鉤時，橋水的基金也大賺一筆。

達利歐為時最長的專案在中國。自從把兒子送到那裡就讀中學以來，達利歐一直努力跟北京精英打好關係（他設法學會普通話，但像許多西方人一樣太過挫折就放棄了）。他頻繁地前往中國，一次就待上數週，從中國投資有限責任公司（CIC）等國營單位獲得數十億美元⑲的投資，公私兩相結合。他攜妻子同行參加部分會議，也帶橋水左右手參加其他會議。在二〇一五年一次出訪中，達利歐帶上普林斯，二人住在官方招待所而不是飯店。普林斯開始出現類流感的症狀，中國政府官員就迅速把他送去私人治療。同年，達利歐參加了白宮為中國國家主席習近平舉行的國宴。他拚命改口自己公開預測「中國沒有安全的投資地點」，肯定是意識到這些關係。

達利歐聘請CIC主席擔任達利歐慈善基金會中國分會長這個輕鬆職位，後來又提拔他管理橋水中國辦事處，這是橋水在康乃狄克州以外唯一分支機構。在媒體採訪中，達利歐固定對中國領導階層美言，一遍又一遍地說他們「非常幹練」，有時在一次採訪中重複這句話不止一次。他還在橋水內部說，這些領導人很快就會向他請益。

在旁觀者眼中，甚至對中國人自己來說，達利歐都是支持中國的典範，但其中也有可以利用的優勢。他要求信任圈協助讓橋水基金可以離岸做空中國資產，讓中國政府無法追蹤。這樣一來，達利歐就能神不知鬼不覺地站在中國的對立面。

⇄

達利歐的投資方法還有一個極爲不透明的因素。他的自動化系統（即經濟機器）並不像宣傳的那般自動化或機械化。Pure Alpha 基金高達一〇%的投資資產，相當於數十億美元，歸根究柢就是達利歐的直覺和想法，都聽命於他。如果他想讓橋水做空美元（他在金融危機後大約十年都做空，只是沒有成功），就會執行做空交易，因爲投資團隊其他人無不屈服於他的意願。達利歐想要什麼就得到什麼，這是最重要的規則*。

二〇一七年即將來臨之際，一小群投資部門主管在年復一年的淚水、壓力和裁員之後，看到結果依然沒有起色，決定實在是受夠了。Pure Alpha 當年只上漲了二%，遠低於大部分的對沖基金，更只有美國股市整體漲幅的六分之一。橋水投資團隊部分成員懷疑，他們應該知道原因。

爲了扭轉公司的投資表現，經詹森的許可，信任圈成員對達利歐的交易進行了研究。他們深入

*達利歐和橋水的律師團表示：「一般而言，橋水的交易並非自由裁量。」需要該基金投資長的同意才能進行。

橋水檔案庫，搜尋達利歐個人投資觀念的歷史。團隊一遍又一遍地運算數字，因爲資料必須完美無缺。然後，整個團隊找達利歐坐下來開會。一位年輕員工雙手顫抖地遞上了研究結果，顯示達利歐正確和錯誤的次數各一半。按照他的想法來交易[20]，近來常常就跟擲硬幣沒兩樣。

詹森和艾略特也在場，大家都安靜地坐著，緊張地等待達利歐的反應。

達利歐拿起那張紙，揉成一團便扔掉了。

第23章 禮物

達利歐在飛往溫哥華的長途飛機上忙得不可開交，他專注的不是對沖基金的投資，而是在經營個人品牌。他當時準備進行最重要的公開亮相，比起二十九年前上歐普拉節目還要重要。

達利歐搶到了二〇一七年TED大會演說機會。這個高規格的活動有商業界、藝術界和科學界眾星雲集，向全世界分享他們的人生經驗。他花了好幾週準備十六分鐘的演講，排在伊隆・馬斯克和小威廉絲（Serena Williams）等大人物之間。達利歐身邊的人都覺得他顯得格外緊張。這是一個盛大的舞台，正好給他轉移話題的機會。

二〇一七年頭幾個月，達利歐受到大量負面的關注。大衛・麥考米克和艾琳・穆雷獲宣布為最新共同執行長，取代了喬恩・魯賓斯坦，引發新一波報導，討論起橋水的管理動盪持續不斷。在投資方面，橋水則把川普當選也視為預測經濟崩盤的原因。橋水警告客戶，道瓊工業指數可能因為川普勝選而暴跌將近二千點，會是歷來最大單日跌幅的二倍多。結果卻恰恰相反，該指數反而飆升到歷史新高。Pure Alpha在二〇一六年只漲了二・一%，連續第五年只有個位數的低成長。華爾街普遍賺得荷包滿滿，唯獨橋水的主力基金表現平平。

達利歐的管理系統也受到新的社會關注。《華爾街日報》發表了長篇調查報導，探討橋水的PriOS軟體，其中引述一名匿名的橋水員工指出，這個專案就像「想把瑞的人腦變成電腦」❶。橋水內部一開始似乎對這篇報導頗爲滿意，麥考米克寫信給該報記者說：「我覺得你寫得眞不錯……我很佩服你的調查方法。」但達利歐顯然抱持不同意見，他原本希望親自公開推出PriOS。更糟的是，後續報導的八卦小報把這項發明描述成反烏托邦的縮影（有篇標題是「假如你的老闆是機器人怎麼辦？」），達利歐的反應激烈，三不五時就向麥考米克抱怨自己的雄心壯志被誤解，麥考米克只好又寫信給同一位記者收回讚美：「仔細重讀你的文章後……很遺憾，我們認爲文中有好幾處不實或片面的說法。」麥考米克還說❷：「我們稍後會提供更爲具體的回饋。」

結果並沒有更多具體的回饋。達利歐反而借鑑美國新任總統的做法，把媒體當成公開攻擊的箭靶。二〇一七年一月初，他在社群網站LinkedIn上❸發表一篇長文，點名這篇報導，把它稱作「假新聞和扭曲媒體風潮」的一環。他在意的不是事實，而是感受。他沒有指出任何不實之處，只是抱怨記者「想把橋水描述成瘋狂又壓迫的地方，被像科學怪人之類的角色給掌控；但明明證據顯示，這裡是創意擇優，數十年來徹底追求眞相與透明，成功打造有意義的工作、有意義的關係和無與倫比的成果。」他建議讀者不要「擔心橋水的眞相如何」，並引用內部資料清楚顯示，新員工離職率「異常高」，但留下來的員工都待得更久。達利歐將此歸因於橋水「不適合所有人，但對於適合的人來說，這裡獨一無二。」讓達利歐欣喜的是，這篇LinkedIn文章轉移了焦點。記者們轉而報導身價億萬的達利歐攻擊媒體的奇觀，而LinkedIn評論者則急著替橋水說話。數百條正面評論中有條寫道：「瑞眞是打了一場好仗」，另一條評論則說：「也許『新聞自由』才是問題所在。」

達利歐顯然肯定沒有人比他更能捍衛橋水，於是他儘可能在社會大衆面前拋頭露面。他首批受訪包括接受「商業內幕」（Business Insider）網站主編亨利・布拉吉（Henry Blodget）的訪問❹。這個金融報導網站當時以追求瀏覽次數、而不是以發表尖銳文章聞名。根據布拉吉說，達利歐的團隊在二〇一七年一月一日主動聯絡他，談妥了二個半小時的專訪，條件是網站必須發表訪談逐字稿。布拉吉同意了。在一週後的專訪中，達利歐重複了平時的說詞（「我們公司是觀念擇優制，運作得出奇地好」），再加了些新的看法。針對在橋水內部表決時，自己的一票權重更高，他表示：「我很怕一人一票等值，因爲這表示每個人做決定的能力都一樣，我認爲這很危險喔。」他說即使是他自己也要遵守橋水的管理規則，因爲「如果你不這樣的話，或是仗著地位高就不守規矩，就會失去所有公信力。我從來沒有單方面否決任何決定。」也許最奇怪的是，明明訪問時間有限，達利歐居然還向布拉吉朗讀一封電子郵件，他說是前一天員工才寄來，內容是：「瑞，感謝上帝讓世界上有橋水和你。瑞，我愛你。聖誕快樂。」

當時是一月了。

達利歐上了幾個態度較友善的節目，包括在ＣＮＢＣ分享最愛的三本書，就準備好要登上TED2017的大舞台了。他踏上溫哥華會議中心舞台時，一身藍色襯衫配上寬鬆的開襟毛衣，打扮非常符合現場氛圍，看起來已克服了緊張，表現得輕鬆自在，就像個要去陪最疼愛的孫子玩的爺爺。他跟台下觀衆自然地眼神交流，邊說邊在台上慢慢踱步，還不時比手畫腳。

「不管你喜不喜歡，」達利歐對著麥克風說：「徹底的透明和演算法決策正以飛快的速度向你襲來，會徹底改變你的人生。」

達利歐開始講起他的童年經驗，大致跟之前接受無數次採訪時說的差不多。他很討厭上學，說到這裡還做了個鬼臉，卻在十二歲那年愛上了股市，還用當高爾夫桿弟賺的錢來投資。他買的第一檔股票是東北航空，就因爲每股不到五美元。「很笨的策略，對吧？」台下觀衆被TED標誌的紅光照得紅通通的，全都笑了起來。達利歐也自嘲地笑了笑，看起來好像突然學會幽默感，一副謙虛的樣子。

達利歐身後的螢幕亮起，播放數十年前的影片片段。一段是達利歐在國會作證，自信滿滿地預測經濟走向，後來證明大錯特錯。台上的達利歐似乎迫不及待要在影片播完前插話：「我現在看到這個就想，『這個混蛋有夠傲慢欸』。」觀衆又哄堂大笑。

達利歐說，久而久之他發現自己需要建立一個社群，讓聰明人來檢驗他的觀點，只讓最可信的想法勝出。爲此，他身邊的每個人都得誠實透明。達利歐轉過身去，展示他後腦勺日漸稀疏的頭髮，再走到舞台上的講台前，戴上老花眼鏡，再次指著螢幕說：「我想帶大家看看我們的一個會議，介紹一下『集點器』這個工具，我們就是靠它做到這一點。」

演講後半段又播放了一段影片❺，裡面全是橋水的人格特質圖表，像是「自我評估能力」和「追求成果」等等。影片顯示員工互相打分，從一分到十分。每個錯誤都是個謎題，解開後就變成了叫做「原則」的寶石。「過去二十五年來，我們就是這麼運作的。我們貫徹絕對透明的原則，然後蒐集這些犯錯中學來的原則，再把這些原則放入演算法裡。這就是我們經營投資的方式，也是我們處理人事的方法。」

最後達利歐回到開頭的主題，預言徹底透明會成爲普世趨勢：「我認爲，這會是件很棒的事，希望你們能跟我一樣感受到它的美好。」

他張開雙臂，好像要鞠個躬，然後在掌聲中走下舞台。

這場TED演講觀看次數達到數百萬。達利歐的知名度不斷上升，時機恰到好處，因爲他剛掌控了自己的公衆形象，即將名揚全球。

二〇一七年秋天，達利歐出版了自傳[6]《原則：生活和工作》（*Principles: Life and Work*）。這本書他原本希望由華特．艾薩克森撰寫，後來決定自己找一位代筆作家合作完成。《原則》於二〇一七年九月上市時，獲得一般新作家難以想像的待遇。至少有六位億萬富翁公開推薦本書（比爾．蓋茲說：「瑞．達利歐帶給我無價的指導和見解，現在你們也可以在《原則》中得到」）。自我勵志大師東尼．羅賓斯聲稱，這是他讀過數一數二棒的書。億萬富翁馬克．庫班（Mark Cuban）說：「《原則》就像聖經一樣，教你創業最重要的能力：在任何情況下學習如何學習。」哈佛教授羅伯特．凱根向《紐約時報》表示，達利歐的《原則》正在推動「一場堪比工業革命的巨大變革[7]。」

新書宣傳讓達利歐進一步鞏固了自己身爲重要思想家的地位。人氣Podcast主持人提姆・費里斯（Tim Ferriss）訪問達利歐二個小時，標題爲「投資界的賈伯斯」，他說：「我強烈推薦這本書，它改變了我生活和事業中對於決策的思考方式，也改變了我怎麼管理、怎麼處理團隊溝通。我可以一直舉例下去。」

達利歐也開始頻繁使用推特（Twitter），每天在上面發布《原則》內容。他在推特個人簡介中，風趣地形容自己是「犯錯專家」。他還經常談到自己正在開發軟體，好讓其他公司也能使用《原則》和相關工具。

橋水的員工回憶這段期間時表示，新書發布後好幾個月都很少在辦公室看到達利歐。諷刺的是，達利歐談論橋水的次數可能比以往都來得多，但花在公司事務上的時間卻變少了❽。

達利歐的新書宣傳之旅幾乎成了他的全職工作，連續數個月接受各種採訪，包括平面媒體、電視、Podcast，幾乎涵蓋了所有媒體。在每次採訪中，他好像都在強調自己的工作有多重要。在接受《倫敦時報》的採訪中（報導特別提到是在曼哈頓的一間會議室進行，邊吃杏仁邊喝礦泉水），達利歐表示：「我發現了可以改變世界的東西，讓世界變得更美好，讓所有人都變得更好❾。」

他接著說：「想想看，假設你發現了治癒癌症的方法，你會選擇保持沉默還是公諸於世呢？這就是我對《原則》的感受，這是我能給世界最好的禮物。」

雖然大肆宣傳無疑有助於賣書，但達利歐也買了不少自己的書。橋水寄送了數千本給客戶。達利歐在橋水園區舉辦了多場新書發表會，每名員工和家屬都收到好幾本。雖然這波操作沒讓《原則》登上《紐約時報》每週非小說類暢銷排行榜，但該書確實登上《紐約時報》每月商業類暢銷排行榜榜首，還獲選進入「勵志／工具類」榜單。橋水在公司網站上達利歐的官方簡介中加了一行，稱他是「《紐約時報》排行榜冠軍暢銷書《原則：生活和工作》作者」。

一本兒童插圖版的《原則》也開始製作了。

看到達利歐這本書受到熱烈歡迎，橋水內部有人私下覺得好笑。該書前三分之一是介紹達利歐和橋水沿革，而考量到自傳本身的特性，這跟完整的事實難免有不小的差距。這部分美化了達利歐白手起家的經歷，絲毫未提萊伯家族的協助，也沒提他妻子家族的財富。他暗示著自己「想要保持低調」，但這點實在奇怪，他明明曾主動要求接受電視採訪、雜誌專題報導和數百次報紙的引用。他詳細描寫橋水在金融危機前的投資，卻隻字未提自二〇一〇年以來基金相對平平的表現。最讓人瞠目結舌的是，達利歐一再承諾即將退休的相關細節，包括執行長一再輪替與詹森的降職，都被重新包裝了。他一副承擔責任的姿態，但卻是靠著貶低左右手，提醒他們無法取代他：「我發覺自己給葛雷格太重的擔子了，指望他同時擔任共同執行長和共同投資長的職位。」多年來，達利歐自己也占了這兩個位子。根據詹森朋友們表示，詹森讀到這段時不禁皺眉。

《原則》大部分的內容是達利歐所謂他生活和工作原則的全新版本，是「我處理一切事務背後的整體原則」，得以「近距離觀看橋水公司的獨特運作方式」。在寄給潛在買家的電子郵件中，他把這些原則稱作「大幅超越二〇一一年的完整版本」；二〇一一年的版本就是當年外洩到《談判終結者》部落格上，讓達利歐懊惱不已的那個版本。

達利歐沒提到，但橋水每個員工都看得出來的是，《原則》書中列出的並不是原版的「原則」手冊，反而更像是「部分原則」，但肯定不是橋水員工必須遵守的完整版。《原則》書中省略了部分達利歐過去堅持橋水要恪守的條目，而且實際上仍然適用；書中也沒提到一群鬣狗群咬死小牛羚所隱喻的美德。《原則》書中略過了部分達利歐最常用的規定，包括他在橋水內部多年來不斷引用的「必須極盡所能追求眞相，甚至願意爲此羞辱自己」。消失的原則還有「申訴一律予以肯定與獎勵」，還有「不准強迫別人做事」。

另一條初版的原則也被刪除了：「尊重他人隱私。」

從橋水落實的《原則》轉變成書本版的《原則》，感覺就像從冒險樂園跳到幻想世界。新增的內容包括「跟很多人即興玩音樂」、「付錢給人，不是給職位」、「記住，在一流的合作關係中，體貼和慷慨勝過金錢」、「留時間休息和改革」、「沒有人比體制更有力量，也沒有人重要到不可取代」、「嚴禁私刑或多數暴力」，以及「只有極少數或極端情況下，才可以宣布『戒嚴』，暫停原則的執行。」

達利歐在書中正面回應了一個「橋水是邪教」的質疑猜測：「實際上，橋水成功，正是因爲與邪教恰恰相反。」他還說：「邪教要求盲目服從。獨立思考和挑戰彼此的想法是違反邪教的行爲，卻正是我們在橋水所做一切的核心。」

如果說橋水裡有誰會照達利歐的話去做、樂觀地認爲可以挑戰他的想法，那就是珍・希利了。她的經歷催生了「粉飾太平」的原則，後來還撤回了被高層主管不當碰觸的申訴。她差不多就是《原則》的忠誠信徒，達利歐偶爾還會說把她當成女兒看待。

二〇一八年初，達利歐結束漫長的新書宣傳之旅，回到橋水進行幾近全職的工作，而希利已不是當年剛從普林斯頓畢業就進橋水的年輕人了。她獲得數次升遷，在公司裡備受尊重。

從很多方面來看，希利還是很投入。她經常引用《原則》，無論是公開或內部的條目，甚至在離婚後迅速嫁給了一名橋水同事，在公司內部引發不小關注，這無疑顯示橋水仍是她人生中重要的一環。不過，希利私下跟朋友們表示，她開始受不了達利歐的言行舉止了。身爲母親，她覺得達利歐老是在找新人來訓斥，這點實在很不舒服，難以跟他老愛宣稱橋水是個大家庭的說法劃上等號。

跟之前許多人一樣，希利似乎深信徹底透明的原則，以爲這也適用於她和達利歐的關係。她認爲，達利歐只需要聽到實話（從她這位看起來他眞心疼愛的員工口中），然後就會展現出《原則》書中提到的慷慨和體貼。

她把想說的感受都寫在一封電子郵件裡寄給達利歐，還把副本發送給公司其他高層主管。

發件人：珍・希利

發送時間：2018/4/23週一

收件人：瑞・達利歐

主旨：瑞，請讀這封信

這封信的目的是要讓你知道你對別人造成的影響。我覺得，這個情況基本上像是「國王的新衣」，我認爲有義務讓你知道，並盡我所能從旁協助。

重點是，你現在的做事方法讓你身邊的人感到：

- 沒有受到傾聽／理解
- 絕望
- 在你眼中無法成長／進步，因此感到被困住
- 爲了與你共事而不得不違背誠信的價值觀，因此感到矛盾、憤怒／難過／挫折
- 部分人覺得自己受到了言語暴力／欺負，因爲你的行爲而被診斷出創傷後症候群等症狀（爲了保密，我不會透露他們的身分）

就我個人來說，在二〇一四年產假前我就有類似的感受，當時我的狀況很糟。憑著遠離你一段時間、接受治療和大量自我反省，我才能改變自己的行爲，不再那麼容易受到你的影響。這包括設法重新找回自我價值，眞正哀悼、接受一些現實，例如你可能永遠不會眞正理解我、不會看到眞實的我……

在此建議一條新的原則：好好負起責任。如果你虧待了誰或做了什麼造成負面影響，務必要道

歉、承諾改正……

別人給你回饋時，你會說「直接把我趕走，你要什麼有什麼」之類的話，或說只能按照你的方式做事，不然就滾蛋……

你誇大其詞、吹噓自己有多成功、貶低或不承認別人的成就時，只會帶來很大的打擊，而且許多情況下並不是眞實……

雖然你不可能在一夕之間改變，但最重要的事就是：

・承認你不想要造成這些後果

・如果你的行爲造成了影響，務必要道歉

・別人指出這些問題／要你負責時，保持開闊的心胸……

請告訴我，你想如何處理／達成共識。

珍

收到希利電子郵件的反應不一，有人懷抱希望、有人直翻白眼。部分同事心想，也只有希利會以爲達利歐眞的想聽到自身行爲的不客氣回饋。橋水過去發生的事顯示並非如此。但希利確實在達利歐心中占有特殊的地位。說不定她眞的可能不傷到他的自尊心，但她這番建言引火上身的機率同樣很高。

從達利歐的回信看來，算是以上皆是。

寄件人：瑞・達利歐
發送時間：2018/4/23週五
收件人：珍・希利
主旨：〔回覆〕瑞，請讀這封信

珍：

非常感謝妳的回饋。妳眞的很在乎橋水，也勇於捍衛自己內心最在乎的信念，值得敬佩。妳提出的這些難題一針見血、相當重要，都是我要面對的功課……

我想妳應該知道，我不是存心要傷害任何人，眞的很抱歉有時會讓人覺得受傷。我非常想幫助大家，也希望橋水能愈來愈優秀，但不要造成他們的痛苦。我很肯定，自己應該可以慢慢學會怎麼做到這點。問題是，我發現要讓個人和橋水雙雙出類拔萃，不這樣做就無法達成目標。我至今也沒看過有誰做得比我好……我不是在自誇，而是大家都這麼說，記點器也清清楚楚。

妳也許覺得我在打擊別人的自尊心，但我認爲這是在考驗和訓練他們。最重要的是，他們可以從中學會謙虛，這樣才能變得很厲害，同時也能維持橋水的高標準。所有替我工作的人幾乎都說，他們學到很多、進步很多，而且他們不是在拍馬屁喔。

妳說我應該道歉，我猜妳的意思是我應該爲造成別人痛苦道歉吧？如果是這樣的話，我在上面也說明過了，我當然希望不會造成痛苦，但我是在幫助他們，也相信痛苦是這個過程中的必經階段。如果妳要我爲不理解他們道歉，那我願意道歉，因爲我知道有時在所難免（畢竟我們想法不同）。

那我們應該怎麼處理這件事呢？我建議看看《原則》，看看能不能找到答案……

達利歐的回信讓希利大失所望。雖然她對他還是有點信任，但這個所謂的道歉根本不及格。後來，她獲准離開橋水、短期體驗其他工作，不過還是領橋水的薪水。最後，她再也沒有回橋水了，達利歐又失去了一名原本深信他的人*。

*希利不想多加談論這件事的細節，她在一封電子郵件中寫道：「瑞其實沒有惡意，他的種種言行都是因為在乎大家。我當時就這麼覺得，現在也依然這麼認為。」

第24章 合夥制度

看來不只是希利失去了對瑞・達利歐說實話的能力。以往達利歐至少還假裝讓別人質疑《原則》和他的管理制度，但自從《原則》出書後（翻譯成三十四種語言、還拍成三十分鐘動畫）就幾乎不再容許質疑了。這個十多年前只是公司一連串內部電子郵件的宣言，達利歐如今奉爲圭臬。《原則》在國際社會引發轟動，好像更讓達利歐堅信自己是從高級金融界向普羅大眾傳道的使者。自稱「經濟醫生」的他，如今已是公認能解決商業和金融以外諸多問題的專家。他如今是一位慈善的億萬富翁，隨時準備好分享成功的祕訣。他打造的形象正好符合這個時代的潮流：房地產投資大亨當選總統，矽谷的大老闆們紛紛吹噓自家 iPhone 應用程式「改變世界」。

這本書讓更多人向橋水投遞履歷，其中不乏應屆畢業生和經驗豐富的人才。一名橋水前人資主管說：「我們就是在賣美國夢啊。只要你腦袋靈活、聰明過人，什麼都有可能啦。」

背後的眞相可能更複雜，但全都被公共論述給掩蓋了。雖然達利歐還是會說自己不完美，但他已成功向世人推銷了橋水的「另類現實」，幾乎沒人質疑他所謂的「觀念擇優」天堂是否眞實存在。畢竟就算橋水實際上沒有那麼美好，只要大家相信就行了，不是嗎？

橋水時常爆出的主要問題都無關乎《原則》，而是投資績效不佳。無論是達利歐一直看空、忙著到處宣傳他的書、還是其他原因，Pure Alpha二〇一七年只漲了一％，二〇一八年上半年也表現平平。這個問題實在難以掩飾，因爲投資人愈來愈不耐煩了。橋水早年協助管理資產的客戶，像是教師退休體系等政治中立的機構紛紛撤資，達利歐只好另尋資金來源。如同過去當高爾夫球桿弟一樣，他依然善用人脈。二〇一八年六月，橋水成爲唯一獲准向中國富豪募資的美國對沖基金，讓橋水得以用中國內地資金取代不斷流失的美國國內客戶。

但光靠中國還不夠，達利歐的另一個目標是俄羅斯。雖然之前和普丁的會面很可惜泡湯了，但他早就釋懷，準備再次嘗試。於是他又去接觸俄羅斯聯邦儲蓄銀行，提議免費讓他們使用《原則》軟體，包括PriOS系統。

這次達利歐成功了。二〇一八年，橋水內部傳出達利歐會見普丁的消息❶。連部分高層都不確定是否屬實，達利歐也不置可否。對於凱倫・卡尼歐-坦布爾（Karen Karniol-Tambour）來說，這太過分了。她向來以善於附和達利歐出名，現在是共同投資研究主管；之前這個角色是由同樣擅長奉承達利歐的詹森擔任。如今，她面臨一項抉擇：保住工作還是良心。

她先選擇了良心，在橋水全員大會上站起來，聲音顫抖地質問達利歐有關普丁的事：「你怎麼可以跟這個戰犯打交道？」

達利歐看著她說：「不要那麼死腦筋。」

達利歐要她按照《原則》控制情緒，接著嘲諷道：「如果妳這麼聰明，怎麼會還沒發財啊？」

如果卡尼歐-坦布爾知道，這句話十年前達利歐也對麥克道爾說過，她心裡可能會好受點。但這次，達利歐的羞辱好像眞的刺痛了她。她當眾反擊，說她不會坐視有權有勢的人胡作非爲，無論對方是瑞・達利歐，或是「希特勒」都一樣。

聽到這個比喻，衆人莫不倒抽一口氣。

會議很快就結束了。卡尼歐-坦布爾後來跟橋水裡的朋友哭訴說，達利歐對她太無情了，也擔心自己會因爲這次的頂撞受罰。橋水高層聽說，她在公司內部成了值得同情的代表，而達利歐則像是壞人。

如果這件事發生在多年前，達利歐肯定會進行公審，說不定還會直接表決誰對誰錯。但現在他好像不再那麼在意橋水內部的認同了，因爲他有更多的外界受衆，相較於橋水千餘名員工的吹捧，好像更享受他們的盛讚。他沒有例行發起審判，而是私下跟卡尼歐-坦布爾談了談。這次談話顯然沒有錄音，因爲橋水透明圖書館裡並沒有上傳錄音檔供大家聆聽。

事後，他寄了封電子郵件給橋水內部一大群人，部分內容提到：「我跟凱倫談過了，她沒事，還要我繼續像以前那樣待她。」

卡尼歐-坦布爾回覆說很感謝能繼續向達利歐學習。沒多久，她就獲提拔❷爲「永續發展共同投資長」這是聽起來響亮的新設職位。橋水的公關團隊還安排她接受雜誌專訪，大肆宣傳她的投資實力，就連詹森都沒有過這種待遇。達利歐再次化險爲夷。

和卡尼歐-坦布爾同年進公司的鮑勃・艾略特很快也面臨是否該留下的抉擇。

這個當初進橋水公司時毫無社會經驗的健壯年輕人，現在成了人生經驗依舊不多的圓胖中年人。橋水滲透了他生活的方方面面。他搬到康乃狄克州更內陸的地方，住在離詹森家只有數分鐘路程的小鎮上，二人經常不期而遇。艾略特看到詹森變得愈來愈消沉，雖然他的財富超乎想像，但似乎被困在橋水，再也無法重新獲得達利歐的青睞。艾略特屬於信任圈成員，簽了終身合約，他跟朋友們說覺得自己無路可逃，而老朋友和家人早就放棄問他工作的細節了。每當有人提起他六年前在《紐約客》上說的那句話「一旦你了解這台投資機器如何運作……」，他都會不禁皺眉。他當達利歐的鸚鵡太久了。

艾略特大學畢業後就在橋水當達利歐的經濟研究員，現在已三十多歲了。他不得不承認，雖然自己的頭銜變好聽了，但實際工作並沒有太大變化。達利歐交派他寫「外匯聖經」的任務，這份長達數百頁的文件在闡述如何投資貨幣，顯示達利歐放心由他負責公司的一大投資領域。這個專案花了多年時間。即使在完成後，艾略特好像成了橋水的貨幣專家，但從達利歐跟他說話的方式也看不出來。艾略特都跟朋友們說，每次他向達利歐提出貨幣投資想法，達利歐都會罵他「死胖子」*。

*達利歐一位律師說，他「從未在任何會議中稱艾略特是『死胖子』」。

這些侮辱特別傷人，因爲達利歐的描述並非完全不是事實。艾略特不只一次告訴達利歐他想辭職。達利歐似乎很驚訝艾略特居然往心裡去。「你瘋了嗎？」達利歐問道，告訴他這份工作可是終身職。達利歐建議，艾略特需要接受心理治療。

艾略特心頭的壓力不只是那幾句傷人的話。達利歐的自傳出版後近一年，都常常不在公司，到處宣傳他的理念。他每週只花一小時左右在橋水的投資上，通常就是在路上打個電話。負責貨幣投資的艾略特告訴同事，他覺得自己很難全力以赴，因爲他知道不管花多少個星期研究某個投資觀點，都可能被達利歐在簡短的電話會議中否決掉。

另外，在達利歐身邊這麼多年後，艾略特和周圍的人都能看出他決策的某些模式。達利歐的分析經常是跟著趨勢走，即認爲市場有動能，最好走在動能前面。這個觀點與其說大錯特錯，不如說是過時了。現在整個產業不同於橋水剛成立的年代，如今都有專門做動能交易的趨勢跟蹤基金，導致這種方法已喪失過去的優勢。套用達利歐可能會說的話，就是沒有任何 alpha 可言了。二〇一八年，達利歐無視艾略特看好美元的研究觀點時，艾略特的挫折到了極點。達利歐說美元在下跌，而在投資團隊其他人追問時，他堅持自己的直覺告訴他美元還會繼續跌。最後美元上漲，導致橋水基金虧損。

因此，達利歐在二〇一八年底找橋水內部高層主管談新計畫時，艾略特已顯得很冷淡了。爲配合持續進行中的退休計畫，達利歐想出售更多手上的公司股份。達利歐並不急❸需現金，他當時身價一百七十四億美元，但其中近一半（九十億美元）是他在橋水的股份。無論是誰說這些股份值多少錢，全都是無形的帳面投資，無法像上市股票在公開市場上賣掉。達利歐需要找私人買家，而且他也不必捨近求遠。

達利歐把最忠誠的老員工全都叫來私下開會，告訴他們有個不能錯過的機會：有幸成為橋水真正的所有人。這並不是他廣發給現任或前任員工的虛擬股權，而是實實在在的橋水股份，直接從他的私人帳戶轉讓。他們也會跟他一樣是橋水所有人。這是千載難逢的機會，可以買股份成為家族的一員，達利歐稱作「合夥制度」*。

這個合夥的機會太難得了，達利歐明擺著認為高層主管不應該只花自己有的錢，於是提出了一個類似借據的東西。員工現在得到達利歐些許比例的股份，交換條件是他們未來十年的獎金要用來買斷橋水創辦人的股份。凡是有人中途離開橋水，就得還清債務。在這個把未來當貸款的計畫中，達利歐差不多扮演了銀行的角色，未來十年必定會有更多錢流向自己。

但即使是四十多位高層主管未來十年的獎金，加起來也不夠完全買斷達利歐的股份。所以他告訴員工，摩根大通已同意提供貸款，最高可達員工淨資產的十倍，但這筆錢只能用來買橋水股份，會從摩根大通直接付給達利歐，年利率約五%。這明擺著是讓橋水高管把全部身家全都押在橋水上，還要背上巨額債務。達利歐並不會一同冒險，他是要套現❹。

對於橋水的忠實信徒來說，這好像是合乎邏輯又明智的財務決策。如果他們相信橋水是唯一值

*達利歐的一位律師表示，他「當初並未主動提出或宣傳合夥制度的構想，這是由部分資深員工所發想，進而獲得許多人的支持。」

得效力的地方，這就是證明的機會。許多人接受了這個提議。但艾略特卻有不同看法；在他看來，這是向創辦人進貢。艾略特拒絕了。

二

艾略特當然有猜到達利歐會對此不爽，但沒想到他的反應會那麼激烈。在艾略特身邊的人看來，達利歐像是變了個人似的：在他眼中，艾略特不再只是個邋遢鬼，更是個白癡。達利歐聘請他是大錯特錯，如今他們還被合約綁在一起。在大小場合，無論是公開或私下，達利歐經常指著艾略特的鼻子說他是個蠢貨。艾略特的評分蒙受其害，一方面是因爲達利歐的負面回饋，另一方面則是他以爲是朋友的詹森還有同事們全都迅速附和。

艾略特之所以沒陷入深度低潮，是因爲他遇到了新對象，讓他開始思考一些長期壓抑下來的想法。艾略特的新女友也在橋水工作，是研究部門的助理，不是他的直屬部下。她長得很漂亮，身材嬌小、一頭金髮，比艾略特小十歲。一開始，他覺得有個了解橋水職場生活的知己很棒，但沒多久他就發現二人的處境大不相同：她跟大部分人不一樣，不是常春藤畢業生，還是少數的女性之一。這點不只艾略特注意到，其他人也看得出來。她才剛到職不久，就跟朋友們說詹森對她的工作好像特別有興趣，搞得她很不自在。後來，詹森底下的副手還邀她出去約會。橋水的女同事們受到當時在全球發酵的「#MeToo」運動影響，提醒她要小心行事。她們跟她分享了自己觀察到的現象：研究部門的女性員工如果針對頻繁邀約提出申訴，就會被「建議」調到其他部門。而且這些人通常很快就被公司淘汰，理由是她們不適合新崗位。

詹森的副手持續對她表現出過度的興趣，她後來告訴朋友和橋水高層，這個人有次下班後還開車跟蹤她。有天晚上，公司同事都走得差不多了，她被他堵在會議室裡。對方擋住她的去路，高大的身影嚇壞了她。她害怕地說，如果他再往前一步就要報警。橋水的保全被叫來了，他們聯絡達利歐的親信奧斯曼・納爾班托魯（Osman Nalbantoglu），他也是爲了買達利歐股份而負債的主管之一。納爾班托魯安排專人護送她回自己的車上。

她的指控歷歷，橋水內部法律團隊派了一名成員跟她談。她當場發飆，直說在公司要拒絕別人眞的不容易。如果基層員工讓高層主管失望，評分就可能會被打得很低，整個職涯就被毀了。

橋水按照《原則》設計的評分系統讓老員工的分數加權更多，所以她的意見眞的不重要。她把聽來的經驗一股腦說了出來，像是女員工很害怕單獨與男同事獨處、有些人迫於壓力只好假裝喜歡成人娛樂、公司還經常舉辦深夜活動要人拚命喝酒等等。她說，有些事甚至根本算是犯罪了。

她最後那句話受到嚴厲的警告。律師告訴她，報警可能會違反保密協議。她不得公開任何會透露橋水運作細節的事，哪怕是間接的也不行。

這次談話讓她十分不安，最後她沒有報警。她的上司尼爾・巴爾・德亞（Nir Bar Dea）曾是以色列國防軍軍官，跟她說那個騷擾她的人被勒令接受心理治療[5]，之後再回到原來的崗位。她被告知要照常上班。

艾略特不知道達利歐是怎麼在二〇一八年初發現他跟同事在約會。不過根據艾略特跟其他人的說法，達利歐聽到這消息簡直樂壞了，還把艾略特叫到投資部門那間透明玻璃會議室，所有人都看得見，表現得很「激動」。詹森、麥考米克和鮑勃．普林斯也在（普林斯和往常一樣不太發言），穆雷則是電話與會。

達利歐全程保持微笑，然後開始審問：「性生活怎麼樣啊？」

然後是：

「你們在哪做的？」

「爽的話幹嘛不跟我們說？」

達利歐往後一靠，看起來很放鬆。在場的人，包括透過玻璃看著的人，都知道他等這一刻很久了。

達利歐說，你應該早點告訴我們啊。你忘了辦公室戀情的規定嗎？這可是要開除的耶，即使是信任圈的成員也不例外。這是難得可以開除終身員工的機會。

差不多同一時間，艾略特的女友也受到了嚴厲訓話。她的上司巴爾．德亞一出現，就把一本日曆重重摔在她桌上。「把日子標出來。」

「什麼日子？」她問。

「你們做愛的日子。」

她把日曆推開後快步離開，眼裡藏著淚水。她無法想像他們竟要她做這麼丟臉的事。週末，巴爾・德亞又來催促，提醒她日曆的截止日期（「如果週一日曆還沒填好，就完蛋了」）。她拒絕了，如果他們要找證據來修理她，那就自己去找吧。

橋水並不需要她的幫忙。在達利歐的玻璃辦公室裡，艾略特全都招了。沒錯，他和同事在交往。他翻了個白眼說，公司一半的人都這樣啊。他確實沒有在發生關係的當晚就向公司報告，他也知道不是每個人都遵守這條規定。

達利歐開除了艾略特❻。

但整件事還沒完。

橋水公司號稱完全透明，達利歐得把這項重要的人事變動告訴全體員工。在一百多人出席、數百人線上收聽的全員大會上，達利歐在納爾班托魯陪同下，宣布艾略特要離職了。

全場一片嘩然。

達利歐說，我答應不點明原因，「但是真的非常非常糟糕。」

納爾班托魯插嘴道：「別說了！你真的不能說，這是私事*。」

*達利歐和橋水的律師團表示，艾略特被開除是因為沒有披露與同事的戀愛關係、對此撒謊、還試圖隱瞞，而且「為了掩飾證據，胡亂指控同事行為不當」。律師表示，他的解僱「遵循了適當的職場調查程序」。艾略特說，他離開橋水是「因為多年來與瑞在如何管理基金資金上有衝突。對方說我因未披露戀愛關係而被開除，根本罔顧同事間交往（包括公司高層）在橋水是司空見慣的事實。」艾略特進一步指出：「只有在橋水公司，跟蹤女性、長時間審問、強迫她提供感情的具體親密細節會是『適當職場調查』。有關人等竟然看不出這類行為有違現代職場標準，就足以說明了問題有多嚴重。」

第25章 隨心所欲

橋水基金轉變爲合夥制度，不只是延續之前對普林斯和詹森的模式，即讓員工負債藉此把他們綁在公司，許多人也很清楚達利歐正在套現他的公司股份。

這想必多少與他的年齡有關。瑞・達利歐在二〇一九年夏天滿七十歲，過去十年，他一直在處理橋水交棒的問題，還要把《原則》變成一套系統。他愈來愈享受不在公司的時間，因爲他可以享受身爲暢銷書作家暨對沖基金大師的風光。全世界的演講邀約像雪片一樣飛來，而且不僅僅是金融圈的邀約而已。他甚至跑到舊金山的TechCrunch Disrupt大會上**聊科技**，這不禁讓人傻眼，畢竟PriOS軟體不斷出包。活動後，他還要幫一大堆排隊支持者簽書。他在TechCrunch的訪問中提到：「我不想要更多成功了，也不想要錢❶。」文章作者二段後寫道：「瑞・達利歐最近看著我說這些話時，我相信他是眞心的。」

瑞・達利歐眞心歸眞心，但在所有的演講和採訪中，他都沒提到橋水基金出現的重大變化。達利歐老愛談論的「透明圖書館」這個保存橋水數千次會議錄音、體現徹底透明精神的資料庫，繼續運作的時日不多了。

橋水基金聘請了美國前副檢察長潔咪・葛立克（Jamie Gorelick）當作顧問，向她示範該系統的運作。她指出，保留這些紀錄會出問題；這跟最佳法律實務背道而馳，因爲錄音在訴訟中可能會被強制揭露。葛立克下令要橋水關閉透明圖書館，至少也要刪除任何可能對特定人士產生負面影響的錄音（這等於是絕大部分了）。如今只有部分錄音會保留下來，這代表再也不可能旁聽橋水的內部運作了，也無法調查部屬在達利歐等高層背後不經意說出的話。

在某種程度上，透明圖書館是否仍然存在甚至都無所謂，因爲他早已活在社會大衆的想像中。達利歐和橋水基金從來都沒有公開承認內部錄音有任何變化。達利歐持續談論徹底透明的理念，看起來放棄錄音沒關係，但絕對不能放棄這個說法。

⥂

達利歐外出宣傳《原則》的時間，對於詹森就彷彿是一種解脫，他開始看到隧道盡頭的曙光，長期以來對達利歐卑躬屈膝才能賺大錢的日子即將結束。另一位共同執行長麥考米克，也因爲身邊的人一一離開，欣喜於自己可能成爲明日之星。他還說自己是「瑞的溝通師」（Ray whisperer）。

在這樣的背景下，二〇一九年六月九日晚上堪稱麥考米克個人和職業生涯的高峰。活動地點是康乃狄克州格林威治經典新英格蘭風、精英會員制的「桃花源俱樂部」（Belle Haven Club）。夏日陽光映照下，主建物頂樓飄揚著美國國旗。這個俱樂部有著一階階的門廊和一塵不染的陽台，活像《大亨小傳》裡的場景。政商界名流正在慶祝麥考米克與名媛迪娜・鮑威爾（Dina Powell）的婚禮。迪娜是名副其實的俏麗佳人，不僅擁有康州最強妻子的美貌（有著一頭棕色直髮、苗條身材，以及埃及血統特有的皮膚光澤），更具備自己的專業實力。她曾在白宮工作過，經歷二屆政府（最近是當伊凡卡・川普的知心好友），現在則是高盛的高層主管。這可謂是最強夫妻的加冕典禮。

這天的安排不是出自這對夫妻的選擇，也不是他們的眞正婚禮。他們之前在尼羅河的一艘遊艇上已舉行過第二次婚禮。然而，達利歐表示他也想參與其中，於是才訂好桃花源俱樂部的日期，廣發數百份邀請函：「瑞和芭芭拉・達利歐邀請你來慶祝大衛和迪娜共結連理。」

這個傍晚頗爲愉快。調酒時段在室外舉行，可以俯瞰長島海灣。賓客進入主宴會廳，發現受邀來的樂手是哈瑞・康尼克（Harry Connick Jr），他彈著鋼琴，爲這些穿著講究的賓客演奏爵士樂曲。

晚餐後，演講按部就班地進行：先是祝賀這對幸福的新人，二人得以相遇有多幸運等等。鮑威爾針對她的職涯開了幾個玩笑，其中一個是川普總統在橢圓形辦公室要幕僚拿出地圖和圖表，而不是書面簡報，引發在場衆人的笑聲，氣氛輕鬆愉快。

達利歐站起來發言，拿出自己的iPhone，開始朗讀準備好的筆記。他的發言有些結巴、頗爲正式，但部分賓客覺得眞誠又感人。他說麥考米克是他最信任的摯友，也是前途無量的人才。數位在場人士事後表示，那番情景活像是要對自己的兒子敬酒。

達利歐轉頭對鮑威爾說話：「大衛能隨心所欲，當什麼都不成問題，連美國總統都行，而且他還找到了全美最會玩的辣妹。」

當下所有人目瞪口呆、面面相覷，不確定自己是否聽錯了，還是達利歐在開玩笑（他向來沒什麼幽默感）。這位世界上極度有錢的人，也是這場派對的主人，剛剛居然說眼前的新娘最會玩，難不成還暗示她很淫亂嗎？

麥考米克和鮑威爾都很在意形象，只能坐著裝作沒事。迪娜覺得受傷又難為情，麥考米克則氣炸了。雖然聽到達利歐這樣說話，麥考米克並不覺得意外，他在橋水內部聽過更難聽的話，但被迫讓達利歐在大庭廣眾下這樣對待自己是另一回事。麥考米克事後向同事抱怨達利歐的措詞，「**他怎麼能這樣對我**？」麥考米克說這是他跟達利歐關係的轉捩點。

按照《原則》，麥考米克應該像數年前的詹森一樣，當面跟達利歐對質。沒有什麼比背後講同事壞話更糟的了，但麥考米克從詹森的錯誤中學到教訓：每當他向別人抱怨達利歐那晚的事時，都會先確定沒有錄音設備在運作。

結果，麥考米克小心是對的，因為種種跡象顯示，他很快就會成為達利歐的新目標。除了少數幾個人以外，沒有人知道早在二〇一九年初，共同執行長穆雷就告訴達利歐，那是她最後一年在橋水工作。她跟朋友們說，她實在筋疲力盡了，尤其受不了在人事聘用或解僱被達利歐多次否決，而她已累積了做夢都想不到的財產。這讓麥考米克成為唯一執行長的不二人選；想到他近十年前才被達利歐指派調查廁所地板尿漬，這樣的結果並不算太壞。然而，這也伴隨著風險。麥考米克注意到達利歐有個習慣，就是找理由羞辱在公司內跟他關係最密切的人，麥考米克很清楚情況隨時可能對自己不利（順帶一提，麥考米克在跟鮑威爾結婚前，才花了大錢離婚，所以也無法對橋水每年給他的二千二百萬美元視若無睹）。

橋水的財務狀況其實不算太糟，多虧達利歐在國際上成功籌款，二〇一九年中還管理著一千六百億美元，接近歷史高點。但外界對橋水的印象卻是愈來愈差。《彭博商業周刊》有篇文章提到北加州聖華金郡（San Joaquin County）退休基金這名客戶，標題[2]就說明一切了：「受夠服務費吃掉報酬，小郡與瑞・達利歐的對沖基金分手」，其中金額十分驚人。這個退休基金付給橋水三・三九％的固定年費，平均報酬率卻只有三・一％。橋水自己賺的錢比他們幫退休基金賺的還多[3]。聖華金郡不是唯一覺得受夠了的客戶[4]。大華銀行（UOB Private Bank）這家東南亞放貸機構，即橋水以前最愛的低調又賺錢客戶，也建議客戶撤資，指出橋水在他們所有投資中「表現最差」。

在投資方面，問題包括橋水的老毛病：達利歐對於經濟的悲觀展望[5]。他預測二〇二〇年大選前有四〇％機率會出現經濟衰退，但市場卻持續上漲。Pure Alpha 基金在二〇一九年八月下跌了六％。

老客戶紛紛棄守橋水，麥考米克的解決方案是開發新客戶，同時盡一切努力不得罪剩下的投資人。一群LGBTQ橋水員工要求在公司掛彩虹旗時，麥考米克表示反對，說這可能會得罪中東客戶，包括卡達和巴林等地的保守客戶。他繼續推動跟中國做生意，更強烈主張要跟沙烏地阿拉伯保持密切關係，因爲橋水又大又賺錢的客戶就是沙烏地阿美（Saudi Aramco）這家皇室所有的國營石油龍頭。橋水不少員工覺得，這個關係風險太高、甚至有違道德；沙烏地阿美實際上是由王儲穆罕默德・賓・沙爾曼（Mohammed bin Salman）所控制，他因爲被指控策劃謀殺記者賈邁勒・卡舒吉（Jamal Khashoggi）等侵犯人權事件而臭名昭著。但賺錢的誘惑還是勝過一切。之前鮑威爾仍在白宮工作時，麥考米克曾一起跟她去過沙烏地阿拉伯。他在橋水內部表示，如果公司對沙國人權紀錄閉嘴不談，沙國的資金就會繼續湧入。

同時，麥考米克和橋水開始降低投資門檻。橋水多年來都自豪地說，最少要客戶投資一億美元，但如今通過中間人只要投資二十五萬歐元就行。橋水可不是隨便的中間人都接受，而是名聲最狂的天橋資本（SkyBridge Capital），這家公司共同創辦人是川普執政團隊前官員安東尼・斯卡拉穆奇（Anthony Scraramucci），他都是用以下方式來宣傳天橋資本：「美國每位牙醫都會有二萬五千到五萬美元的對沖基金投資組合。」

可以肯定的是，這已不是以前那個橋水了。

⥂

就在數年前，達利歐還會對橋水全面的轉變十分關注；如今他卻好像根本沒注意到。他經常說自己多年前就征服了投資這個領域，甚至還爲此寫出了一本書，還有二本書在進行中。月復一月，他好像更專注在外界對他的崇拜，而不是橋水的內部事務。

雖然身價億萬的對沖基金經理人常常捐給候選人政治獻金，甚至自己投身參選，但達利歐一直在打造利他的形象。他的公開發言都顯示他把自己當作慈善家暨哲學大師，也可能單純是個網紅。他和妻子芭芭拉陪同康乃狄克州長共同出席一場人山人海的記者會，宣布他要捐出一億美元給該州的高中，名稱是「康乃狄克夥伴計畫」❻。

他還拚命地發推特貼文，幾乎停不下來，熱情地跟喜愛《原則》的陌生網友互動。他不斷宣布更多的原則，比如二〇一九年秋天新增以下三條：

> 眞正厲害的關係（像幸福的婚姻或一流的合夥關係）最重要的就是堅定不移地相信，沒有什麼比這段關係更重要。
>
> 如果你需要評估自己關係的價值，好好想想你們最重要的價值觀和原則是否一致，把眞正重要的擺前面，比較不重要的擺後面。
>
> 一切良好關係的關鍵在於：(a)在相處上要有共識，特別是吵架的方式、和好的方式，(b)對於願意這樣待你的人，你的付出要遠遠超過你的需索。

達利歐花了數十年形塑高調的公眾形象，現在終於開始收割了。他在推文中提到，饒舌歌手尚恩・「迪迪」・庫姆斯（Sean "Diddy" Combs）請他指導，「協助他更上一層樓」。推文還附上一段二人聊天❼的五十四秒影片。

達利歐還上了葛妮絲・派特洛（Gwyneth Paltrow）的「goop」podcast，派特洛輕描淡寫地說：「瑞做的每件事都有靈性的層面。」

達利歐搬出老掉牙的那套說法給派特洛聽，說橋水怎麼用一套精心設計的「可信度加權」決策制度，好讓公平至上。「我印象中自己好像從來沒被否決過，我也不會用權力去推翻可信度加權的決策。」

「從來沒有過？」派特洛問。

「從來沒有過。」

後來，派特洛還建議達利歐去選總統。

在橋水的閉門會議裡，達利歐吹噓著有多少商界大佬對於在自己公司運用《原則》深感興趣。他說，就連比爾・蓋茲和伊隆・馬斯克等人都做了基於《原則》的人格測驗，覺得相當實用。聽達利歐說，創辦推特的神人傑克・多西（Jack Dorsey）也是《原則》的狂熱粉絲。達利歐說，多西甚至邀請他到山莊一對一教他《原則》。多西那種隨性放鬆的態度似乎有股感染力，因為二〇一九年九月，達利歐居然參加了「火人祭」（Burning Man），這個衆星雲集的沙漠節日最有名的莫過於迷幻藥和夜夜笙歌。

達利歐當然要來張宣傳照。他在推特上發了一張自己在火人祭的照片，穿著紮染喇叭褲和一件色彩繽紛的外套，邊緣還飾有天藍色羽毛，看起來活像是要去看《洛基恐怖秀》午夜場卻迷路了。他在沙漠中待了多久不清楚（在Twitter照片裡，他的衣服乾淨得很，旁邊的男子卻滿身沙子），但給人的感覺就是真正的「火人」。他在推特上寫道：「這裡氣氛超讚、也太有創意了！假如明年要參加，凌晨一點到五點的活動最棒。」

這條推文獲得了數千個讚，還有人回應說「瑞・達利歐真的在外頭過得爽爽的」。也有人寫道：「火人祭正式死亡。」

然而，達利歐周遊世界宣揚《原則》在日常生活中的價值時，按照《原則》所開發的軟體卻還是一團糟。

這就是達利歐事業的眞相。從管理的資金總額來看，橋水是個金融巨獸，這主要歸功於創辦人自己。他**很懂得**對所有願意聽的人談論《原則》和橋水極度透明的文化，但好像沒辦法或不願意承認自己的宣言一天天在瓦解當中。承認這點就等於承認錯誤，他口口聲聲說自己很擅長認錯，但許多替他工作的人早已明白，實務上他看起來痛恨認錯。而這感覺也許是最大的錯誤，因爲承認這點就等於要告訴全世界，甚至連他的員工都不想使用《原則》。

更加凸顯這點的是，達利歐要求橋水每年支付他八百萬美元的授權費，使用集點器、教練和痛苦按鈕等工具，因爲他意識到自己在開發iPad的各種App（全都按照《原則》）上頭砸了大錢。橋水其他員工實在不解，公司居然要花錢付費給創辦人，購買他命令大家使用的產品，因此想辦法拒絕了這個要求*。

*達利歐的一位律師表示：「有關橋水無意延續其獨特文化的謠言，絕非事實。」

久而久之，達利歐對全世界所說的橋水生活，跟實際情況之間的差異日益加深。

對於大衛・費魯奇來說，在橋水工作多年、領了數百萬美元的薪水後，到了二〇一九年底，他終於受夠了。他似乎不太想大張旗鼓地離開，以免大家注意到他的建樹甚少。他選擇跟達利歐談好協議，即他離開橋水的工作，但保留他在園區的辦公室，可以在此接受媒體訪問，聊聊他最近的電腦科學研究。這些採訪都與達利歐、橋水或《原則》無關。他與橋水都沒有公開提到、也沒承認他離職了。

另一位花了十年把電腦科學應用於《原則》的就是保羅・麥克道爾，他也終於接受了自己工作一無所獲的事實，但糾結於是否應該離開橋水。橋水曾是麥克道爾的大好機會，離開後可能要面對人生職涯劃上句點。不知道是因為他身為加拿大人的樂觀性格，還是對於《原則》潛力的純粹盼望，或是單純需要繼續賺錢，麥克道爾一直待到了二〇一九年，總共在橋水賣命了十一年。剛加入橋水時，他相信橋水掌握了按照科學促進自我提升的關鍵；離開橋水時，他卻發覺自己比以前更加灰心喪志。他離職後換到一家橋水的顧問公司，頗為類似他進入橋水之前的工作，等於繞了一圈又回到原點。麥克道爾離開橋水後，他主持了將近十年的六週《原則》訓練營就此停辦了。往後新人只要接受數天的例行到職訓練，再也沒有人會站在他們面前，讚頌橋水身為眞相工廠的價値。

麥克道爾最後一次在橋水園區下班離開時，並不覺得難過，只覺得自己一事無成。

第26章 神話破滅

二〇二〇年十二月十七日，各家新聞都在報導大風雪警報。就在這天，德文・達利歐開著他二〇一六年的奧迪（Audi），在格林威治一條平常很熱鬧的購物街上來個午後兜風。德文是達利歐和芭芭拉四個小孩中的老大，他自己也當爸爸了，出社會後多半時間都在替他老爸工作，包括了橋水公司。德文最近剛開始自己創業，成立一間小型投資公司，老爸也有投資。

當地時間差不多下午四點時，德文的車子打滑、衝過分隔島，高速撞進對向車道旁的購物中心。警察趕到時，只看到燒焦的店面冒出濃濃的黑煙。

四十二歲的德文・達利歐當場死亡[1]。

瑞・達利歐的電子信箱馬上被各種慰問郵件塞爆，連跟他公司鬧翻的人都來關心。這位傷心的父親在兒子過世隔天上推特寫道：「我和家人眞希望能親自感謝你們每個人。」他在另一則推文中又說：「請原諒我現在無法跟你們多聊，我需要一些時間靜靜陪伴家人。」

十三天後，達利歐向全世界宣布，大兒子過世後，他重新檢視了《原則》中的一條內容：「痛苦＋反省＝進步」。他在LinkedIn上寫道：「這次的經驗讓我重新審視很多事情的重要性。雖然還是很心痛，但是我從中有很多收穫，也持續在學習當中。這讓我更懂得幫助別人，這件事情感覺沒那麼心痛了，反而帶來更大的成效。」

他還說：「我不會再多聊了。」

可是六週後，達利歐食言了。他在LinkedIn上又發表一篇有關他兒子的文章，說他經過進一步反省，發現《原則》特別有助於緩解悲傷。

二

他痛失愛子所引起的關注，凸顯了達利歐如日中天的名氣。這個曾多年在別人家過感恩節的獨生子，如今成了數百萬人心目中的偶像。在他自傳大賣之後，他成為推特上極受歡迎的商業人士，LinkedIn頁面的粉絲也成長到二百五十萬人左右。對於多年來聲稱不想出風頭的人來說，這個數量實在太驚人了。

社會大眾眼中的瑞．達利歐展現出二個看似矛盾、卻又相輔相成的特質。他是個寬大為懷的億萬富翁，渴望分享他的原則來幫助別人翻轉人生。但他顯然也需要不斷地受到肯定，因為在大眾面前，他把自己的形象打造成是經常遭受攻擊的人。

二〇二〇年初，《華爾街日報》刊出一篇文章，完美地揭露達利歐如何說一套、做一套，文章提到他老是說要交棒給員工管理橋水基金，但到頭來卻還是賴著不走。文章指出：「達利歐為了自己一手創立的橋水基金，推出了十年交接計畫。現在十年到了，他依然是老闆。」

文章還爆料說❷，前共同執行長艾琳．穆雷正在跟公司爲了離職條件衝突不斷。實際上，這二件事都不是什麼新鮮事。達利歐自己在過去十年內就不知道接受過多少次訪問，聊到他要退休的時間表。而且橋水好像沒有哪個高層主管是安安靜靜離職，多少都鬧出些風波。達利歐自己還常說，這樣來來去去正好證明他的管理制度在淘汰糟糕的人。

文章指出，達利歐忙著跟管理高層爭執的同時，橋水公司的投資績效持續擺爛。雖然橋水常說不該單純拿基金跟股市比，但就算加上債券這個所謂的分散投資工具，橋水對沖基金的表現看起來也好不到哪去。在過去十一年裡，其中有七年要是投資人選擇六〇％股票、四〇％債券的標準組合，都會比投資橋水基金引以爲傲的旗艦基金賺得多。

達利歐過去稱作聖杯的投資公式，看起來快要沒用途了。

這篇文章發表二天後，達利歐在LinkedIn上大發雷霆，貼了一篇文章，標題爲「《華爾街日報》的假新聞與扭曲報導」❸。他說這篇報導「充滿事實錯誤」，還說這就是「爲何美國沒有英雄」的原因。但《華爾街日報》事後檢視了他的投訴內容，卻沒發現任何錯誤。

達利歐並沒有就此罷休，他還親自回覆了數百條陌生網友在他那篇文章下的留言。有個留言站在記者那邊，寫道達利歐的反駁「事證不足，十分可疑」，說他訴諸「人身攻擊」，讓人想起「另一個握有權力的人士常用的伎倆」，這顯然是在影射當時的美國總統川普。達利歐回應道：「我不想在沒有法官的情況下逐一列舉事實。」他又回覆另一個留言指出：「我覺得按照原則行事非常重要。我看到危及社會的惡行太猖狂時，就很難保持沉默。」

他還寫給另一名網友說：「我的臉皮很厚。我不擔心自己，而是擔心這個制度。」

達利歐在幕後更是怒不可遏，還打電話給《華爾街日報》的總編輯，特別抱怨說他與穆雷之間沒有重大的意見分歧，還苦苦哀求報社更正這一點，但沒有成功。

六個月後，十分可疑地，穆雷對橋水基金提出了一億美元的歧視訴訟，起訴書裡到處都提到達利歐，還指控公司「在對自己有利時公開宣揚透明，但卻設法嚴懲公開報導有害橋水形象的人。」她在起訴書中寫道：「這樣虛偽的行徑讓人震驚。」

這起訴訟指控橋水基金給她的薪水低於男性同事，最後在庭外達成和解。

有關新型亞洲病毒的報導開始流傳時，達利歐本來理應能搶先得知消息。數十年來，他一直在培養與中國政府機關的關係，並從中獲得投資，這層關係幾乎無人能及。他也經常吹捧自己有獨特的能力可以理解中國文化。假如華爾街有人能洞悉病毒的部分眞相，那非達利歐莫屬。

但面對多年來中國最重大的市場新聞，達利歐卻聲稱自己一無所知。他一月份在LinkedIn上[4]寫道：「我與橋水基金全體員工，對於這個病毒或疫情會蔓延到什麼程度完全沒有頭緒，我們不知道病毒會傳播到哪裡，也不知道對經濟或市場會造成什麼影響。」二週後，他飛到阿布達比，橋水基金爲當地國家單位管理數十億美元的資金。他在一場會議上表示，新冠病毒的影響似乎被誇大了。他說：「很可能一兩年後，大家就不會再去談論疫情了。」

達利歐向來是以經濟末日預言出名，這時才突然變得樂觀，實在是太不巧了。新冠病毒開始蔓延，市場反應不佳。到了二〇二〇年三月中旬，橋水基金宛如自由落體般下跌。根據橋水給予憂心忡忡投資人的估計，Pure Alpha 基金在不到三個月內下跌了一四%到二一%。連號稱在所有市場環境下都能賺錢的 All-Weather 基金，也虧損了大約一二%，而且實際數字可能更糟，因爲橋水基金寄給投資人的信中可以嗅出端倪，達利歐表示：「現在的經濟環境動盪[5]，這些數字並不精確，請不要太過拘泥於數字。」

在這封信中，達利歐幾乎沒有對基金的虧損負起任何責任。他寫道：「我對這個績效有什麼看法呢？雖然不符合我的期待，但在這種情況下，這算是在我的預料之中。」他指出，儘管有新冠病毒的風險，他的基金還是繼續押注上漲的市場，因爲橋水有「正常的風險控制」。他寫道：「以這次的情況爲例，風險控制流程已按照當初設計運作了。」

這個說法顯然讓許多投資人覺得空泛，因爲橋水的有錢客戶們剛剛目睹世界最大對沖基金在二〇〇八年金融危機以來的市場重要時刻徹底失手，又開始大量撤資了。

隨著確診案例增加，世界各地開始封城，橋水基金也是如此。大部分員工都被叫回家了，因此這場疫情做到了多年來輪換主管、內部審判、公開處刑和祕密和解都沒做到的事：讓達利歐長期不在橋水。他直接從公司消失了，只留下約五十名員工的核心團隊，把顯示器和其他設備搬到樹林裡，在臨時搭建的帳篷下，充當公司總部來工作。

雖然橋水所有人很快就知道達利歐人不在總部，但他究竟去了哪裡，卻只有傳言。一位前員工表示，聽說達利歐在他的遊艇上消磨時間，儘可能遠離疫情。其他人則猜測，他躲在格林威治莊園裡；畢竟是疫情期間，這對七十多歲的人來說合情合理。但有個跡象顯示他有時會回家住，因為橋水派員工到他家中建置專業級的影片工作室，讓他可以隨時連線到公司的會議。達利歐也利用這個工作室持續接受電視訪問，宣揚《原則》在疫情期間的價值。

他透過鏡頭觀察橋水基金時，就像他的數千名員工多年來觀看案例研究一樣，他還能看到什麼呢？如今，《原則》更像是某種妄想，說得客氣點就是寓言故事集，而不是達利歐多年來所說的指導方針。雖然《原則》從來沒有像他宣稱那般對橋水投資產生直接的影響，但如今就連在公司其他層面《原則》也迅速被拋棄了。

而十多年來一直是橋水基金員工評分系統重要一環的集點器，現在幾乎跟當初有天壤之別。橋水在二〇二〇年引入了全新類別，叫作「保密點數」，公司其他人看不見，這樣就可以放心給予批評等各種回饋，不必擔心人盡皆知、有樣學樣（橋水還可以任意刪除這些新點數）。據說，這項改變是出於法律和公關考量。橋水認為，不能冒險讓媒體或監管單位注意到高層主管因缺乏「常識」而被扣點。無論出於什麼原因，結果都很明顯：點數系統逐漸凋零。

全世界逐漸適應了在家工作的模式，達利歐則繼續賣力地宣傳《原則》，但不知道他是否注意到，自從這本書出版三年以來，這種自認有辦法拯救世界的慈善企業家形象已不受歡迎了。傑夫・

貝佐斯和馬克・祖克柏等知名科技公司老闆們，都被叫到國會針對自家平台造成的危害作證。橋水長年奉行「拚命工作又瘋狂玩樂」的思維，所以才會有工時過長、員工派對又無醉不歡的問題，如今已被認爲是老派又不人道的做法。至於老愛拿著假消息跟媒體打口水戰的川普總統，看樣子也即將連任失敗。

數個月過去了，全球疫情持續延燒，橋水那套主宰公司十多年的系統正在加速瓦解。幾乎沒有員工還在使用PriOS這套電腦評分工具。公開審判和處決等等以前橋水的招牌戲碼，現在也都停擺了。就連橋水「世界大事」的每週例行會議上，原本達利歐最愛羞辱會發表意見的菜鳥，現在透過筆電螢幕看起來也不太吸引人了。達利歐以前都坐在桌子前，像個牧師一樣高高在上，底下坐滿一排排的員工。如今，他只是Zoom會議右上角小方框裡沒身體的大頭，看起來活像《好萊塢廣場》（*Hollywood Squares*）節目裡最無趣的名人嘉賓。這樣的結果是大家都平起平坐，而達利歐一直說要追求的平等現在被迫實現了。畢竟別人可以直接把你靜音時，霸凌要發生也不容易啊。

疫情並沒有改變達利歐那套說詞，他還是堅持《原則》一直在運作，而且鼓勵別人也要採用。他開始專注在最後一搏，想把他最寶貝的集點器整合進Zoom這個大家都在用的視訊軟體。這件事本來應該很順利才對，畢竟很多公司的員工已經習慣透過視訊跟同事互動了，所以藉由同個畫面來互評應該不是什麼大問題。Coinbase這家加密貨幣交易所讓所有員工都可以遠距工作，他們針對一小部分員工來試用集點器，主要是人資和IT部門。Coinbase員工的回饋一下子就來了，普遍給予負評，還連署抗議使用集點器，說這會「導致有毒的職場文化」。該公司執行長出來爲這次的試辦緩頰，不過他並沒有強調集點器的優點，而是說根本沒幾個人用，所以申訴無法成立❻。

達利歐多年來的目標，就是要讓大大小小的企業都採用橋水公司的評分制度，但這個目標最後也是失敗了。他們原本計畫推出名叫PrinciplesUS的課程，這是爲期一個月的工作坊，用意在訓練員工學習《原則》，還有一套複雜的認證制度，讓員工可以一步步晉升成爲「原則教練」。

達利歐在家裡跟員工說他翻遍了通訊錄找業界朋友幫忙，但都沒有下文，像是推特創辦人傑克・多西，達利歐以前還去過他的山莊，如今也準備離開自己的公司了；微軟的比爾・蓋茲也是一樣。Salesforce創辦人馬克・貝尼奧夫（Marc Benioff）也拒絕了達利歐。沒有一家大企業公開表示要採用《原則》這套制度。

所以達利歐既在社會大衆面前丟臉，又被疫情搞得孤立無援，只好開始重新包裝自己的形象。他好像突然又關心起貧富差距的議題，開始狂發推特貼文，還傳了一則無人回應的訊息給伊隆・馬斯克（「你說得太好了，伊隆！❼……」）。連最高法院大法官過世，他也發了推文評論一番，但口吻依舊像往常一樣以受害者自居：「我覺得大部分的人難得此刻有了共識，認爲露絲・拜德・金斯伯格（Ruth Bader Ginsburg）是個英雄，這眞的很不容易，因爲現在我們活在沒有普世英雄的社會。這是因爲出頭的人多半會被批評，因爲對手都想要抹黑他們❽。」

他最常以一副偉大的政治家姿態現身，對著任何好奇的聽衆談論經濟面臨的嚴重危機。

在他對疫情的預測失準後不久，他又回到了數十年來的老把戲：預測災難即將來臨。二〇二〇年十二月，他在CNN受訪❾時告訴主持人，他研究了過去五百年的歷史，不只革命很可能即將發生，美國也不能再理所當然地認爲和平與社會和諧會一直存在。他在電視、Podcast、LinkedIn等各個媒體管道上，甚至在跟美國前財政部長亨利．保爾森的訪談中，都暗示美國有「內戰」的風險。在接受《紐約時報》專欄作家湯馬斯．佛里曼（Thomas Friedman）採訪時，他更是加碼，聳聳肩地說：「歷史告訴我們，內戰和革命都有目的」[10]，讓舊秩序可以由改革過的新秩序所取代。

在二〇二〇年三月到十一月這段疫情初期，達利歐很少談論橋水公司。這可能是因爲他不只是人不在橋水，也反映出他的忠實支持者愈來愈少。穆雷離開了，麥考米克還在不爽達利歐在他婚禮上的失禮致詞，也在找機會離開。而詹森經歷過自己被公審後，就再也不信任達利歐了，現在樂見達利歐不在公司。鮑勃．普林斯是唯一沒有拋棄達利歐的人，但他在疫情期間忙著參與教會活動。橋水這個大家庭已四分五裂了。

就算達利歐親自坐陣橋水，他以前指揮的軍隊也已潰散。原則隊長、政治局之類的頭銜都派不上用場了；許多人不是被資遣，就是自己走人。再也沒有強制學習《原則》的課程、沒有課後測驗，也沒有人因爲成績考差而被羞辱。就連許多舊的案例研究，即橋水公司多年來錄製的公審影片，本來是爲永遠留存達利歐的教誨，如今也從透明圖書館裡消失了，因爲法律顧問建議要儘快銷毀。

也許最讓人意外的是，雖然達利歐絕對不會公開承認，但連他自己也漸漸沒興趣使用那些他花了大半輩子心血開發的評分工具了。集點器這個他按照《原則》開發的第一個重要工具，以前還揚言說凡是不使用的員工一律開除，現在早已沒人在用了。有名橋水公司員工在二〇二〇年底查了內部資料，發現連達利歐自己從該年五月以來，就再也沒有給任何人打分了。

說來諷刺，這件事居然可以被有心調查的人發現，應該算是徹底透明的勝利吧。

⇆

跟達利歐聊過天的人說，他好像也不曉得下一步該怎麼辦。如果橋水已開始把《原則》拋諸腦後，達利歐可能無法接受事實，或不願意接受事實。他跟身旁的助理們說想剖析自己留下的貢獻，要找人來拍一部紀錄片，講述他自己、橋水公司和《原則》的真實故事。

達利歐說這不會只是他個人的獨白，他跟部分助理表示，他希望能有橋水公司的員工現身說法，告訴全世界他到底是個什麼樣的人，還提出了他最想知道答案的大哉問：

「一直以來，我是幫助了你，還是傷害了你？」

他還說：「不要怕，跟我說實話。」

終章

全球新冠疫情趨緩後，瑞・達利歐的態度依然沒變，展現出滿滿的熱情要跟大家分享他的《原則》，彷彿全世界都在渴求這本手冊。他在公開場合絲毫不會透露，其實公司員工對《原則》的看法跟他大相逕庭。

這與其說是他行事風格的缺點，倒不如說是特色，也足以說明為何他和橋水公司能在大眾面前維持「全世界實踐徹底透明、打造有意義的人生與關係的先行者」這樣的名聲。《原則》的內容和宣傳方式留下足夠餘地容納不同意見，所以就算有人爆料橋水公司內部發生可怕的事，也大可以說這正好證明橋水的做法奏效。實際上，無論橋水內部傳出的風波為何，包括科米離職、詹森崩潰、員工審判、一波波的離職潮，橋水和代表們都能解釋成這些代表公司的管理方式如期運作。正如達利歐常說，痛苦加上反省就等於進步。

資金當然也有幫上忙。雖然橋水公司管理的資產慢慢縮水，從高峰期的一千六百億美元左右，降到疫情後的一千三百億美元，但橋水的規模仍然大得驚人，遠遠超過其他競爭對手，而且很願意接受來自全球各地的投資，因此就算縮水了，還是能名正言順地自稱是全球最大對沖基金。即使橋水旗下主要基金數年來的表現落後全球市場，但還是多半能避免虧損，所以平心而論，橋水確實在替客戶賺錢。而橋水基金能維持這麼久，真的要歸功於達利歐與公司本身，也多虧了長期的歷史紀錄，平均歷史績效才能保持亮眼，只是該基金報酬最高的數年間，達利歐根本還沒成名。難怪❶在公司內部針對他退休一事的談判中，他開始把橋水稱作自己的「財產權」。

二〇二〇年底，達利歐迎來漂亮的勝利。當時，LCH Investments這家研究機構算了一下，發現橋水公司自成立以來，替投資人賺的錢超越其他基金，高達四百六十五億美元。雖然LCH說明，他們是把橋水歷史總交易獲利，跟其他成立時間較短的小型競爭對手相比，等於是給了橋水公司領先優勢，但這個細節並沒有太多人知道。《商業內幕》藉機把橋水稱作「有史以來績效最棒的對沖基金經理人」。

源源不絕的求職者持續投來履歷，渴望運用現在舉世聞名的《原則》來惦惦自己的斤兩。套用橋水的話，幾乎所有人都有資格。橋水宣布聘用一位撲克牌冠軍擔任某個職位後，投資分析主管在《紐約時報》誇口說：「我們聘用的人包括植物學家❷、政治學家、羅德獎學金得主、運動員……我們在找真正與眾不同的人。」

至於明白在達利歐手下工作實情並不簡單的人，都盡量避免討論這個話題。許多人離職時簽了保密協議，這在華爾街十分常見，還有些人可能為了拿到額外的遣散費，簽下了更不尋常也更嚴格的不得詆毀條款，禁止他們對在橋水的工作做出任何負面評論，哪怕是很普通、模糊的負面評論也不行。就連有能力反抗、對橋水公司本質瞭若指掌的人，在公開場合也只說些無關痛癢的故事。艾琳·穆雷在不愉快地離職前不久，曾對整場的橋水主管說：「這裡的氣氛有點像大家庭。」她把受不了橋水的人都說成是「不敢面對自己弱點的人」。

即使在自傳出版後，達利歐還是不斷在調整自己的形象，特別是他從小到大的故事。二〇二一年，橋水代表與達利歐參與了《領袖》（*Leadres*）雜誌的口述歷史專題，達利歐的表現聽起來簡直「太特別了」。數十年前就認識他的主管這樣形容那次經驗：「瑞坐在椅子上，一條腿從腳趾到髖部都打了石膏。天氣很熱，他看起來兩三天沒洗澡了。我當下覺得他是被玩具絆倒摔斷了腿，後來才知道是跳傘出了意外。」

達利歐說，他職涯中學到最重要的一課就是謙卑，因為「整個公司文化的核心……是為了得到最棒的答案……不是為了虛榮心，也不是為了年資或階級、或是職場的競爭。」

他的最後一句話是：「我們所有人都樂在其中。」

⇆

公園大道上的萊伯家族基本上不復存在了。這個在年輕的瑞．達利歐成長過程中給予莫大幫助的家族，親身體會到了世代繼承來的財富有多麼脆弱。萊伯三個兒子揮霍掉家族財富，分別是離婚、賽馬、投資失利等常見的原因。萊伯家的長孫高登，過去曾跟達利歐去過歐洲旅行，後來在一場離奇的車禍中喪生。不久之後，維京人和美女也相繼去世，接著他們在公園大道七百四十號的樓中樓公寓也賣掉了，大部分珍貴家具都在蘇富比拍賣會上競標出售。

萊伯家只有一個孫子留在金融界，而且沒惹上麻煩，他是巴克萊・桑代克・萊伯（Barclay Thorndike Leib），比高登小四歲，沒有哥哥的種種缺點。巴克萊在華爾街做交易，替數家對沖基金工作，可惜他職涯晚年運氣不好，公司突然被收購了。身為五十八歲的投資分析師，他想再找工作可不容易。

他忽然想到瑞・達利歐。他們有好幾年坐在同一張餐桌上，度過感恩節和聖誕節，而且因為在相同產業工作，工作上的關係堪稱友好。萊伯甚至聽說達利歐還在玩雙陸棋這個在萊伯家學會的遊戲。萊伯點開橋水公司的網站，找到符合自己條件的一般職位，寄出一封電子郵件給達利歐，請他說說好話，讓自己有機會面試。

他很快就收到了回覆。

> 如果你有資格做這份工作，你的履歷就應該能說明一切。我不會爲了任何人打亂人資部門的作業流程。
>
> 就算是我自己的狗來應徵❸，也不會有特殊待遇。
>
> 瑞

喬・斯威特離開橋水公司後的數年內，經歷了徹頭徹尾的重生。他曾因為幻想自己在辦公室陽台上吊而接受治療，現在則完全不用吃精神藥物了。他搬離了康乃狄克州，認為遠離橋水才能讓他重獲新生。

斯威特看到外界對達利歐評分工具如此狂熱，依然會感到不自在。每次聽到達利歐接受採訪聊到《原則》的神奇之處，斯威特都會不禁打個冷顫。他就是活生生的反例，證明橋水公司的工具無法把每個人都安排到最適當的位子，因為如今他是採購部門的高階主管，而橋水公司的《原則》軟體曾判定他不適合採購。他負責管理十名員工，薪水比在橋水期間還高。

雖然斯威特不再患有臨床憂鬱症，但他聽到以前在橋水同事們的近況時，還是會感到低落。現在他有了穩定的工作，過得不錯，以前評分團隊的同事有時也會聯絡他。在斯威特看來，他們的情緒像是被掏空了，這讓他想起了自己以前的經驗。他沒什麼建議可以給，只能叫他們忘掉所有被灌輸的東西。在他看來，幾乎所有相信橋水理念的人下場都很糟，只有達利歐自己除外。

「這個惡性循環什麼時候才會結束？」斯威特說，「他們什麼時候才會停止帶人進公司又毀掉他們人生？瑞的財富什麼時候才會消失啊？」

⥂

達利歐的財富非但沒有消失，反而愈來愈多：因為他有公司管理服務費的分紅，二〇二〇年他個人就賺進大約五億美元，二〇二一年賺得更多。根據八卦雜誌的報導，他申請在曼哈頓的頂樓公寓❹打造全新的戶外露台，還要蓋巨大的鋼製涼亭。

但《原則》的光芒卻在逐漸黯淡。達利歐出版了第二本和第三本書，分別是《大債危機：橋水基金應對債務危機的原則》（*Principles for Navigating Big Debt Crisis*）和《變化中的世界秩序：橋水基金應對國家興衰的原則》（*Principles for Dealing with the Changing World Order*），但這二本書都不如第一本來得轟動（說實話，這二本書的很多內容數年前就已免費公布在網路上了）。他很少上電視節目了，也沒有再到TED演講，最近一次接受好友查理．羅斯的訪問片段只能在網路上看到，因為羅斯深陷性騷擾醜聞被CBS開除了。

二〇二一年四月，在花錢請華頓商學院亞當．葛蘭特幫忙設計和推廣後，達利歐推出了PrinciplesYou這個他醞釀已久的計畫，想把畢生心血推廣給社會大眾。基本上這就是融入《原則》的人格測驗，可以在線上免費使用，有點像是透過哈哈鏡看《原則》。一開始的宣傳很誇張，達利歐花錢請來開發這個產品的一位研究員表示：「這是根據最新人格科學研究，一大優勢是能預測橋水員工多年來觀察到的眾多真實行為。」

PrinciplesYou後來又推出了「打造有意義的人際關係系列」，這是一套七十九美元的客製化印刷卡牌遊戲。你猜得沒錯！達利歐在宣傳影片中說，這套遊戲能「促進有意義的人際關係」。達利歐說每副牌價值三十四美元，但整套特價七十九美元。他還給了優惠碼（「Ray」），前一千套可以再降到十五美元。他在LinkedIn上發文說：「我想知道你們是不是真的有興趣，而不是只想撈免費的東西。」

二〇二一年底，橋水公司悄悄地裁掉了大部分負責開發《原則》軟體的員工。根據參與開發的人說，算上十多年來的開發成本，至少有一億美元付諸東流。

達利歐曾說要拍一部關於他自己和橋水公司的紀錄片，但到現在還沒有發布。

艾琳·穆雷對《原則》的光環逐漸褪色一點也不感到難過。她特意跟朋友和家人強調，達利歐送她的那本《原則》她連翻都沒翻過，完全是原封不動地放在書架上。

她對橋水公司提起的訴訟，讓離開橋水的前員工有複雜的感受。有些人覺得她就是機會主義，在任何情境中都會見風轉舵，只要對她有利就願意參與橋水文化的醜陋面，然後又撇清關係，不承擔任何責任。其他人則認為她是離職的高層主管中，最有獨立思考的能力，而詹姆斯·科米和其他人離職多年後[5]，卻還在為達利歐和《原則》傳教。

保羅·麥克道爾也是繼續崇拜穆雷的人。他離開橋水後的生活充斥了各種情緒，而且大多是負面情緒。他的顧問工作也泡湯了。多出了空閒時間後，他花了好幾週回想在西港鎮的日子。他沒在輾轉思考自己當初是否該更努力替自己爭取時，就會想起《蒙提派森》（*Monty Python*）這個喜劇團體的一齣小品：有位年老的羅馬囚犯被釘在十字架上，卻非常滿意囚禁他的人，還催促衛兵「狠狠釘新來的，讓他們反省反省」。麥克道爾現在覺得這一點也不好笑。

麥克道爾對於橋水的執念揮之不去，讓妻子十分困擾，她開始把這個症狀稱作「瑞遺症」，需要時間才能治癒。麥克道爾的妻子是協助當地受虐婦女的志工。她對麥克道爾說，她不禁想起了自己幫助過的許多婦女，即使施虐者早就離開很久，她們還是無法完全安心。

麥克道爾和妻子決定賣掉他們在康乃狄克州的房子，永久搬回加拿大，正式結束他在橋水的人生篇章：十五年前，他得知錄取全世界最大對沖基金的當下，整個人不敢相信，還激動到在多倫多的雪堆裡跪下。

在離開康乃狄克州之前，麥克道爾參加了艾琳．穆雷母親二〇二一年秋天的葬禮。疫情讓許多人相隔十八個月，這場葬禮促成了橋水現任與離職員工聚首。麥克道爾在過程中大多站在邊緣，看著穆雷接受數百名親友的慰問。最後，穆雷緩緩走到人群邊緣，麥克道爾感到激動的情緒湧上心頭，只因為她離自己愈來愈近；這位女人曾公開斥責達利歐，這是麥克道爾想做卻沒做到的事。穆雷朝他走來時，他的汗珠滴到衣領、喉嚨乾澀，脈搏隨之加速，彷彿回到了橋水一樣。

穆雷在前橋水員工中間繞了一圈，接受慰問。她在某名離職後一直過得不好的前員工面前停下時，好像完全可以感同身受。

她碰了一下他的肩膀，把頭靠近他的耳朵，低聲說：「我們都曾經替一個虐待狂父親工作。」

稍後，她準備走向下一個人前說：「好好保重。」

卡蒂娜・史特凡諾娃曾把穆雷當成恩師，卻沒有去參加葬禮。這並不是因為她不懂得感恩；她向來都對這位前輩帶有好感，也感謝穆雷多年前主動掩護她，讓她能躲在廁所裡，避開達利歐現場唱那首齷齪的水手老歌。然而，史特凡諾娃盡其所能地避免參加大型的橋水聚會，因為許多人還記得她是「冰雪女王」這個不太好聽的綽號。

史特凡諾娃保持低調還有另一個原因，那就是她的事業並不是特別成功。她離開橋水後創立的對沖基金馬托資本已快完蛋了。她對投資人推銷自己的基金時說，這基本上就是橋水2.0，不過這個基金和橋水確實很像，因為橋水那些年也難以賺錢、業績平平。二〇一九年四月，馬托還管理著二億三千五百萬美元的資產（雖然按對沖基金的標準來說規模不大），但到了同年年底就縮水到不足到二千萬美元。馬托的大部分員工不是辭職，就是被資遣。

隨著公司規模縮小，史特凡諾娃又學會了她在達利歐身上看見的另一項特質：誇大其詞。在接受《機構投資人》（*Institutional Investor*）雜誌採訪時，她吹噓說有位超級富翁同意向馬托投資超過十億美元現金。她不肯透露投資人的名字，卻聲稱這筆錢已進到公司帳戶。該雜誌要求進一步核實時，她又推託表示：「我不太想談具體細節。對我們來說，現在最好的做法就是保持低調。」然後她派了一位名譽損害訴訟律師去找雜誌的麻煩，發出了存證信函。

最後，那筆投資從來沒有實現，神祕的十億美元也沒有得到完整的解釋。史特凡諾娃聲稱，都是那篇文章鬧得沸沸揚揚，才嚇跑了投資人。

但顯然她不以為意，跟朋友們說她還是打算成為億萬富翁，方法是要運用加密貨幣。她發布了一份新聞稿，宣布推出自己的非同質化代幣（NFT）商品，比喻成「虛擬實境的金礦」。這份公告把史特凡諾娃重新包裝成長年的加密貨幣愛好者，只是她又剛好是馬托資本的執行長。新聞稿中引用她的話說：「馬托服務擁有龐大資產的家族企業和機構投資人[6]。」

這份新聞稿完全沒有提到她之前在橋水公司的工作經歷。

達利歐在婚宴上開的低級玩笑苦主迪娜．鮑威爾，協助大衛．麥考米克找到離開橋水後的出路。鮑威爾是長期的政治操盤手，她鼓勵丈夫參加二〇二二年賓州共和黨初選，競選美國參議員，畢竟麥考米克從小就是在賓州長大。

達利歐卻讓這次競選變得複雜了。二〇二一年十一月底，他在CNBC接受採訪時，被問到理應屬於例行的中國問題。當時中國因為人權問題登上頭條，主持人安德魯．羅斯．索爾金（Andrew Ross Sorkin）問達利歐，他在中國投資時如何權衡這些爭議。達利歐多年來都標榜自己深入了解中國，這可謂是自動送上門來。

達利歐先是往鏡頭外瞄了一眼，然後裝傻說：「我對這種事不在行啦……最重要的是政府的指導原則。」

他接著開始語無倫次，講一些沒頭沒尾的話，又突然冒出一句：「那我是不是也不應該在美國投資啦？因為美國也有人權問題啊？」

索爾金接著說：「瑞，美國確實也有一些問題……但是我覺得那跟我們在中國看到的情況不一樣耶。美國政府可沒有讓老百姓人間蒸發啊。」

達利歐尷尬地乾笑了一下，說他覺得中國的做法就像是嚴格的父母而已。

達利歐、橋水公司或麥考米克對有錢有勢的大國低聲下氣早就不是新鮮事，但這次達利歐上CNBC的訪問，卻在麥考米克剛開始選舉造勢時引起了軒然大波。麥考米克原本應該要打出「美國第一」的口號。

達利歐CNBC的訪問後過沒幾天，鮑威爾就開始向記者兜售新故事，彭博社有二名記者上鉤了。他們發了一篇報導，標題是「參選前夕，橋水執行長與達利歐因中國問題槓上」，指出在某次公司電話會議上，麥考米克「對員工們表示，多年來他跟達利歐針對中國問題上吵過很多次。根據內部人士透露，他不同意達利歐的說法❼。」熟知麥考米克的人都曉得，他會如此跟達利歐唱反調，簡直是天方夜譚。數週後，麥考米克就主動辭掉橋水的工作了。

在接下來的數個月內，曾自稱是「瑞的溝通師」的美國參議員候選人大衛．麥考米克，對於橋水或達利歐隻字未提。在競選活動中，他都說自己是出身「投資界」的「生意人」。他在橋水工作期間所受到的最大質疑，就是橋水為賓州州立學校退休基金帶來的報酬乏善可陳，儘管橋水投資績效未達目標，但該基金還是向橋水支付了超過五億美元的服務費用。他的對手、電視名人奧茲醫生（Dr. Oz）大聲抨擊：「我們被迫支付了五億美元的帳單，他和同事們卻拿走了五億美元的費用。」

奧茲以些微優勢贏得了初選，但在大選中落敗。根據報導，麥考米克正在考慮二〇二四年再次參選。

⥂

二〇二二年底，達利歐多年來預測的二件大事終於發生了。十月四日，橋水宣布，創辦人終於交出公司的經營權，新任執行長[8]是尼爾．巴爾．德亞，他就是曾質問鮑勃．艾略特女友性生活的人。而橋水從未公開披露這交接背後的代價[9]：每年橋水要向達利歐支付等同於十億美元的酬勞。對於身價遠超過億萬的富翁來說，這真的是一筆天價。在新聞稿中，橋水公司指出達利歐現在單純擔任諮詢與董事會成員，也是「橋水社群的重要一分子」。這則新聞稿引發全球媒體大量報導達利歐職涯告終。在橋水內部，員工們普遍鬆了一口氣。

達利歐只花了一天就打臉這個公告，他在推特上[10]寫道：「澄清一下，我並沒有打算退休喔，我會一直玩股市玩到掛掉為止，因為這是我十二歲以來就覺得最過癮的事情了，我也會藉由當導師、做慈善來貢獻自己，因為這是我能力範圍內最有意義的事情。」他繼續頻繁地接受媒體採訪。

那年秋天，達利歐自大學畢業後就在預言的全球經濟崩盤終於出現，也大概是每隔十年左右的頻率。這次是因為疫情後經濟過熱，加上俄羅斯入侵烏克蘭，導致通貨膨脹飆升，股票、債券等幾乎所有金融資產都暴跌。美國股市進入熊市。那年十月前，Pure Alpha 基金上漲了一八％。

諷刺的是，橋水這次看準市場行情的人是葛雷格．詹森。可能是忠於《原則》，或是對於橋水公司真誠奉獻，或只是在不斷替換的橋水高層主管中最能忍受折磨，詹森終於撐到最後一刻，等到曾背叛自己的達利歐離開。因此在Pure Alpha基金飆升時，他便成為全球最大對沖基金投資操作的代表人物。橋水寄了一封信向投資人炫耀業績，提到現在有太多投資人想要投錢進來，所以很快又要關閉Pure Alpha基金了。信中提到，這次轉機的重要原因是：達利歐沒有直接參與新成立的投資委員會。

詹森似乎已從達利歐身上學會如何描述橋水投資，又不說任何實質內容。在二〇二一年底的採訪中，詹森表示：「這些演算法是人工智慧和人類智慧的結合。每年，機器在這個過程中都愈來愈重要——我會說現在是一半一半，十年後我們再聊的話，人類的智慧可能會被壓縮到整個過程的百分之十到二十。」他沒有提供任何具體細節。

詹森終於等到了單獨站在鎂光燈下的機會，這是他從橋水實習開始就一直在等待的純粹榮耀，聽說他也很有風度地慶祝一番。他那從高中就在一起的妻子在得知橋水向薩曼莎．霍蘭德支付和解金後就跟他離婚了，但詹森保住了孩子們的心，告訴他們那些報導都是騙人的。他仍然是母校達特茅斯學院的一大捐款人。

經過這些折騰，詹森依然是富得嚇人。當他再婚時，娶了一位幹練的律師，婚禮在安圭拉島（Anguilla）舉行，賓客們乘坐紐約噴射機隊的飛機前往，住在四季酒店的免費套房裡。他經常乘坐私人飛機去他在辛布爾群島上買的莊園，那是康乃狄克州海岸外的一個專屬群島。

讓人訝異的是，鮑勃・普林斯也待得比達利歐還久，繼續跟詹森一起擔任共同投資長。他是達利歐最早的數名重要員工之一，也成了億萬富翁。他對於橋水神聖空間的歷史似乎沒什麼感情。二〇二一年和二〇二二年，普林斯忙著監督一個新專案：賣掉橋水總部。詹森同意應該要搬進更傳統的新辦公室了。他們決定砍掉那根臭名不斷的圖騰柱，即達利歐所謂的接力棒，據說上頭記錄了橋水的歷史，當初還是在達利歐的監督下特別設計。新員工不再需要圍著這個紀念碑坦承自己的缺點了。

不過，並非所有傳統都能被打破。在詹森和普林斯這二位共同投資長的領導下，橋水在二〇二二年最後數個月仍然抱持悲觀態度；全球市場在年底反彈時，Pure Alpha喪失了不少先前的收益。最終這年只上漲了九・五%，而且在隔年度第一季又立即虧損了三%。這樣長期不穩定的投資績效，可能是達利歐留給橋水最久的禮物。

二

二〇二二年五月底的陰天夜晚，滿臉疲憊的瑞和芭芭拉・達利歐抵達紐約甘迺迪國際機場。乘坐一般商用客機的商務艙，對於身價仍然約二百二十億美元的人來說，算是低調的抵達方式了。但最近數個月，他已不像從前那樣流露出達利歐的氣質了。

達利歐夫婦剛從瑞士回到紐約，剛參加完全球精英出席的世界經濟論壇年會。往年，達利歐都是在座無虛席的會場上發表主題演講；但這次，他只是預先錄製了一段與世界經濟論壇基層員工的podcast。他在達沃斯（Davos）接受CNBC電視專訪⓫時老調重談，預測世界正處於債務危機中，除非經濟砍掉重練，否則無法解決這個問題。

有位達沃斯論壇與會者和達利歐夫婦搭同班機從瑞士回來。他長期崇拜橋水公司、讀過《原則》而且是位金融家。他驚喜地發現達利歐和他坐同一班飛機。到達紐約後，這位與會者看到經過九小時的飛行，如今已是蘇黎世時間的午夜時分，瑞和芭芭拉獨自站在機場的行李提領處，看起來連個司機都沒有來接應，不禁覺得不可思議。等待行李時，瑞操作著附近的一台機器，想知道如何借一輛六美元的行李推車。

這位與會者目不轉睛地看著眼前的景象。就他看來，其他疲憊的旅客似乎都沒有發現世界數一數二有錢的男人就站在他們旁邊。達利歐就像是一般滿臉倦容、頭髮蓬亂的七十二歲老人，依偎在身材嬌小、髮型精巧的妻子旁邊，等待行李輸送帶開始運轉。沒有人曉得這個人背負的重擔：失去了一個兒子、失去了自身事業的核心地位，而隨著《原則》光環逐漸黯淡，也失去了一個身分。

達利歐也不知道有人在看著他，當天沒有錄音設備、沒有攝影機跟隨他來記錄當日學到的教訓，也沒有橋水的員工在旁邊等候差遣。

行李輸送帶終於開始運轉時，達利歐拉下了二個巨大的行李，重量讓他發出悶哼聲，接著把行李放到推車上，然後朝外頭走去。

那位達沃斯與會者著迷地看著這一幕，心想：「**這樣才叫謙卑嘛。**」

結語：我與達利歐

各位請見諒，我們現在要談個有點尷尬的話題：貓咪交配。

二〇一〇年，我二十三歲，住在曼哈頓東村第六街，也就是有名的咖哩街（Curry Row）。那裡有一堆看起來差不多的印度餐廳，每家門口都有人大聲招攬生意，吵雜聲連上樓都還聽得到。我住在一戶三房的無電梯公寓裡，共有四個人，其中包括一對情侶。大家老是為了誰應該多付點錢買共用蔬果雜貨有不同意見。我大部分時間都躲在自己房間，房間小到床都碰到三面牆了。窗戶外頭是個典型的紐約小巷，看起來沒有出入口，但老是很熱鬧。每天太陽下山，就會傳來一陣怪叫聲。一開始，我以為是哪個寂寞的紐約客在哀號，或是有人吃太多印度料理鬧肚子。後來才知道，原來是發情的野貓在叫春。

現在回想起來，那時候的日子可不好過。我有很多朋友、甚至連他們父母都失業了。我前一年夏天在《華爾街日報》實習，結果沒錄取正職，只好短暫搬回康乃狄克老家。好不容易找到一份新聞工作，整天就是改寫新聞稿之類的。我常跑去附近一間酒吧買便宜的酒，一罐 Schaefer 啤酒加一杯 Ezra Brooks 威士忌只要五美元，喝到不省人事。

為了找到合乎紐約住宿法規的公寓，那年春天我瘋狂投了至少五十份履歷。除了新聞相關工作，我還嘗試過銀行、顧問公司、律師事務所、人力公司、還有一家叫橋水的對沖基金。

老實說，我根本不記得當初為什麼會投橋水，大概是喝太多Schaefer啤酒把腦袋喝壞了吧。不過從我儲存的電子郵件可以看出，二〇一〇年春天我投了一個叫「儲備幹部」的基層職位。橋水的人資跟我說：「我們更在意你的思考方式、做人處世和價值觀，而不是你的專業能力。」聽到這話我就放心了，反正我也沒什麼專業能力可以賣弄。

我一共約了二次電話面試，其中一次剛好是晚上七點，正是野貓們開始大叫春的時間。我隱約記得自己在那個小房間裡來回踱步，一邊祈禱面試官別注意到背景的貓叫聲，還好她沒提到這件事。後來我寫了封感謝信，誇張地說那是「那二次聊天真的超級精采」。

結果我沒拿到那份工作。二年後，其中一位面試我的人在LinkedIn上加我好友，我還得翻找電子信箱才記得她叫什麼名字。

那時，我已在《絕對報酬》這家專門報導對沖基金的商業雜誌工作，也熟悉橋水公司，至少我自以為很熟悉。橋水可不是普通的基金，而是全世界最大又最神祕的對沖基金。創辦人瑞．達利歐有點古怪。我剛到雜誌社上班時，我們正好跟達利歐槓上。我們之前有篇調查報導引述了一位橋水前高層的話：「我真心覺得橋水就是個邪教，很封閉、有個魅力十足的領導人，還有自己的一套教條。」不過，這篇報導並沒有引起主流媒體的迴響。

二〇一二年聖誕節前，我又接到橋水人資的邀約。這次他們要我去面試一個經濟研究的編輯缺。那時我已曉得，對沖基金公司的工作有機會一夕致富，所以就想說試試看吧！面試過程包括文字編輯測驗、MBTI人格測驗、一項「職場人格測驗」，還得跑好幾趟橋水總部，幸好離我老家才幾分鐘路程。

面試了數輪之後，我自己決定放棄了。那份工作需要我全天候待在康乃狄克，還得坐很久的巴士往返紐約，肯定會影響到我的社交生活。我就跟人資說我不繼續面試了。她回信說：「橋水對此深感遺憾，但我們理解您的決定，感謝您花時間參與面試。」

當時的我怎麼也想不到，這些小事後來會讓瑞．達利歐困擾。

二〇一五年中，我重回《華爾街日報》工作後，第一次跟達利歐通話。我跟同事合寫了一篇封面文章，主題是他對於中國的看法，標題十分平實：「對沖基金龍頭橋水改變對中國觀點：『沒有安全的投資地點』」（這篇文章在本書前文有提到）。我們主要參考是橋水發給華爾街人士的《每日觀察報》。

基於新聞倫理，我不得透露達利歐在文章發表後對我說的話，但姑且可以說他很不滿意。不過，我一點也不覺得倒胃口，反而十分興奮。我跟許多前後輩記者也一樣，心想這個大人物居然會花時間跟我說話，真是太榮幸了。

他對於我下一篇關於橋水的重要報導顯然更不滿意，那是我和同事合寫的一篇調查報導，內容是關於他和葛雷格．詹森的決裂。從那時起，我們就開始了一場拉鋸戰。我會得知一些小道消息，像是橋水要實習生去脫衣舞俱樂部或性騷擾和解案等等，然後拿來問達利歐相關細節。他每次都會口頭或文字表達他的不滿。有次他私下在電子郵件中說，我寫的是「垃圾文章」，但最後又說：「很遺憾我們的關係走到這步，否則本來可以互相合作。」我們斷斷續續地保持聯絡，看起來他就是沒辦法不回覆。

而我也一樣。橋水曾是全世界最容易報導的對沖基金，因為公司內部很多有趣的事都會被記錄下來，然後傳送到公司內部一堆群組。更重要的是，達利歐本人就是記者的**終極**消息來源。每次他打電話給我（通常都會有公關人員旁聽）、痛罵我寫的某篇文章時，都會不小心透露部分新消息，讓我又有新的題材可以寫。二〇一六年底，我去橋水總部採訪他時，他在白板上畫了一個示意圖，說明PriOS系統的運作方式。他畫出一個小人站在最上面代表自己，下面分出眾多線條代表他的命令。

多年後我才知道，保羅．麥克道爾當時就坐在隔壁會議室，準備隨時進來示範。結果他毫無用武之地，達利歐自己就講了好幾個小時。

二〇一七年一月，我開始懷疑達利歐可能有妄想症。他在LinkedIn上發了一篇貼文（本書前文有提到），是針對我寫的那篇PriOS報導。他的貼文比我的報導還長，直說我寫的是「假新聞」，還把一堆莫名其妙的事栽到我頭上，但根本就是子虛烏有。他寫說我和同事採訪他時，同意「除非雙方都認為文章內容準確，否則不會使用相關資訊」，但我根本沒這樣說過。他還說我們沒有找特定人士談過，但其實我們明明都有談過。他說我們「沒有在橋水公司內部走走」，問題是我明明就跟他一起走過。他還胡亂引用我根本沒提過的問題。

他說我是個沒能在橋水找到工作、心懷怨懟的求職者，鐵了心只想報復，日後他還不斷重覆這個指控。

那時我才發現，雖然「信任真相」屬於橋水的《原則》，但達利歐其實很努力地在壓下真相。他花了好幾年時間搞獵巫行動，想找出是誰在跟我和其他記者通風報信，花了一大筆錢監視自己的員工，但據我所知從來沒抓到任何人。他還跑去找我的編輯會面，想施壓讓我不能再報導他們公司的事。有次，我寫了一篇關於橋水一位女性主管爭取同工同酬的文章，內容其實沒什麼特別的。結果，他竟然公布了我和那位女主管之間「編輯過」的訊息內容，說「這是他們的對話紀錄」。但其實根本不是真實的對話，他公布的版本被編輯過，搞得好像是我纏著那位女主管、無視她的否認。我的編輯要我別公開回應，以免跟達利歐吵起來，我才沒有公開真實的對話內容。

差不多同一時間，我的朋友們發現，他們都收到有關我的付費Google廣告，直接連到橋水的網站，裡頭有一則新聞稿專門在抨擊我。

我對達利歐和橋水的人並沒有惡意。雖然我們年紀差了快四十歲，但我們也開心地聊過一些家庭瑣事。有次，他還很親切地幫我倒了杯健怡可樂，因此在我接觸過的億萬富翁中，他算是很友善的長輩了。二〇二〇年初某個週日早上，他又在公開場合抨擊我想進橋水但求職失敗。我就直接寫信給他，想把這件事說清楚：「你好像特別在意這件事，所以我想親自向你說明。」我把當初應徵研究編輯的過程描述了一遍，然後還補充說：「對了，我依稀記得在面試過程中，我在橋水接觸到的每個人都很專業也很和善。」

四十五鐘後，他回信了，內容如下：「羅伯，我說的是二〇一〇年，你那時候想應徵儲備幹部但沒有錄取。我們還留著當時的面試紀錄，如果有需要的話我們很樂意公開喔。」

我很期待看到那份紀錄。

誌謝

在我剛開始調查橋水時，收到一封匿名但內容相當內行的信。我把寄件人存成中性名字「Jamie」，後來用這個化名來代稱許多我知道真實身分但不能公開的消息來源。有幾百個Jamie為了這本書跟我聊天，冒著很大的法律風險，就是想說出更完整的故事。有些Jamie聊得很開心、有些充滿戒心、有些很憤慨、還有些覺得很好笑。有個Jamie說：「講橋水故事最棒的就是，我完全不用誇大，就已經超誇張了。」我要把這本書獻給所有的Jamie。

我的目標是公平準確地對待所有橋水相關人士，無論是現在的員工還是以前的員工、對這個計畫參與程度多寡皆然。

我二〇〇九年進《華爾街日報》當實習生，工作生涯多半在那裡度過，二〇二二年底才跳槽到《紐約時報》。數年前在《華爾街日報》舊金山分社時，我很幸運地遇到了一位比我厲害太多的人。Abigail Summerville在實習結束後成為本書的研究助理，不過這個頭銜完全低估了她的貢獻，她其實負責了籌劃、心理諮商、打氣、搞笑、寫作和維持理智，而且每個角色都做得十分出色。

在《華爾街日報》，不知道有多少編輯幫忙修改了七年來橋水相關報導。總編輯Matt Murray多次直接面對橋水的人，包括達利歐本人，捍衛我們的報導，儘管他們使出渾身解數想阻撓我們的工作。頭版的 Rick Brooks、Dan Kelly 和 Matthew Rose 處理最棘手的長篇報導。我的直屬編輯 Brad Reagan、Geoff Rogow、Russell Adams 和 Dan Fitzpatrick 不厭其煩地聽我提出對橋水報導的新提案。他們前老闆 Dennis Berman 一直叫我別再抱怨了（但我從來沒在聽）。Emma Moody 從我大學時代就一直是我的恩師和精神支柱。《紐約時報》Preeta Das、David Enrich、Maureen Farrell 和 Ellen Pollock 給予了明智的建議、鼓勵和編輯指導。

我第一個橋水報導夥伴 Bradley Hope 讓我踏上這段旅程，Rachael Levy 後來則讓熱情持續燃燒。他們倆都介紹了對我很有幫助的窗口。其他記者則幫我度過寫書時心情的起伏，包括 Eliot Brown、Liz Hoffman、Tripp Mickle 和 Erich Schwartzel。Jason Zweig 這個金融歷史的優等生大方地協助修改初稿。我的一群高中死黨 Emily、Hulli、Jess 和 Sam 永遠都熱情支持著我，還揪團預購本書。

這本書也從其他人的原創報導獲益良多，包括我以前在《絕對報酬》的同事 Michelle Celarier 和 Lawrence Delevingne、《機構投資人》的 Stephen Taub、《紐約客》的 John Cassidy、《紐約》雜誌的 Kevin Roose、《紐約時報》的 Alexandra Stevenson 和 Matt Goldstein、還有文章散見各處的 Kip McDaniel。我母校杜克大學的圖書館員也提供了寶貴的免費協助，我的友人暨哈佛商學院校友 Patrick MacKenzie 也幫忙查詢了線上資料庫。Ben Kalin 花了好幾個月仔細查證事實。

我超厲害的文學經紀人 CAA 的 David Larabell 一眼就看出這會是本暢銷書，在我遊蕩文學圈幾年後仍不離不棄。David 把我介紹給聖馬丁出版社的團隊，整個出版社都大力支持這本書，包括 Lizz Blaise、Michelle Cashman、Laura Clark、Adriana Coada、Jen Enderlin、Diana Frost、Gabi Gantz、Tracey

Guest、Meryl Levavi、John Morrone、Guy Oldfield、Paul Sleven、Dori Weintraub和George Witte。我從不懷疑他們有堅持到底的毅力。執行編輯Tim Bartlett擔下最艱鉅的工作，辛苦地把半個世紀的軼聞去蕪存菁。Kevin Reilly老是能維持著好心情管理鉅細靡遺（我想他應該會說累死人）的校對和法律審查過程。Pronoy Sarkar初期也大力支持，還幫忙想出了書名。Rob Grom設計了令人驚豔的封面，完全吻合我內心的想像，這是我生平第一次完全沒有意見。

在撰寫本書的報導時，我經常向受訪者保證，身為五個孩子中的老么，我很禁得起罵。我要感謝（也有點怨）我的兄弟姐妹Donny、Debby、Deena和Bill，讓我臉皮夠厚，還要感謝我的父母Arthur和Judy Copeland賜給我更棒的特質：無視這一切的勇氣。我愛你們。

羅伯・科普蘭

參考資料說明

身為作者或記者，我當然希望能盡量具名引用。但橋水的保密協議讓我不得不在本書中幫許多人匿名，即使是那些想分享正面或中立經驗的人也不例外。橋水那份十三頁的保密協議，每個員工都得簽，裡面說他們「無論在職期間或離職後，不得以任何方式直接或間接詆毀橋水及現在或過去的關係企業、董事、主管、股東、員工或客戶（無論是否攸關橋水事業）❶」。這份文件禁止他們討論「機密資訊」，定義是「任何非公開資訊（包含口頭、書面、電腦系統或其他媒體）」。實際上，他們要是透露辦公室用哪個品牌的咖啡豆都有可能被告，這一點也不誇張，除非該咖啡豆品牌先前已有人報導。

一名前員工在後來和解的訴訟中，形容橋水氛圍是「恐懼和威嚇的大融爐」，還有不少人也私下跟我表達了同樣的感受。

我告知橋水我要寫這本書後，據我所知，數名前員工收到封口費，要他們避免跟我（或任何記者）交談，這通常叫做「禁止誹謗條款」。雖然達利歐在二〇一四年的訪問中提到，橋水史上只遇過三起「無聊」的訴訟❷，但我知道橋水付了大量和解金來避免對簿公堂。

在查證過程中，橋水的代表看過我的草稿內容後，書中提到的部分人士，包括先前同意具名受訪的人，都跟我說他們受到施壓要撤回說法，要求我別提到他們參與了訪問。為了不傷害對我很坦誠的人，我決定在後面的參考資料中不具名引用任何現任或前任橋水員工。因此，書中具名的人只是所有受訪者的一小部分。

雖然達利歐往往大方地接受訪問，但他多次拒絕我為了寫這本書的邀訪。他在一開始寫信給我說：「我明白，你知道我認為你長期以來一直不是想傳達真相，而是故意斷章取義寫你想寫的故事，所以我猜你這次也會這樣寫。我無意跟你爭論我對你的觀點是否合理，只想一切保持透明，跟讓你了解我的想法和我會怎麼做。」

不久之後，橋水和達利歐請來不是一家或兩家、而是三家專門服務達官貴人的律師事務所，寄了一堆恐嚇信給我的出版社，說要告一本還沒出來的書。信件內容大多是人身攻擊，沒什麼實質內容，一直問我查證的細節。他們揚言要告我和出版社，說要我們繳交數十億的賠償金。我的查證同事寄了鉅細靡遺的資料給橋水和達利歐的代表，他們則寄來一大串標記為機密、不准公開的回信，但這個條件我從來就沒同意過。總之，那些回信充斥著對我、查證同事和整本書的批評，不外乎在說我太蠢、不懂橋水文化有多了不起。我們也收到一些針對主題的直接回應，我放進適當的正文與參考資料中了。

達利歐一再公開表示，他有個缺點是「死背的記憶力不好」。但在他透過律師對本書查證的回應中，記憶力卻是視情況忽好忽壞。我的報導只要挖出正面或中立的事件，達利歐和橋水代表便能確認事件正確無誤。但只要事實不利於他們時，就會說他們才知道真相，是我搞錯了，或乾脆完全不回應。他們不停抱怨，我對於橋水基金的長期績效沒有太多肯定，但遇到過去十四年基金表現不好的問題，卻沒有提供實質的回應，但這段時間又正好是本書關注的重點，因為是達利歐公眾形象崛起和《原則》快速演變的時期。

橋水和達利歐請來的代表（在我撰寫本書過程中，就換了四家公關公司）也一直在逼我和出版社透露消息來源，同時又不斷提醒現任和前任員工，哪怕只是說溜嘴一個字，都會伴隨著法律風險。

如果「透明圖書館」還存在，也只有橋水有閱覽權限，裡面收藏著公司歷史上大大小小事件的影音。書中提到的人士數度要我向橋水申請檔案，這樣我才能準確地描述發生在他們身上的事。我提出了要求，但沒有得到回應（橋水有幾次叫我看他們公開發布的影片片段，但那些片段都經過大量後製，簡直可以說是公司宣傳片段）。橋水也拒絕了我想安排正式訪問現任員工的要求。這讓我想起作家勞倫斯．萊特（Lawrence Wright）在他揭露山達基教會歷史《Going Clear》這本書的文字：「記者只能跟願意跟他講話的人聊，無論教會對我的報導有什麼不滿，種種限制都可以歸因於其決定禁止我接觸可能提供更有利證詞的人[3]。」

儘管達利歐公開攻擊我和我的工作，我還是選擇不在這本書中把自己當成角色之一，頂多就是短短的結語。雖然書中提到了數篇我個人所寫或合著的文章，但只有達利歐的反應能釐清問題時，我才會特別提到。目前證據顯示，達利歐只要看到不讚美橋水的作者，一律都會生氣。

過去十多年，達利歐和橋水參與了部分號稱是學者和作家獨立研究的計畫。這些內容差不多都在講述同樣一套故事，而且大量以達利歐的觀點看問題，所以我發現這些著作加起來的總字數雖然驚人，但提供的洞見卻少之又少。值得注意的例外就是愛德華．赫斯（Edward Hess）的《高成效學習法則：變動時代個人與組織的最佳學習方法》（*Learn or Die*），書中詳細又公正地說明橋水某個版本的員工評分系統。另外，我還要感謝曼尼特．阿胡亞（Maneet Ahuja）所寫的《頂尖避險基金經理人的形成》（*The Alpha Masters*），提供了眾多別處缺乏的細節。哈佛商學院二〇一三年案例研究所附的橋水自製影片，也是該公司某個時期的有趣寫照。

我最早並不是想寫一本「酸」達利歐自傳的書，我認為自己的著作是獨立的作品。話雖如此，達利歐出版的《原則：生活和工作》這本主要資料來源，加上之前近十年自行發行的多個版本（均由現任和前任橋水員工所提供），確實派得上用場，大大幫助我確認某些早年的日期和統計資料；但我覺得達利歐和橋水值得玩味的地方，幾乎都被美化得像在霧裡看花，而且更常被完全省略。數百個例子當中，我就舉二個例子：公園大道的萊伯家族完全沒提到，而達利歐和詹森鬧翻的事（這個傷疤造成的陰影至今在橋水內部揮之不去）在《原則》中總結為「愛護橋水的人想要解決分歧，都是採取觀念擇優的方式」。達利歐的大作中，完全沒提到橋水過去十年的投資績效不太理想，對於公司交易的描述也一如往常般模糊。

常常有人問我對達利歐著作的看法。我都會老實地回答說，《原則》就是一本自傳，因此這本書受惠於卻也受限於作者的單一觀點，就一點都不奇怪了。

參考資料

引言

❶ James B. Stewart, *Disneywar: Intrigue, Treachery and Deceit in the Magic Kingdom* (Simon & Schuster, 2005).

序章

❶ "Bernanke Talked to Rubin, Others as Credit Crunch Turned Worse in August," Associated Press, October 3, 2007.

❷ Terry Keenan, "Wall Street Wise Men," *New York Post*, December 21, 2008.

❸ John Cassidy, "Mastering the Machine: How Ray Dalio Built the World's Richest and Strangest Hedge Fund," *New Yorker*, July 18, 2011.

❹ "*Alpha* Magazine Announces 2009 Hedge Fund 100, the World's Largest Hedge Funds" (press release), April 21, 2009.

❺ A lawyer for Dalio said that there was no "believability"baseline, adding that the development process was iterative, over time, and the system was designed in a way that did not give Dalio "any special privileges or powers."

第1章　鬼地方

❶ Cassidy, "Mastering the Machine."

❷ "Deepwater Canyons 2012: Pathways to the Abyss," National Oceanic and Atmospheric Administration, September 10, 2012.

❸ Ray Dalio, *Principles* (self-published spiral-bound edition, 2011).

❹ Brian O'Keefe, "Inside the World's Biggest Hedge Fund," *Fortune*, March 19, 2009.

❺ This thesis turned out to be off base, so much so that Dalio would glaze over the year 2009 entirely in his autobiography, skipping directly from 2008 to 2010.

❻ Kevin Roose, "The Billion-Dollar Aphorisms of Hedge-Fund Cult Leader Ray Dalio," *New York*, April 8, 2011.

❼ Lawyers for Dalio and Bridgewater say that case studies such as Stefanova's were played for employees and job applicants "to help convey Bridgewater's culture and to give all employees a chance to discuss it and debate it." They add, "Expressing empathy never led to people getting poor scores and or being deemed bad fits, and empathy was never considered a bad quality."

❽ A lawyer for Dalio says he doesn't recall being told Stefanova was pregnant before the taping of her "Pain + Reflection = Progress" case. He says that job applicants were played the recording to help them understand the firm's culture before joining.

第2章　美女與維京人

❶ Barclay Leib, author interviews.

❷ French furniture auction, Sotheby's, 2011.

❸ *Park Avenue: Money, Power & the American Dream*, directed by Alex Gibney (Jigsaw Productions, 2012).

❹ "George Carr Leib; Led Banking House," *New York Times*, June 22, 1974.

❺ Obituary, *Palm Beach Post*, September 4, 2002.

❻ Ray Dalio, interview with Stephen J. Dubner, Freakonomics Radio, April 8, 2018.

❼ Ray Dalio, "In Depth with Graham Bensinger," interview with Graham

Bensinger, July 31, 2021.
8 O'Keefe, "Inside the World's Biggest."
9 Ray Dalio, *Principles: Life and Work* (Simon & Schuster, 2017).
10 "Ray Dalio, One of the World's Wealthiest Men, Got His Start Carrying Clubs," *Golf*, November 15, 2017.
11 "Long Island Journal," *New York Times*, September 30, 1984.
12 Jack D. Schwager, *Hedge Fund Market Wizards: How Winning Traders Win* (John Wiley & Sons, 2012).
13 Ray Dalio, "Masters in Business," interview with Barry Ritholtz, October 22, 2020.
14 Elin McCoy, "How a Wall Street Exec Became the Ultimate Burgundy Wine Collector," Bloomberg, December 2, 2015.
15 Rick Coltrera, author interview.
16 Barclay Leib (pseudonym: David von Leib), *Not My Grandfather's Wall Street: Diaries of a Derivatives Trader* (American Star Books, 2015).
17 Dalio, "In Depth with Graham Bensinger."
18 Dalio, *Principles* (2011).
19 Gary Winnick, author interview.
20 "Long Island University History," Long Island University.
21 Maneet Ahuja, *The Alpha Masters* (Wiley, 2012).
22 Dalio, *Principles* (2011).
23 Cassidy, "Mastering the Machine."
24 Nassau County clerk's office, author interview.
25 Daniel Huang, "Former NYSE Traders Look Back on the Old Days," *Wall Street Journal*, September 1, 2014.
26 Ahuja, *Alpha Masters*.
27 Schwager, *Hedge Fund Market Wizards*.
28 Ibid.
29 "In Memoriam," *St. Paul's School Alumni Horae*, Summer 2018.
30 "Building the Foundation: Business Education for Women at Harvard University: 1937–1970," Baker Library at Harvard Business School.
31 Duff McDonald, *The Golden Passport: Harvard Business School, the Limits of Capitalism and the Moral Failure of the MBA Elite* (Harper Business, 2017).
32 Ken Freeman, interview with Abigail Summerville.
33 Dalio, *Principles* (2017).
34 Joel Peterson, interview with Abigail Summerville.
35 Ibid.
36 Ahuja, *Alpha Masters*.
37 Ray Dalio, "Ray Dalio Breaks Down His 'Holy Grail,'" interview with Investopedia, April 27, 2019.
38 McDonald, *Golden Passport*.
39 Edward D. Hess, *Learn or Die: Using Science to Build a Leading-Edge Learning Organization* (Columbia Business School Publishing, 2014).
40 Mike Kubin, author interview.
41 "Class Notes: '73," compiled by Wayne R. Vibert, *Harvard Business School Bulletin*, 1974.
42 Ibid.
43 Dalio, *Principles* (2017).
44 Vartanig G. Vartan, "Dominick to Quit Retail Brokerage," *New York Times*, July 31, 1973.
45 Dalio, *Principles* (2011).
46 Ray Dalio, interview at Stanford Graduate School of Business, April 19, 2019.
47 Ahuja, *Alpha Masters*.
48 Roose, "Billion-Dollar Aphorisms."
49 Cassidy, "Mastering the Machine."
50 Dalio, "In Depth with Graham Bensinger."

51 Ibid.
52 Roose, "Billion-Dollar Aphorisms."
53 Hess, *Learn or Die.*
54 Leib, author interviews.
55 "Ray Dalio: Hedge Fund Master," American Academy of Achievement.
56 "Class Notes: '73," compiled by Larry Schwoeri, *Harvard Business School Bulletin*, 1975.
57 Ibid.
58 A lawyer for Dalio says he never asked the Leibs for money.
59 Ahuja, *Alpha Masters.*
60 Leib, author interviews.
61 Ray Dalio, interview with the American Academy of Achievement, September 12, 2012.
62 Roose, "Billion-Dollar Aphorisms."
63 Dalio, *Principles* (2011).
64 Leib, author interviews.
65 Enid Nemy, "A Whitney Who Shuns Glamour for a Life of Quiet Satisfaction," *New York Times*, June 30, 1974.
66 Dalio, *Principles* (2011).

第3章　絕對肯定

1 Ahuja, *Alpha Masters.*
2 Dalio, interview with American Academy of Achievement.
3 Dalio, *Principles* (2017).
4 Leib, author interviews.
5 Nemy, "Whitney Who Shuns."
6 Arthur T. Vanderbilt II, *Fortune's Children: The Fall of the House of Vanderbilt* (William Morrow, 2001).
7 "A Brief McHistory," McSpotlight, compiled by the McInformation Network.
8 Ahuja, *Alpha Masters.*
9 "A Perpetual Motion Machine: An Oral History of Bridgewater Associates' Leadership Transition," *Leaders*, October/November/December 2021.
10 O'Keefe, "Inside the World's Biggest."
11 Hess, *Learn or Die.*
12 Schwager, *Hedge Fund Market Wizards.*
13 Hess, *Learn or Die.*
14 Ahuja, *Alpha Masters.*
15 Dalio, *Principles* (2017).
16 *The Unemployment Crisis and Policies for Economic Recovery, Before the Joint Economic Committee, Congress of the United States*, 97th Cong., 2nd sess., October 15, 20, and November 24, 1982, statement of Raymond T. Dalio.
17 Laurel Graefe, "Oil Shock of 1978–79," Federal Reserve History, November 22, 2013.
18 Jonathan Fuerbringer, "High Rates Called Drag on Recovery," *New York Times*, March 1, 1982.
19 *Small Business Failures: Hearing Before the Subcommittee on Antitrust and Restraint of Trade Activities Affecting Small Business of the Committee on Small Business*, U.S. House of Representatives, 97th Cong., 2nd sess., June 25, 1982, testimony of Raymond T. Dalio.
20 "Prior Years' Speakers: 1982," Contrary Opinion Forum.
21 "Barron's Mailbag: Depression or Delusion?," *Barron's*, October 19, 1992.
22 *Unemployment Crisis and Policies*, statement of Dalio.
23 Ibid.
24 Ibid., speaker: Representative Parrin J. Mitchell.
25 "Some Analysts See Depression in '83, but Not as Bad as '30s," *Wall Street Journal*, December 31, 1982.

26 Dalio, interview at Stanford Graduate School of Business.
27 Tim Sablik, "Recession of 1981–82," Federal Reserve History, November 22, 2013.
28 Cassidy, "Mastering the Machine."
29 Lawrence Delevingne and Michelle Celarier, "Ray Dalio's Radical Truth," *Absolute Return*, March 2, 2011.
30 Hilda Ochoa-Brillembourg, author interview.
31 Gregory Zuckerman, *The Man Who Solved the Market: How Jim Simons Launched the Quant Revolution* (Portfolio, 2019).
32 A representative for Jones said this was "not his style or voice."
33 Hilda Ochoa-Brillembourg, author interview.
34 Robert McGough, "Fair Wind or Foul?," *Financial World*, May 2, 1989.
35 Ochoa-Brillembourg, author interview.
36 Ahuja, *Alpha Masters*.
37 Ochoa-Brillembourg, author interview.

第4章 超額報酬

1 Robert McGough, "Here's a Happy Thought," *Forbes*, February 9, 1987.
2 Tim Metz, Alan Murray, Thomas E. Ricks, and Beatrice E. Stocks Plummet 508 amid Panicky Selling," *Wall Street Journal*, October 20, 1987.
3 Jason Zweig, "Remembering Black Monday: 'It Was Relentless,'" *Wall Street Journal*, September 29, 2017.
4 McGough, "Fair Wind or Foul?"
5 "Lights! Camera! Buy! Sell! 'Trader' Stars Real Trader," *USA Today*, November 24, 1987.
6 Randall Smith, "After a Dazzling Early Career, a Star Trader Settles Down," *New York Times*, March 5, 2014.
7 "Lights! Camera! Buy! Sell!"
8 "Foreigners Taking Over America," *Oprah Winfrey Show*, season 3, episode 121388, December 13, 1988.
9 "Streit Takes Position at Bridgewater Group After Leaving Barnes & Co.," *Securities Week*, July 20, 1987.
10 Lawyers for Dalio and Bridgewater said the $700 million figure included the firm's advisory accounts.
11 A lawyer for Dalio says this episode did not occur.
12 Peter F. Drucker, "Reckoning with the Pension Fund Revolution," *Harvard Business Review*, March 1991.
13 Russell L. Olson, *The School of Hard Knocks: The Evolution of Pension Investing at Eastman Kodak* (RIT Cary Graphic Arts Press, 2005).
14 Ibid.
15 McGough, "Fair Wind or Foul?"
16 Steve Coll, "The Long Shadow of Black Monday," *Washington Post*, February 28, 1988.
17 Jay McCormick, "Expect a Recession? Avoid Stocks," *USA Today*, January 1, 1989.
18 Alan Abelson, "Up & Down Wall Street," *Barron's*, November 5, 1990.
19 Floyd Norris, "Market Watch: Listening for a Scary Word: Depression," *New York Times*, January 13, 1991.
20 Dan Dorfman, "Modern-Day Version of Depression Looms, Pro Says," *USA Today*, August 28, 1992.
21 Ray Dalio, "Depression, Not Recession–That, Contends a Seasoned Observer, Is What We're In," *Barron's*, October 12, 1992.
22 Olson, *School of Hard Knocks*.
23 Ahuja, *Alpha Masters*.
24 Cassidy, "Mastering the Machine."
25 Bruce Currie, interview with Abigail Summerville.
26 Ibid.
27 Mark Collins, interview with Abigail Summerville.

28 Justin Rohrlich, "Meet the Billionaire Investor Whose Advice Can Make You Really Rich," *Maxim*, April 20, 2018. A lawyer for Dalio says this anecdote, as reported by *Maxim*, is inaccurate.

29 "The All Weather Story," Bridgewater Associates.

30 "Perpetual Motion Machine."

31 Bob Prince, "In Depth with Graham Bensinger," interview with Graham Bensinger, November 11, 2020.

32 Ibid.

33 Robert Kegan and Lisa Laskow Lahey, *An Everyone Culture: Becoming a Deliberately Developmental Organization* (Harvard Business Review Press, 2016).

34 Ahuja, *Alpha Masters*.

35 A lawyer for Dalio says the firm has always "sought to manage money in a way that beat the benchmarks agreed to with its clients, which it did consistently."

36 Sebastian Mallaby, *More Money Than God: Hedge Funds and the Making of a New Elite* (Penguin Press, 2011).

37 Ibid.

38 Ibid.

39 Saul Hansell, "A Primer on Hedge Funds: Hush-Hush and for the Rich," *New York Times*, April 14, 1994.

40 Thomas L. Friedman, "House Panel Given a Lesson in Hedge Funds," *New York Times*, April 14, 1994.

41 Dalio, *Principles* (2017).

42 Alpha also involves a complicated adjustment for risk.

43 Ochoa-Brillembourg, author interview.

44 The World Bank fund would eventually invest again in other Bridgewater products.

45 Marc Faber, author interview.

46 Cassidy, "Mastering the Machine."

47 Dalio, "Ray Dalio Breaks Down."

48 Faber, author interview.

49 Dalio, "Ray Dalio Breaks Down."

50 Dan Dorfman, "Dollar, Rate Woes Have Bears Sharpening Their Claws," *USA Today*, June 24, 1994.

51 Marlene Givant Star, "U.S. Markets Seen as Peaking," *Pensions & Investments*, July 10, 1995.

52 Sara Webb, Michael Sesit, and Sara Cailan, "Industrials Lose 112 Points on Troubles Abroad–Global Stocks Slide on Fears over Economies," *Wall Street Journal*, August 12, 1998.

53 Dalio, *Principles* (2017).

54 Larry Summers, author interview.

55 Aswath Damodaran, "Historical Returns on Stocks, Bonds and Bills: 1928–2020," NYU Stern School of Business, January 2021.

56 When Prince later returned to the University of Tulsa to give a speech, he said Bridgewater had lifted Burgess's trading models, an attendee recalled.

57 "All Weather Story."

58 Martin Steward, "Risk Parity: The Truly Balanced Portfolio," *IPE*, June 2012.

59 In a sign of just how wealthy Dalio would become, when his payday dipped to $190 million in 2005, it was the least he would make for another fifteen years.

60 Cassidy, "Mastering the Machine."

61 O'Keefe, "Inside the World's Biggest."

62 Ahuja, *Alpha Masters*.

63 Ianthe Jeanne Dugan and Anita Raghavan, "The Atlas of New Money," *Wall Street Journal*, December 16, 2006.

64 Ibid.

65 "Perpetual Motion Machine."

第5章　根本原因

1 Barry B. Burr, "Harris Exiting Verizon," *Pensions & Investments*, November 15, 2004.
2 Steven Brull, "Return of the Native," *Alpha*, January 23, 2009.
3 Burr, "Harris Exiting Verizon."
4 Brull, "Return of the Native."
5 "Ray Dalio Taps Britt Harris to Fill Newly Created CEO Position at Bridgewater Associates" (press release), *Business Wire*, November 5, 2004.
6 Burr, "Harris Exiting Verizon."
7 "The World's Smallest US $74 Billion Manager," *Global Investor*, October 2004.
8 Letter from Britt Harris, titled "Letter From Britt Harris," undated.
9 Brull, "Return of the Native."
10 Ibid.
11 Craig Karman, "Major Texas Pension Makes a Big Push into Hedge Funds," *Wall Street Journal*, July 14, 2007.
12 Harris says that his work at Bridgewater "did not play a leading role" in his depression, "although the almost unimaginable lack of compassion ... by a small minority [there] certainly could not have helped."
13 Dalio, *Principles* (2017).
14 Richard Feloni, "Ray Dalio Started Bridgewater in His Apartment and Built It into the World's Largest Hedge Fund. Here Are 5 Major Lessons He's Learned over the Past 44 Years," *Business Insider*, July 2, 2019.
15 Dalio, *Principles* (2011).
16 Dalio, *Principles* (2011).
17 Roose, "Billion-Dollar Aphorisms."
18 Ray Dalio, *Principles* (self-published, 2009).
19 Ibid.
20 Ibid.
21 Ibid.
22 Ibid.
23 Ibid.
24 Hess, *Learn or Die.*
25 Dalio, *Principles* (2009).
26 Ibid.
27 A lawyer for Dalio says, "As far as we know, no one ever memorized The Principles, which would've been a significant task given the number of them."

第6章　大難臨頭

1 Chris Cueman, author interview.
2 Greg Jensen, official Bridgewater biography.
3 Greg Jensen, "'Unparalleled Excitement' Reigns at Zeta Psi," *Hanover Zete*, Winter 1995.
4 Ryan Victor, "'Rush Terrorists' Irresponsible," *Dartmouth*, October 4, 1993.
5 Jensen, "Unparalleled Excitement."
6 Dalio, *Principles* (2009).
7 Barbara Hoffman, "I'm a Bipolar Man–and Katie Holmes Is Playing Me in a Movie," *New York Post*, February 18, 2016.
8 Abby Schultz, "Mark Dalio and OceanX Combine Science and Storytelling," *Barron's*, March 26, 2019.
9 Chidem Kurdas, "Fed Decision Doesn't Settle Dilemma," *HedgeWorld News*, September 20, 2006.
10 Sandra Ward, "Bipolar Disorder," *Barron's*, June 13, 2005.
11 Gerry van Wyngen, "Cycle 'About to Turn,'" *Business Review Weekly*,

October 6, 2005.

12 Julie Anderson and Julie Creswell, "In the Race for Riches, Hedge Fund Managers Top Titans of Wall Street," *New York Times*, April 24, 2007.

13 David Leonhardt, "Worth a Lot, but Are Hedge Funds Worth It?," *New York Times*, May 23, 2007.

14 Sandra Ward, "Liquidity, Leverage and Their Looming Risks," *Barron's*, May 28, 2007.

15 Gregory Zuckerman, "'Greatest Trade': How You Can Make $20 Billion," *Wall Street Journal*, November 15, 2009.

16 Alberto Mingardi, "George Soros, Speculator and Proud," EconLog, March 15, 2014.

17 Barry Dunstan, "A Mighty Purge Is Under Way," *Australia Financial Review*, August 17, 2007.

18 Chidem Kurdas, "Recent Losses No Bloodbath, but Worse May Come," *HedgeWorld News*, August 9, 2007.

19 Dunstan, "Mighty Purge."

20 "Arts, Briefly: Secret Clapton Concert in the Works," *New York Times*, June 13, 2007.

21 Cassidy, "Mastering the Machine."

22 "How Bridgewater Navigated the 2008 Financial Crisis," Bridgewater Associates, 2018.

23 Dalio, *Principles* (2017).

24 When he made it to the White House a few months later, Geithner bolstered his standing with his boss by using Dalio. After Geithner's team produced public figures on how much money would be needed to backstop major financial institutions, Geithner headed into the Oval Office with a copy of the *Daily Observations* and handed it to President Obama. "We Agree!" the research read. "The regulators did an excellent job of explaining exactly what they did for this stress test, and showing the numbers that produced the results. They did virtually exactly what we did."

25 A lawyer for Dalio says: "While it is true that Mr. Dalio met with high-ranking government officials, such interactions between private sector individuals and high-ranking government officials are common across industries and follow protocols that prevent the government officials from divulging information that they shouldn't–and prevent the private sector from profiting on such information. Bridgewater's controls for these meetings are thoroughly audited by the SEC. Further, Bridgewater's decisions in the markets are 98 percent systemized and, in the rare cases that there are deviations from the systems, the reasons for the deviations are recorded and audited."

26 Cassidy, "Mastering the Machine."

27 "Hedge Funds Took a Serious Hit in 2008," Associated Press, January 12, 2009.

28 Gregory Meyer, "Managed Futures Gained, Left Hedge Funds in Dust in 2008," Dow Jones Newswires, January 9, 2009.

29 Louise Story, "Above the Storm: Some Fund Managers Rake It In," *International Herald Tribune*, March 26, 2009.

30 "*Alpha* Magazine Announces 2009."

第7章　觀望宅

1 Kathleen O'Grady, "What Ray Dalio Taught Me About Authentic Leadership and Taxidermy," Authentic Leadership Advisors.

2 Eileen Murray, "Things I Didn't Learn in School," interview with Paul Podolsky, January 27, 2021.

第8章　不一樣的公司

1 Kip McDaniel, "Is Ray Dalio the Steve Jobs of Investing?," *Chief*

Investment Officer, December 13, 2011.

2. O'Keefe, "Inside the World's Biggest."
3. Healy at that time used her maiden name, Pelzel. She would later marry and take the last name Healy. For simplicity's sake, she is referred to in this book only as Healy.
4. A lawyer for Mr. Dalio says he didn't refer to Jen Healy as his daughter. Healy also says she never heard him use the term.
5. Healy wrote in an email that she recalls discussing an ugly sweater only as a hypothetical. Two people who spoke with her about it then disagree, saying it was in response to a specific colleague's garment.
6. Alex Howe, "Behold the All-Important Squiggle That Guides the Decisions at the Biggest Hedge Fund in the World," *Business Insider*, November 4, 2011.
7. A lawyer for Dalio says the impact on bonuses of not providing critical feedback was "virtually nothing."
8. Ray Dalio, Twitter, June 11, 2019.
9. Ray Dalio, "Principle of the Day," LinkedIn.
10. Mary Swift, "Billionaire Ray Dalio Credits Meditation for Success," *Transcendental Meditation*, November 28, 2014.
11. Richard Feloni, "The World's Largest Hedge Fund Reimburses Employees Half the Cost of $1,000 Meditation Lessons," *Business Insider*, November 10, 2016.
12. Dalio, *Principles* (2017).
13. Internal Bridgewater document.
14. Bess Levin, "Bridgewater Associates Suggests Fate Worse than Firing in Store for Hyenas Caught Cheating on Day-Long Principles Exam," *Dealbreaker*, April 2012.
15. Devon Scheef, "Deck for Success," Training & Development 47, no. 9 (September 1993).
16. Bob Eichinger, email to Ben Kalin. Eichinger says that due to his age he has a failing memory. He says the other events described involving him may be true but he has no recollections.
17. Richard Feloni, "These Are the Personality Tests You Take to Get a Job at the World's Largest Hedge Fund," *Business Insider*, August 26, 2016.
18. Ray Dalio, Twitter, October 8, 2018.
19. Betsy Mikel, "How the Guy Who Designed 1 of Apple's Most Iconic Products Organizes His Office," *Inc.*, January 24, 2018.
20. Eichinger says he did not quit; rather, Dalio and Bridgewater stopped using his services.
21. Rob Copeland and Bradley Hope, "Bridgewater, World's Largest Hedge Fund, Grapples with Succession," *Wall Street Journal*, March 26, 2016.
22. Randall W. Forsyth, "Will We Be Zimbabwe or Japan?," *Barron's*, May 23, 2009.
23. Delevingne and Celarier, "Ray Dalio's Radical Truth."
24. Copeland and Hope, "Bridgewater, World's Largest."
25. Bob Goldsborough, "McKinsey's Julian C. Mack Selling Winnetka Home," Chicago Breaking Business, June 14, 2020.
26. Ray Dalio, "Company Culture and the Power of Thoughtful Disagreement," interview with Andrew Ross Sorkin, New York Times DealBook conference, December 12, 2014.
27. Arnold's "Smoke at Bwater" email was lengthy; excerpts are included.
28. Lawyers for Dalio and Bridgewater say Prince was never "deeply in debt" to Dalio. They say Mr. Prince had options to buy Bridgewater shares, and to exercise them he borrowed $10 million from a bank and paid the loan back with dividends from those shares. They say Mr. Prince had options to buy Bridgewater shares, and to exercise them he borrowed $10 million from a bank and paid the loan back with dividends from those shares. A representative for Prince declined to provide further details.

29 Ted Loos, "The Spiritual and Spectacular Meet at an Ultramodern Community Center in Connecticut," *New York Times*, October 16, 2015.

30 Russell Sherman, "Bridgewater Fact Check," email to Rob Copeland, March 3, 2016.

31 Cassidy, "Mastering the Machine."

32 James Comey, "Executive Branch Personnel Public Financial Disclosure Report," U.S. Office of Government Ethics, June 2013.

33 Rob Copeland and Bradley Hope, "The World's Largest Hedge Fund Is Building an Algorithmic Model from Its Employees' Brains," *Wall Street Journal*, December 22, 2016.

第9章 科米與申訴案例

1 Dan Eggen and Paul Kane, "Gonzales Hospital Episode Detailed," *Washington Post*, May 16, 2007.

2 Richard Feloni, "Billionaire Investor Ray Dalio Explains How to Avoid Micromanaging," *Business Insider*, November 10, 2014.

3 Copeland and Hope, "World's Largest Hedge Fund."

4 A lawyer for Dalio denies that he ever called Comey a "chirper."

5 The Principle continued, "A higher percentage of the population than you imagine will cheat if given an opportunity, and most people who are given the choice of being 'fair' with you and taking more for themselves will choose taking more for themselves. Even a tiny amount of cheating is intolerable, so your happiness and success will depend on your controls. Security controls should be viewed as a necessary tool of our profession, not as a personal affront to an individual's integrity."

6 Arthur Cummings, LinkedIn profile.

7 *Bridgewater Associates, LP vs. Lawrence Minicone and Zachary Squire*, American Arbitration Association Employment Arbitration Tribunal, exhibit 1, July 14, 2020.

8 Enguerran Loos, "How Selective Are Bain, BCG and McKinsey Through the Application Process?," CaseCoach, August 5, 2019.

9 Alexandra Stevenson and Matthew Goldstein, "Bridgewater, World's Biggest Hedge Fund, Is Said to Be Slowing Hiring," *New York Times*, July 17, 2016.

10 Delevingne and Celarier, "Ray Dalio's Radical Truth."

11 Courtney Comstock, "Here's Another Example of Ray Dalio's Weird Bridgewater 'Pursuit of Truth' Management Style," *Business Insider*, March 2, 2011.

12 Copeland and Hope, "Bridgewater, World's Largest."

13 Sam Jones and Dan McCrum, "The Billionaire Ray-man Who Plays by His Own Rules," *Financial Times*, March 2, 2012.

14 Ray Dalio, email to David Manners-Weber et al., Wednesday, September 14, 2011, 4:14 p.m.

第10章 主動出擊

1 Bess Levin, "Bridgewater Associates: Be the Hyena. Attack the Wildebeest," *Dealbreaker*, May 10, 2010.

2 Michael Corkery, "Money Talks: A Hedge-Fund King Philosophizes on Truth and Weasels," *Wall Street Journal*, June 19, 2010.

3 Michael Corkery, "Big Win for a Big Bear," *Wall Street Journal*, October 22, 2010.

4 Delevingne and Celarier, "Ray Dalio's Radical Truth."

5 Ibid.

6 Cassidy, "Mastering the Machine."

7 One such reporter, Fortune's Carol Loomis, for decades spoke to Buffett nearly every day and edited his investor letters, pro bono, while remaining on staff at the magazine.

8 McDaniel, "Is Ray Dalio the Steve Jobs?"

9. Ben Austen, "The Story of Steve Jobs: An Inspiration or a Cautionary Tale?," *Wired*, July 23, 2012.
10. A lawyer for Mr. Dalio says "he never wanted a biography of him written and did not ask Mr. Isaacson to write one."
11. Several former Bridgewater employees said they were told that Isaacson demurred when asked to write Dalio's biography. Isaacson says he does not recall the request making it to him.
12. "Dalio Philanthropies," InfluenceWatch.
13. "New Trustees Elected to Aspen Institute Board," Aspen Institute, May 5, 2010.
14. Walter Isaacson, author interview.
15. Ray Dalio, interviewed by Charlie Rose, *Charlie Rose*, October 20, 2011.
16. Charlie Rose, author interview.
17. Ibid.
18. Maneet Ahuja, author interview. Ahuja says that she gave everyone interviewed in the book the same terms.
19. Ahuja said she offered the same terms to other hedge fund managers interviewed for her book.
20. Grant said he was too busy to be interviewed. In an email, he wrote: "My analysis of Bridgewater's culture was based on my independent judgment as a social scientist."
21. Kegan and Laskow Lahey, *Everyone Culture*.
22. Adam Grant, *Originals: How Non-Conformists Move the World* (Penguin, 2016).
23. Ibid.

第11章　真相工廠

1. Tony Robbins, "Personal Power: A 1990s Infomercial Featuring Tony Robbins and Fran Tarkenton," YouTube, April 19, 2021.
2. Cassidy, "Mastering the Machine."
3. Kent Kuran, email to HR_ExitInterviews, Vincius Silva, Wednesday, August 4, 2010, 3:33 p.m.
4. Karniol-Tambour is her married name; she was unmarried at the time.

第12章　性與謊言全都錄

1. "Financial Aid Office Renamed in Honor of Ken Griffin," *Harvard Gazette*, October 10, 2014.
2. "Harvard Receives Its Largest Gift," *Harvard Gazette*, June 3, 2015.
3. "HBS History," Baker Library at Harvard Business School.
4. "The HBS Case Method," Harvard Business School.
5. Heidi K. Gardner, author interview.
6. Paul Podolsky, *Things I Didn't Learn in School* (podcast), January 21, 2021.
7. Ibid.
8. Ray Dalio, Twitter, October 19, 2018.
9. Jeffrey T. Polzer and Heidi K. Gardner, *Bridgewater Associates (Multimedia Case)* (Harvard Business Publishing, May 10, 2013).
10. Stevenson and Goldstein, "Bridgewater's Ray Dalio Spreads."
11. Levin, "Bridgewater Associates Suggests Fate."
12. Internal Bridgewater employee Principles Test.
13. Ibid.
14. Jim Comey, email to Bridgewater, October 3, 2012, 1:50 p.m. This email was first sent by Comey on February 26, 2012, to a small list of department heads, explaining that he thought it would be his last year at Bridgewater. After the decision was finalized, he forwarded it to the entire firm on October 3, 2012, as a way of explaining himself.
15. When Comey was sworn in as FBI director, Dalio, Jensen, and McCormick were invited to the swearing-in ceremony. Murray was not. Dalio said at the time, "President Obama could not have picked a man with

greater integrity or a stronger moral beacon than Jim Comey."

第13章 經濟機器

1. Paul Volcker, "The World's 100 Most Influential People: 2012," *Time*, April 18, 2012.
2. Kubin, author interview.
3. William J. Broad, "A New Ship's Mission: Let the Deep Sea Be Seen," *New York Times*, September 17, 2020.
4. *The Giant Is Real*, directed by Leslie Schwerin (Discovery Channel and NHK, 2013).
5. Lori Spechler, "Wall Street's Highest Paid Hedge Fund Managers," CNBC, March 30, 2012.
6. Ray Dalio, "How the Economic Machine Works," YouTube, 2013.
7. William Skidelsky, "Niall Ferguson: 'Westerners Don't Understand How Vulnerable Freedom Is,'" *Guardian*, February 19, 2011.
8. Niall Ferguson, author interview.
9. Niall Ferguson, "Ghosts in the Machine: Notes on 'How the Economic Machine Works–Leveragings and Deleveragings,'" internal Greenmantle document, 2012.
10. Tommy Wilkes, "Transport for London Tunnel Cash into Hedge Funds," Reuters, December 6, 2012.
11. Juliet Chung, "Bridgewater to Launch New Hedge Fund," *Wall Street Journal*, February 4, 2013.
12. Copeland and Hope, "Bridgewater, World's Largest."
13. Hess, *Learn or Die*.
14. Lee Su Shyan, "Hedge Fund Boss and His 'Radical' Philosophy," *Straits Times*, October 14, 2014.
15. "The Face on the Wall Street Milk Carton," *Grant's Interest Rates Observer*, October 6, 2017.
16. The home was purchased through an LLC, according to people briefed on the sale.
17. Dalio purchased Copper Beech Farm through an LLC, but it's not clear whether he ever moved in.
18. *CBS This Morning*, January 30, 2014.

第14章 未來之書

1. Ben Fox Rubin, "Accretive Health Reaches $2.5 Million Settlement with Minnesota," *Wall Street Journal*, July 30, 2012.
2. Ray Dalio, "Triangulate Your View: Ray and Bridgewater Face Ray's Mortality," Principles app, undated.
3. Stephen Taub, email to author, June 22, 2022.
4. As with Prince's debt, Jensen's may have come from Bridgewater or related entities, which Dalio majority owned and controlled at the time.
5. Lawyers for Dalio and Bridgewater say Jensen never put up collateral to guarantee any loans, or mortgaged his home to do so. The lawyer said "he did make a commitment to invest some of his Bridgewater income in the company through the purchase of Bridgewater stock, as part of a broader multi-decade transfer of ownership from Mr. Dalio to others."
6. Corkery, "Money Talks."
7. Delevingne and Celarier, "Ray Dalio's Radical Truth."
8. Dalio, *Principles* (2011).
9. Katherine Burton and Saijel Kishan, "Dalio's Quest to Outlive Himself," Bloomberg, August 10, 2017.
10. A lawyer for Dalio says, of the Book of the Future: "It was never talked up constantly inside the firm ... This project became the Principles in Action app, which has tens of thousands of monthly users and a current iOS app store rating of 4.9 (out of 5) from more than 6,000 raters."
11. Catherine Clifford, "4 Keys to Launching a Successful Business,

According to This Entrepreneur Who Sold Siri to Steve Jobs," CNBC, May 24, 2017.

⓬ Steve Lohr, "David Ferrucci: Life After Watson," *New York Times*, May 6, 2013.

⓭ Taub, email to author.

⓮ Emily Canal, "Why Bridgewater Founder Ray Dalio Believes His Company Is Like an 'Intellectual Navy SEALs,'" *Inc.*, September 20, 2017.

⓯ Cline says he doesn't recall this incident.

⓰ In an email, Healy wrote, "I would have expected that any employee relation matter would be confidential. I do not plan to comment on this matter (to confirm or deny it), except to say that all employee relations issues I was a part of were handled by Bridgewater professionally, and exactly as I would have hoped." She added that unspecified details, which she declined to identify, in this account were inaccurate.

⓱ Rob Copeland, "Bridgewater Paid Over $1 Million to Employee Pushed Out After Relationship with Dalio's Protege," *Wall Street Journal*, November 7, 2017.

⓲ Taub, email to author.

第15章　大義滅親

❶ Jon Prior and Kevin Cirilli, "Leaders Reach Housing Finance Deal," *Politico*, March 11, 2014.

❷ Leanna Orr, "The Untold Story of Katina Stefanova's Marto Capital," *Institutional Investor*, March 2, 2020.

❸ Ibid.

第16章　人工智慧

❶ Campbell said the summary of his time at Bridgewater was inaccurate in ways he declined to specify.

❷ Danny Fortson, "Palantir, the Tech Spooks Who Found bin Laden, Are Helping BP Find Oil," *Sunday Times*, October 26, 2019.

❸ David Ferrucci et al., "Building Watson: An Overview of the DeepQA Project," *AI Magazine*, Fall 2010.

❹ Ferrucci declined to be interviewed. Through a spokeswoman, he disputed that he used a dictionary to look up the definitions of personality attributes.

❺ A spokesperson for Ferrucci says he "found Ray's reasoning about his principles very consistent" and "found Ray's ideas for an open, transparent, and meritocratic evaluation system a compelling approach."

❻ Ferrucci's spokeswoman wrote, "Ray and Ferrucci would regularly have disagreements and would openly debate, sometimes finding resolution and sometimes not, but always respecting each other and their respective opinions, and often learning from each other."

❼ A spokeswoman for Ferrucci says the account of his upset is "a distorted narrative," adding that the scientist and Dalio "would regularly have disagreements and would openly debate ... always respecting each other and their respective opinions."

❽ Will Knight, "Watson's Creator Wants to Teach AI a New Trick: Common Sense," *Wired*, May 9, 2020.

第17章　毫無原則

❶ Neil MacLucas and Brian Blackstone, "Swiss Move Roils Global Markets," *Wall Street Journal*, January 15, 2015.

❷ Katherine Burton, "Swiss Franc Trade Is Said to Wipe Out Everest's Main Fund," Bloomberg, January 18, 2015.

❸ Katy Dowden, "Absolute Return Top 40: January 2015," *Absolute Return*, February 17, 2015.

❹ "Bridgewater's 40th Anniversary," Bridgewater Associates, 2018.

5. "Bridgewater Celebrates Its 40th Anniversary," Bridgewater Associates, October 4, 2022.
6. Victoria Cavaliere, "Bridgewater Founder Ray Dalio Says the US Is on the 'Brink of a Terrible Civil War' Because of Wealth Gaps and Political Partisanship," *Insider*, January 24, 2021.
7. Rob Copeland, Bradley Hope, and James T. Areddy, "Bridgewater to Launch Big Investment Fund in China, Three Decades in the Making," *Wall Street Journal*, September 8, 2017.
8. Wataru Yoshida, Mayuko Tani, and Tomomi Kukuchi, "A Legacy of Controversy and Accomplishment," *Nikkei Asia*, March 26, 2015.
9. oyce Hooi, "Remembering a True Giant of History," *Business Times*, March 24, 2015.
10. Dalio, *Principles* (2017).
11. Dalio, "In Depth with Graham Bensinger."
12. Gref was later put on a U.S. sanctions list for Russian oligarchs.
13. Ray Dalio, interview with Jim Haskel, August 6, 2019.
14. Ray Dalio, "Looking Back on the Last 40 Years of Reforms in China," LinkedIn, January 3, 2019.
15. Ibid.
16. Ibid.
17. It's not clear how or if Dalio kept to this promise. In 2014, Dalio formed the Beijing Dalio Public Welfare Foundation, whose financials are not public.
18. "The devil, or Mr. Wang," *The Economist*, March 26, 2015.
19. Josh Chin and Gillian Wong, "China's New Tool for Social Control: A Credit Rating for Everything," *Wall Street Journal*, November 28, 2016.
20. Stanley Lubman, "China's 'Social Credit' System: Turning Big Data into Mass Surveillance," *Wall Street Journal*, December 20, 2016.
21. Choi Chi-yuk, "China's Politburo Holds Two-Day Self-Criticism Session as Xi Jinping Garners Fresh Pledges of Fealty," *South China Morning Post*, December 27, 2017.
22. Copeland, Hope, and Areddy, "Bridgewater to Launch."
23. Ray Dalio and Mark Dinner, *Daily Observations*, March 11, 2015.
24. Stephen Taub, "Bridgewater Funds Suffer Setback in Second Quarter," *Institutional Investor's Alpha*, July 21, 2015.
25. Rob Copeland and Mia Lamar, "Giant Hedge Fund Bridgewater Flips View on China: 'No Safe Places to Invest,'" *Wall Street Journal*, July 22, 2015.
26. Copeland, Hope, and Areddy, "Bridgewater to Launch."
27. Rob Copeland, "Bridgewater Backpedals on China Call," *Wall Street Journal*, July 23, 2015.
28. The high heel rule was rescinded after a female employee suggested it could be discriminatory.
29. Ray Dalio, Twitter, February 15, 2023.
30. Copeland and Hope, "World's Largest Hedge Fund."
31. Burton and Kishan, "Dalio's Quest."
32. A lawyer for Dalio says that Jensen was not formally barred from becoming CEO again.

第18章　生存之道

1. Katie Warren, "A Former Apple and Bridgewater Exec Is Selling His Mexico Mansion for $20 Million," *Insider*, July 8, 2019.
2. Walter Isaacson, *Steve Jobs* (Simon & Schuster, 2011).
3. Ibid.
4. Julia La Roche, "Here's Why the World's Most Successful Hedge Fund Just Hired a Tech Titan as Co-CEO," *Business Insider*, March 10, 2016.
5. Kegan declined to be interviewed. He wrote in an email, "I am not ashamed to have taken an admiring stance toward Bridgewater nor Mr.

Dalio."

❻ Ray Dalio, interview with Robert Kegan, Milken Institute, May 2, 2016.

❼ Attendee notes from Bridgewater client meeting.

❽ Ibid.

第19章　惡性循環

❶ Sweet's desk was in one of Bridgewater's outlying offices, not the main headquarters.

第20章　自己人

❶ Orr, "Untold Story of Katina."

❷ Ibid.

❸ Sue Chang, "If Recession Strikes, Central Banks Might Be Out of Ammo," *MarketWatch*, February 19, 2016.

❹ "Voice of Experience: Katina Stefanova, CEO & CIO, Marto Capital," *Glass Hammer*, May 26, 2016.

❺ Katina Stefanova, "What It's Like to Work for Ray Dalio," *Institutional Investor*, September 11, 2017.

❻ *The Wall Street Journal* in a November 2017 article written by the author of this book reported that Bridgewater paid a settlement to a woman pushed out after a consensual relationship with Jensen, and that afterward Bridgewater heard from a second employee that Jensen had groped her. The *Journal* also said that Dalio had censured Jensen after an earlier incident. Jensen said in a statement, "*The Wall Street Journal*'s accusations of my behavior are inaccurate and salacious," though neither he nor the firm specified any purported falsities. The *Journal*, which cited "people familiar with the matter" for its reporting, did not name either woman.

第21章　「瑞，這根本是個宗教啊。」

❶ Robert Landgraf and Frank Wiebe, "Investment Firms; Hedge Fund Staff Head for Door," *Handelsblatt*, July 21, 2016.

❷ Stephen Taub, "Losses Mount at Bridgewater's Flagship Fund," *Institutional Investor*, July 6, 2016.

❸ Months later, Dalio would change his mind and make Mundie an adviser. A Bridgewater lawyer says Mundie has continuously remained an employee in some capacity.

❹ Ray Dalio, "Changes in Bridgewater's Management Roles," LinkedIn, March 1, 2017.

第22章　信任圈

❶ U.S. Securities and Exchange Commission, Form ADV, Bridgewater Associates.

❷ Julia La Roche, "Here's Ray Dalio's Attempt at Explaining How He Makes Money," *Business Insider*, February 12, 2015.

❸ William Alden, "Ackman and Dalio, Two Hedge Fund Titans, Size Each Other Up," *New York Times*, February 12, 2015.

❹ Michelle Celarier, "Jim Grant Is a Wall Street Cult Hero. Does It Matter If He's Often Wrong?," *Institutional Investor*, September 18, 2019.

❺ "Face on the Wall Street Milk Carton."

❻ Jim Grant, author interview.

❼ Jim Grant, interview with Kelly Evans, CNBC, October 13, 2017.

❽ *Bloomberg* columnist Matt Levine, reacting to Grant's piece in an article titled "The Case Against Bridgewater Isn't Proven," concluded that the "hedge fund is weird, yes, but not in the ways cited in the newsletter." Levine noted that Grant's team were "not the first people to be skeptical about what Bridgewater's getting up to, and perhaps they are right to have their doubts. But their specific concerns strike me as mostly wrong."

9 Paul Kiel, ""The World's Largest Hedge Fund Is a Fraud,"" ProPublica, December 18, 2008.

10 A spokesman for Einhorn says his recollection of this meeting differs.

11 Lawyers for Dalio and Bridgewater say the fund "goes to great lengths to protect its intellectual property (i.e., its trades and trading strategies), which is among its most valuable assets, gives the firm its competitive edge, and enables it to provide value for its clients." They say it is misleading to suggest there is anything "shadowy and sinister" about the size of the group, and that Bridgewater follows "responsible, industry-standard business practices" that its clients expect and demand.

12 Lawyers for Dalio and Bridgewater say Jensen does not recall saying this quote, "and no reasonable person could believe that he did, as the statement is patently absurd." They add that "Bridgewater's systems run on advanced software with highly complex data processing that handles millions of data series that could never be replicated 'on a single spreadsheet.'"

13 A lawyer for Dalio says the trading game "allowed investment analysts at all levels of experience to demonstrate the quality of their ideas without risking money. It was supported by all three co-CIOs and none of them considered it a reflection of 'how little [they] thought of the staff.'"

14 Dalio would eventually shut down the game, when he was down several million dollars.

15 See note for *stood to benefit*.

16 Lawyers for Dalio and Bridgewater say: "Bridgewater's competitive advantage is the quality of its research and understanding of global economies and markets, which it then turns into systematized investment strategies. Over the past twenty years, oil has been a relatively small share of both Bridgewater's Pure Alpha risk budget (less than 2 percent) and its historical returns (less than 5 percent). Further, Bridgewater's oil trading strategies, like the entirety of Bridgewater's systems, are systematic and based on publicly available data."

17 See note for *stood to benefit*.

18 A lawyer for Dalio says he does not recall meeting Jordan.

19 Lawyers for Dalio and Bridgewater say "it is emphatically not true that billions of dollars of investment decisions were made just on Ray's 'instinct and ideas.'"

20 Lawyers for Dalio and Bridgewater said no study was commissioned of Dalio's trades and no meeting took place to discuss them.

第23章 禮物

1 Copeland and Hope, "World's Largest Hedge Fund."

2 McCormick's email was written to the author of this book, who cowrote the Journal article.

3 At 2,698 words, Dalio's LinkedIn essay was significantly longer than the offending article itself. Ray Dalio, "The Fake and Distorted News Epidemic and Bridgewater's Recent Experience with *The Wall Street Journal*," LinkedIn, January 3, 2017.

4 Henry Blodget, "Business Insider Interview: Ray Dalio," *Business Insider*, January 7, 2017.

5 In a telling typo, one subcategory of what was labeled "Thinking Qualities" was spelled "Practial Thinking."

6 *Life and Work*: A lawyer for Dalio said he did not initially want to include any autobiography in the book–preferring instead to solely write about the Principles–but was convinced by his book editor to include it.

7 Alexandra Stevenson and Matthew Goldstein, "Principles: Ray Dalio," *New York Times*, September 8, 2017.

8 In spite of, or perhaps because of, Dalio's absence, Bridgewater's funds

turned around what had been shaping up to be a losing year. Pure Alpha, the flagship, wound up around 1 percent, keeping alive the firm's streak of nonnegative years.

9. Josh Glancy, "Interview: I Got It All Wrong ... and Made Billions, Says Ray Dalio," *Sunday Times*, December 24, 2017.

第24章 合夥制度

1. In a December 2021 interview with the podcaster Lex Fridman, before Russia's invasion of Ukraine, Dalio said Putin was "very popular, he's won democratic elections because he's been a strong leader and he's brought peace and stability to Russia after the breakup of the Soviet Union. He's a strong leader in pursuit of the country's interests in a way where Russia is not a significant economic power but it is a significant military power."
2. A lawyer for Dalio says he had no role in Karniol-Tambour's promotion or subsequent media appearances.
3. A lawyer for Dalio disputed these sums.
4. A lawyer for Dalio declined to answer questions about the financial parameters of The Partnership. He says that "there were never any structures under which Bridgewater employees were put in debt to Mr. Dalio."
5. Jensen's deputy, in an email, says he had a verbal confrontation with Elliott and his girlfriend over suspicions that the two were dating. He says he followed her after an official Bridgewater event because he suspected an unreported relationship between her and Elliott, their mutual supervisor (Elliott later told Bridgewater the relationship only began later). Jensen's deputy says he was given a leave of absence from the firm, but not ordered to attend therapy.
6. Elliott's then girlfriend left with a severance and settlement that barred her from talking about her experience. Shortly before leaving, she also received an unexpected in-person visit from Bridgewater co-CEO David McCormick. He told her that if she ever broke the agreement, she would be in litigation for the rest of her life.

第25章 隨心所欲

1. Gregg Schoenberg, "Citizen Ray: Bridgewater's Ray Dalio Is the Wise Uncle You Wished You Had," *TechCrunch*, August 1, 2019.
2. Katherine Burton, "Ray Dalio's Hedge Fund Dumped by Tiny County Fed Up by Fees Sapping Return," Bloomberg, January 24, 2019.
3. Bridgewater, in a letter responding to the pension's trustees, conceded it had experienced "a weak period in the last few years" but warned of a "dangerous set of circumstances" around the horizon. The pension fund yanked its Pure Alpha investment anyway.
4. David Ramli, "Dalio's Bridgewater Falls Out of Favor at UOB Private Bank," Bloomberg, December 3, 2019.
5. This view stuck; Dalio penned a late-2019 public post on LinkedIn titled "The World Has Gone Mad and the System Is Broken." The post was widely cited by the international media.
6. The partnership was dissolved after less than a year, after a phone call in which Ray Dalio allegedly told the educator appointed to lead the initiative to "stop talking" and do only what Barbara Dalio told her, according to a lawsuit the educator filed against the organization.
7. Three months later, Dalio wrote on Twitter, "Sean (Diddy) Combs is a hero of mine."

第26章 神話破滅

1. Greenwich police ruled the death an accident.
2. Rachael Levy and Rob Copeland, "Ray Dalio Is Still Driving His $160 Billion Hedge-Fund Machine," *Wall Street Journal*, January 31, 2020.

❸ Ray Dalio, "The Wall Street Journal's Fake and Distorted News," LinkedIn, February 2, 2020.

❹ Ray Dalio, "Our Early Thinking on the Coronavirus and Pandemics," LinkedIn, January 30, 2020.

❺ Bradley Saacks, "Read the 2-page note billionaire Ray Dalio just sent investors laying out his coronavirus game plan," *Business Insider*, March 18, 2020.

❻ Brian Armstrong, Twitter, June 10, 2022.

❼ Ray Dalio, Twitter, August 27, 2020.

❽ Ray Dalio, Twitter, September 23, 2020.

❾ Matt Egan, "This Billionaire Warns That America's Massive Wealth Gap Could Lead to Conflict," CNN, December 22, 2020.

❿ "A Conversation with Ray Dalio and Tom Friedman," YouTube, October 12, 2020, Milken Global Conference.

終章

❶ Rob Copeland and Maureen Farrell, "Hedge Fund Billionaire Extracts Billions More to Retire," *New York Times*, February 20, 2023.

❷ Steve Friess, "From the Poker Table to Wall Street," *New York Times*, July 27, 2018.

❸ Later, when Barclay Leib was in even worse financial shape, he emailed Dalio again and asked if the billionaire founder might be interested in purchasing a roughly seventy-five-year-old oil painting of Trinity Church, a historic parish in Lower Manhattan considered a part of Wall Street history. Dalio agreed to purchase the painting, calling it a favor.

❹ Emily Smith, "Billionaire Ray Dalio in Legal Brawl over Penthouse," *New York Post*, March 10, 2022.

❺ Comey's 2018 bestselling book, *A Higher Loyalty: Truth, Lies, and Leadership*, credited Dalio with teaching the former FBI director how to be a better leader: "By avoiding hard conversations and not telling people where they were struggling and how they could improve, I was depriving them of the chance to grow. My squeamishness was not only cowardly, it was selfish."

❻ Marto press release, May 30, 2022.

❼ Sridhar Natarajan and Katherine Burton, "Bridgewater CEO Clashes with Dalio over China Before Senate Race," Bloomberg, December 4, 2021.

❽ Bar Dea was briefly co-CEO with another executive, who departed a short while later in what Bridgewater called a planned transition.

❾ Copeland and Farrell, "Hedge Fund Billionaire Extracts Billions."

❿ Ray Dalio, Twitter, October 5, 2022.

⓫ "'Cash is still trash' says Bridgewater Associates' Ray Dalio," CNBC, May 24, 2022.

參考資料說明

❶ *Bridgewater vs. Minicone and Squire*, American Arbitration Association Employment Arbitration Tribunal, exhibit 1, July 14, 2020.

❷ William Alden, "Bridgewater's Ray Dalio Says Taping Employees Has Legal Benefits," *New York Times*, December 11, 2014.

❸ Lawrence Wright, Going Clear: Scientology, *Hollywood, and the Prison of Belief* (Knopf, 2013).

方向78

暗黑原則

那些瑞・達利歐沒告訴你的橋水公司和《原則》真實故事

The Fund: Ray Dalio, Bridgewater Associates, and the Unraveling of a Wall Street Legend

作　　者：羅伯・柯普蘭（Rob Copeland）
譯　　者：林步昇
責任編輯：王彥萍
校　　對：王彥萍、唐維信
封面設計：許晉維
版型設計：王惠葶
排　　版：王惠葶
寶鼎行銷顧問：劉邦寧

發 行 人：洪祺祥
副總經理：洪偉傑
副總編輯：王彥萍
法律顧問：建大法律事務所
財務顧問：高威會計師事務所
出　　版：日月文化出版股份有限公司
製　　作：寶鼎出版
地　　址：台北市信義路三段151號8樓
電　　話：(02)2708-5509／傳　　真：(02)2708-6157
客服信箱：service@heliopolis.com.tw
網　　址：www.heliopolis.com.tw
郵撥帳號：19716071 日月文化出版股份有限公司

總 經 銷：聯合發行股份有限公司
電　　話：(02)2917-8022／傳　　真：(02)2915-7212
製版印刷：中原造像股份有限公司
初　　版：2024年11月
定　　價：500元
I S B N：978-626-7516-48-5

國家圖書館出版品預行編目資料

暗黑原則：那些瑞・達利歐沒告訴你的橋水公司和《原則》真實故事／羅伯・柯普蘭（Rob Copeland）著；林步昇譯 -- 初版 -- 臺北市：日月文化出版股份有限公司，2024.11
416面；14.7×21公分. --（方向；78）

譯自：The Fund: Ray Dalio, Bridgewater Associates, and the Unraveling of a Wall Street Legend
ISBN 978-626-7516-48-5（平裝）

1. CST：達利歐（Dalio, Ray, 1949- ）　2 .CST：投資公司
3. CST：金融史　4 .CST：美國

563.525　113013873

日月文化集團
HELIOPOLIS
CULTURE GROUP

客服專線 02-2708-5509
客服傳真 02-2708-6157
客服信箱 service@heliopolis.com.tw

廣告回函
台灣北區郵政管理局登記證
北台字第 000370 號
免貼郵票

日月文化集團 讀者服務部 收

10658 台北市信義路三段151號8樓

對折黏貼後，即可直接郵寄

日月文化網址：**www.heliopolis.com.tw**

最新消息、活動，請參考 FB 粉絲團

大量訂購，另有折扣優惠，請洽客服中心（詳見本頁上方所示連絡方式）。

大好書屋　寶鼎出版　山岳文化

EZ TALK　EZ Japan　EZ Korea

日月文化集團
HELIOPOLIS
CULTURE GROUP

感謝您購買 **暗黑原則**
那些瑞・達利歐沒告訴你的橋水公司和《原則》真實故事

為提供完整服務與快速資訊，請詳細填寫以下資料，傳真至02-2708-6157或免貼郵票寄回，我們將不定期提供您最新資訊及最新優惠。

1. 姓名：＿＿＿＿＿＿＿＿＿＿　性別：□男　□女
2. 生日：＿＿＿年＿＿＿月＿＿＿日　職業：
3. 電話：（請務必填寫一種聯絡方式）
（日）＿＿＿＿＿＿（夜）＿＿＿＿＿＿（手機）＿＿＿＿＿＿
4. 地址：□□□＿＿＿＿＿＿＿＿＿＿
5. 電子信箱：＿＿＿＿＿＿＿＿＿＿
6. 您從何處購買此書？□＿＿＿＿＿＿縣/市＿＿＿＿＿＿書店/量販超商
□＿＿＿＿＿＿網路書店　□書展　□郵購　□其他
7. 您何時購買此書？　年　月　日
8. 您購買此書的原因：（可複選）
□對書的主題有興趣　□作者　□出版社　□工作所需　□生活所需
□資訊豐富　□價格合理（若不合理，您覺得合理價格應為＿＿＿＿＿）
□封面/版面編排　□其他＿＿＿＿＿＿
9. 您從何處得知這本書的消息：□書店　□網路／電子報　□量販超商　□報紙
□雜誌　□廣播　□電視　□他人推薦　□其他
10. 您對本書的評價：（1.非常滿意 2.滿意 3.普通 4.不滿意 5.非常不滿意）
書名＿＿＿　內容＿＿＿　封面設計＿＿＿　版面編排＿＿＿　文/譯筆＿＿＿
11. 您通常以何種方式購書？□書店　□網路　□傳真訂購　□郵政劃撥　□其他
12. 您最喜歡在何處買書？
□＿＿＿＿＿＿縣/市＿＿＿＿＿＿書店/量販超商　□網路書店
13. 您希望我們未來出版何種主題的書？＿＿＿＿＿＿＿＿＿＿
14. 您認為本書還須改進的地方？提供我們的建議？
＿＿＿＿＿＿＿＿＿＿＿＿＿＿＿＿＿＿＿＿
＿＿＿＿＿＿＿＿＿＿＿＿＿＿＿＿＿＿＿＿
＿＿＿＿＿＿＿＿＿＿＿＿＿＿＿＿＿＿＿＿
＿＿＿＿＿＿＿＿＿＿＿＿＿＿＿＿＿＿＿＿

方向

寶鼎出版